本書係「敦煌文獻系統性保護整理出版工程」項目成果

二〇二一—二〇三五年國家古籍工作規劃重點出版項目

「十四五」國家重點出版物出版規劃項目

國家古籍整理出版專項經費資助項目

敦煌文獻全集

中國國家圖書館藏敦煌文獻

中國國家圖書館 編

第五九册

BD00881～BD00890

國家圖書館出版社

DUNHUANG MANUSCRIPTS IN THE NATIONAL LIBRARY OF CHINA

059

BD00881 ~ BD00890

compiled by the

National Library of China

National Library of China Publishing House

顧問　方廣錩　郝春文　榮新江　李際寧

編纂出版　張志清　魏崇　陳紅彦　殷夢霞　薩仁高娃
謝冬榮　劉波　林世田　廖生訓

編纂　林世田　薩仁高娃　常蓋心　于瑞　劉毅超
烏心怡　劉波　劉炳梅　周升川　劉婷
程佳羽　沈艷麗　高雅

編輯　潘竹　程魯潔　黄鑫　苗文葉

審稿　孫彦　耿素麗　宋志英　鄧咏秋

凡例

一　本書刊布中國國家圖書館藏敦煌文獻，以館藏編號爲序編排。

二　館藏編號采用「BD+流水號」格式，如BD00001, BD16579等。背面在編號後加v表示。一個編號包含多件文獻者，編號後分別綴以字母A, B, C等。一件文獻含有多個内容者，以數字-1, -2, -3等標明順序。

三　圖版有縮印或放大處另加説明，尺寸超出本書幅面的以摺葉形式呈現。

四　卷軸裝、梵夾裝、經摺裝等裝幀形制的敦煌文獻，各附外觀圖像。

五　每件文獻依次呈現外觀、正面、背面等。背面僅刊布有文字、圖像或其他要素的圖版，而略去素紙部分，背面圖版同樣以從右到左順序編排。凡有外題者，遵從以上原則。

六　除個別特殊情況外，爲保證閲讀連貫、流暢，圖版儘量通欄呈現。

七　各葉上方附該件文獻全圖，以高亮形式顯示本葉大圖在全卷中的位置。部分長卷文獻全圖衹能分多段呈現時，在上段末以‹符標示下段接續。卷尾内容不足一葉時，文獻全圖使用該圖卷尾部分，亦以‹符標示。背面圖版文字與正面文字方向相反時，文獻全圖按原貌顯示，正文翻轉呈現，以便閲讀研究，用↻符標示。

八　文獻題名大體沿用中國國家圖書館此前所編多部敦煌文獻目録的考證，部分吸收學界最新研究成果略作調整和完善。文獻題名綜合參考原卷首題、尾題、外題確定，如原卷題名與該文獻正式名稱不同，則采用正式名稱；無題名者，或比定題名，或擬定新名。非漢文文獻在題名前標注語種。有分卷不同等其他情況者，括注於文獻名稱後。

九　本書著録使用通行繁體字，涉及原文中的人名、地名等，必要時保留原字形。

About this publication

1. The documents are presented in shelfmark order.
2. The shelfmarks are in the form BD plus a running number, eg. BD00001, BD16579, &c. If a given shelfmark contains multiple documents, these are distinguished by the letters A, B, C, &c. If a document has multiple contents, they are distinguished by the numbering 1, 2, 3, &c. The verso side of an item is indicated by the letter v.
3. If it has been necessary to reduce or enlarge the size of an illustration, the dimensions are indicated. If the size of an illustration exceeds the size of the book, a folding sheet is used.
4. If the document is a scroll, a folded sutra, or has a stitched binding, a picture of the whole object is provided to show its external appearance.
5. The cover, front, and back of each document are reproduced in sequence. The back of a document is only reproduced if it contains text, illustrations, or other markings, and it is oriented from right to left. If it is blank it is not reproduced.
6. Except in a few special cases, the lines of text are reproduced unbroken to make them coherent and easier to read.
7. An illustration of the complete document is reproduced at the top of each page, and the section where the main illustration appears is highlighted in order to indicate its position. If it has only been possible to reproduce a long scroll in sections, the direction symbol has been used to indicate where one illustration ends and the next one begins. If the end of the scroll occupies less than one page, the direction symbol is used to indicate its position in the illustration of the complete document. If the text on the back of the document has a different orientation from the text on the front, it is reproduced as it is, but is also rotated (indicated with the rotation symbol) so that it can be read easily.
8. The titles of the documents generally conform with those already established by the Library, but in some cases have been amended by drawing on the most recent scholarly research. The titles are derived firstly from the beginning of the text, then from the end of the text, and lastly from the cover. If the title of a document differs from its authoritative form, the authoritative form is used; and if a document has no title, one is either supplied by comparison with similar documents, or a new one is devised. If the document is not in Chinese, its language is indicated before the title. If the number of juan is different from that of the authoritative version, or if there are other irregularities, this is noted.
9. The documents in the book are in traditional Chinese characters. Where the title contains personal or place names, the original characters used for these names are retained.

(Translated by David Helliwell)

第五九册目録

BD00881 四分律比丘含注戒本（二卷本）卷上

（唐）道宣 述

824.5cm × 28cm

[illegible]若惡我亦不向諸大德

說若好若惡言[illegible]止莫諫我（此正諫義所為事也 下二諫中準而論喻）彼比丘

諫是比丘言大德莫自身不受諫語大德自身當受

諫語大德如法諫諸比丘諸比丘亦當如法諫大德如是

佛弟子衆得增益展轉相諫展轉相教展轉懺悔是

比丘如是諫時堅持不捨彼比丘應三諫捨是事故乃至

三諫捨者僧伽婆尸沙（若未白前惡性不受人語一切吉羅尼同僧犯不犯者若初諫便捨非法呵諫非法非律非佛所說者若為无智人呵諫時應語彼言捨和上阿闍梨所行亦尔汝可更學問誦經若其實如是若錯說者皆不犯也）諸大德我已說

十三僧伽婆尸沙法九初[illegible]犯四至三諫若比丘犯二法知

而覆藏應强與波利婆沙行波利婆沙竟增上與六

夜摩那埵行摩那埵已應與出罪應卅僧中出是比丘

夜摩那埵行摩那埵已應與出罪應廿僧中出是比丘
罪若少一人不滿廿衆出是比丘罪不得除諸比
丘亦可呵是時今問諸大德是中清淨不三說諸大德是中
清淨默然故是事如是持諸大德是二不定法半月半月
說戒經中來屏處不定之緣佛在舍衛國迦留陀夷先俗友婦齋優婆夷形並端正各有繫意時到詣
彼共屏覆坐說非法語毗舍佉毋聞見起過疾往白佛曰可制戒也若比丘共女人女人有智未命終也獨
一比丘一女人在屏處屏有二種一者見屏若塵若霧若黑闇中不相見也二聞屏者乃至常語不聲聞處也覆處
上有物作蓋也鄣處若樹若墻若籬若衣及餘物鄣也可作婬處坐得容行婬處也說非法語
說婬欲法有住信優婆私謂信佛法僧歸依佛法僧不殺不盜不邪婬不妄語不飲酒善憶持事不錯所說實而不妄
於三法中以一法說若波羅夷若僧伽婆尸沙若波逸提
是坐比丘自言我犯是罪於三法中應一一治若波羅夷

是坐比丘自言我犯是罪於三法中應一一治若波羅夷
若僧伽婆尸沙若波逸提如住信優婆私所說應如
法治是比丘是名不定法是中自言所趣向所到處若坐若卧若作若不自言並如憂婆私所說治也
露處不定之緣佛在舍衛國迦留陁夷初犯此戒緣如前戒但以露處二罪爲異也若比丘共
女人在露現處謂无墙壁及餘物鄣也不可作婬處坐不容行婬處也作麁惡
語說婬欲不淨行讚嘆二道好惡有住信優婆私於二法中以二法說若僧伽婆尸
沙若波逸提是坐比丘自言我犯是事於二法中應二治
若僧伽婆尸沙若波逸提如住信優婆私所說應如法
治是比丘是名不定法是中若自言所趣向處所到處若坐若卧或不自言並如憂婆私所說是中无定法故言不定也
諸大德我已說二不定法今問諸大德是中清淨不如是三說
諸大德是中清淨默然故是事如是持諸大德是三十尼

諸大德是中清淨默然故是事如是持諸大德是三十尼

薩耆波逸提法半月半月說戒經中來

一 畜長衣過限戒（佛在舍衛國聽持三衣不得有六群比丘畜多長衣或早起衣或中時衣或晡時衣彼常經營莊嚴衣服積而藏舉比丘舉過佛便呵已因制重制）若比丘衣已竟（三衣是也）迦絺那衣已出（謂出功德衣之時也）畜長衣（衣者十種長衣者長如來八指若廣四指是也）不得淨施得畜過十日（初制畜長後因阿難得一貴糞掃衣欲奉迦葉恐犯戒故以迦葉十日當還因聽畜長齊十日是也）尼薩耆波逸提（不犯有八若不得衣若淨施若遺與人）若失若故壞若作非衣若親友意若忘去及上並尼薩耆若捨墮衣不捨更貿餘衣一尼薩耆波逸提一突吉羅此捨墮衣應捨與僧乃至一人不得別眾捨不成捨突吉羅比丘尼同犯下三眾乃至下戒並犯吉羅不犯者十日內若轉淨施若遺與人若賊奪想若失想若奪衣失衣取著若他與作被若付衣者遠行水陸道斷如是不淨施不遺與人不犯也

二 離衣宿戒（佛在舍衛國六群持衣囑親厚者往人間行彼數出衣曬之比丘聞言佛聽三衣不得有長此是誰衣具答被呵白佛重責制此戒）若比丘衣已竟迦絺那衣已出（並如上解）三衣中（僧伽梨鬱多羅僧安陀會衣者有十種也）

若比丘衣已竟迦絺那衣已出並如上解三衣中僧伽梨鬱多羅僧安陀會衣者有十種乃

離二衣異處宿不離衣者僧伽藍裏有一界失衣者僧伽藍裏有若干界如是樹場車船村舍庫倉界別亦介此僧伽藍四種如上

樹者与人等量足蔭跏坐場者治五穀處車者若迴轉處船界亦介村者四種堂者

相多敞露庫者積藏諸物倉者儲積米穀阿蘭若者无界八樹中間別七弓

〻長四肘量也伽藍界者此伽藍界非彼伽藍界非彼樹界乃至庫藏倉界餘

者作句亦如是僧伽藍界者在伽藍邊中人用石若博擲所及處是名衣界乃

至庫藏界亦介比丘置衣在伽藍中乃在樹下宿明相未出若捨衣若手捉〻

衣若至擲石所及處若不捨衣若不至擲石所及處明相出隨所離衣尼薩耆波逸提除

僧羯磨時有比丘得乾痟病糞掃僧伽梨極重有因緣事人間遊行不能持行以事白佛令三乞已白二結捨乃尼薩耆

波逸提除三衣已若離餘衣吉羅尼同僧犯不犯者僧作羯磨明相未出若手捉衣若捨衣若至擲石所及處若奪想若水陸道斷忽難若

賊惡獸强者所執或命梵難若不

衣捨乃至不至擲石及處不犯

三

月望衣過限戒佛在舍衛國但三衣比丘有僧伽梨故爛日中間更不能辦聽畜長衣為滿足故六群比丘取同衣不足者浣

染點淨寄人捷行比丘

舉過便呵制戒也若比丘衣已竟迦絺那衣已出若比丘

得非時衣時者无迦絺那衣自恣後一月有迦絺那衣自恣後五月非時者謂過此限也欲須便受〻已

得非時衣時者无迦絺那衣自恣後一月有迦絺那衣自恣後五月非時者謂過此限也欲須便受之已

疾成若足者善若十日中同衣足者裁割如上不者至十一日隨衣多少並犯捨墮也若不足者得

畜一月為滿足故若同衣不足至十一日同衣足者即十一日應如上作違者至十二日隨衣並犯乃至廿九日亦尔至卅日若足不足同即日並如上法也

若過畜者尼薩耆波逸提比丘尼同犯不犯者若十日內同衣足作乃至三十日即日作衣餘有開緣同長衣戒也

四

取非親尼衣戒佛在羅閱祇蓮花色尼持食往山上諸上坐彼有比丘著弊故納尼脫所著貴價衣之後著弊衣為佛扶聞訶彼比丘因制此戒也

若比丘從非親里比丘尼非親里者非父母親及七世反上是親若非親里亦不籌量可取不可若是親里則便籌量知其有无可取不可取若好若惡若新若故等

取衣衣者十種尼著弊故衣具白世尊佛言不應如是聽畜五衣完堅者餘衣隨意淨施若与人何以故婦人著上衣服猶尚不好何況弊故也

除貿易時二部僧得衣共分二部錯得佛言聽來貿衣言貿易者以衣貿衣若非衣以衣非貿衣若鍼若竹同若刀若綿若小段物乃至一丸藥貿衣者是也

尼薩耆波逸提比丘尼突吉羅不犯者從親尼邊取衣若貿易得若為僧為佛圖取者不犯也

逸提 比丘尼突吉羅不犯者從親尼邊取衣 若貿易得若為僧為佛圖取者不犯也

五 使非親尼浣故衣戒 佛在舍衛國迦留陀夷及偷蘭難陀尼貌各端正俱有繫意坐失不淨汙安陀會令尼浣之

比丘以過白佛因呵而制此戒 若比丘令非親里 如上說 比丘尼 若非親式叉尼沙彌尼浣染打故衣突

吉羅 浣故衣 故衣者下至一經身着衣者十種 若以新衣浣染打者突吉羅也 若染若打者尼薩

耆波逸提 若語使浣染打若俱為者三尼薩耆波逸提 隨不為者隨有吉羅 不犯者若病時使浣打若為僧佛圖若借他浣不犯也

六 從非親俗人乞衣戒 佛在舍衛國時跋難陀為人說法從索所着衣俛仰与已單衣入城便去祇桓中被賊諸俗譏嫌比丘舉

過佛便制戒 若比丘從非親里居士若居士婦乞衣 如上 辭文 除餘

時尼薩耆波逸提 比丘尼同犯也 餘時者若奪衣 時諸比丘被賊剝衣裸形

而行佛言不尒得突吉羅若有此者當以軟草樹葉覆形應往寺邊若取長衣若知友邊取若无者僧中間取可分衣若无者問取僧衣卧具若不与者

自開庫看若褥敷褥被褥氈𣰽取裁作衣出外乞衣 力 失衣燒衣漂衣

若得衣已應還浣染縫治安著本處若不還本處如法治

緣同上也 是謂餘時 不犯者若奪失緣從非親乞若從親乞若從出家人乞或為他乞他為己乞或不求而得並不名犯

緣同上也是謂餘時不犯者若奪失緣從非親乞若從親乞若從出家人乞或為他乞他為己乞或不求而得並不名犯

七 遏分取衣戒 佛在舍衛國衆多比丘遇賊失衣來到祇桓有信聞之多送衣与比丘言止便為供養已有三衣故不須也六群令取持以与我比丘舉過佛因制戒 若比丘失衣奪衣燒衣漂衣 若失一衣不應取若失二衣餘一衣二重三重四重者應橋作僧伽梨若欝多羅僧若安陀會之 若親非里居士居士婦 並如上解 自恣請多与衣 若自恣多与衣者若細若薄若不牢應取作二重三重四重當安緣作應當肩上㲲垢膩處應安鉤紐若有餘殘語居士言此餘殘衣我何作等若擅越言我不以失衣故与我曾自与大德可若欲受者便應受之 又 是比丘當知足受衣 若三衣都失彼應知足有二種在家人知足者隨白衣所与衣受之出家人知足者三衣 也 若過者 謂夫一妻一那大妾三衣例 尼薩耆波逸提 比丘尼同犯不犯者若知足取衣若減知足取若多与衣者細薄不牢若二三重作有餘如上語知不犯

八 勸居士增衣價戒 佛遊舍衛[illegible]居士夫婦共議去跋難陀是我知舊櫛是衣價買衣与之乞食比丘聞已吉知後往彼家勸令當須廣大新好堅緻佫之譏嫌比丘舉過佛便制戒也 若比丘居士居士婦 如上說 為比丘辦衣價 謂以若錢若金真珠瑠璃若貝若玉石若瓔珞生像及十種衣也 具如是衣價与某甲

丘辦衣價 謂以若錢若金真珠瑠璃若貝 若玉石若瓔珞生像及十種衣也 具如是衣價与某甲
比丘是比丘先不受自恣請 若自恣問須何等衣佛聽 比丘少欲知足索不知者 到居士家
作如是說善哉居士為我買如是衣与我為好故 求有 二種
言求價者檀越与作大價衣乃至求增一錢十六分之一分 言求衣者語居士言作是廣長衣乃至增一綫 也 若得衣者居
薩耆波逸提 比丘尼同犯不犯者先受自恣請而往求索知足於中減少作 從親里求從出家人求或為他求他為己求若不求自得者 是
九 勸二家增衣價戒 佛在舍衛有二居士夫婦共議欲与跋難陀買衣乞 食比丘聞已具告彼到二家語令共作居士譏慊比丘舉
過佛因 呵制戒 若比丘二居士居士婦与比丘辦衣價持如是價
買如是衣与某甲比丘是比丘先不受自恣請到二居士
家作如是言善哉居士辦如是衣價与我共作一衣為
好故若得衣者尼薩耆波逸提 通塞如前戒 戒相成犯開
十 過限急索衣戒 佛在舍衛羅閱城大臣与跋難陀親厚往来遣送衣 價彼將衣價付淨主已因事急索致令被罰譏俗譏慊

十過限急索衣戒佛在舍衛羅閱城大臣与跋難陀親厚往来遣送衣價彼将衣價付淨主已因事急索致令被罰譏佁誚慊比丘舉過佛因制此戒
若比丘若王得自在无所屬若大臣在王左右若婆羅門有生婆羅門也
若居士除王大臣婆羅門諸在家者是居士婦在家婦人遣使為比丘送衣價如上說
持如是衣價与某甲比丘彼使至比丘所語比丘言大德
今為汝故送是衣價受取是比丘語彼使如是言我
不應受此衣價我若須衣合時清淨當受彼使語
比丘言大德有執事人不須衣比丘應語言有若僧伽
藍民若優婆塞此是比丘執事人常為諸比丘執事
時彼使便往執事人所与衣價已還到比丘所如是言大
德所示某甲執事人我已与衣價大德知時往彼當得
衣須衣比丘當往執事人所若二反三反為作憶念應語言

衣須衣比丘當往執事人所若二反三反爲作憶念應言

我須衣 憶念者若執事人若在市肆若在作處應至彼處一反二反三反語言我今須衣與我作者是 若二反三反爲作

憶念得衣者善若不得衣四反五反六反在前嘿然

立 彼執事人若在家在市作處到彼前嘿然立執事人問何緣此立比丘報言汝自知之若彼人言今我不知餘人知者比丘當語彼人知之是嘿然相也

若四反五反六反在前默然住得衣者善 若作一反語破二反嘿然乃至作三反語破六反嘿然也

若不得衣過是求得衣者尼薩耆波逸提 比丘尼同僧犯

若不得衣從所得衣價處若自往若遣信往應

言汝先遣信持衣價與某甲比丘是比丘竟不得衣汝還

取莫使失此是時 不犯者若遣使告知若彼言我今不須即相布施是比丘以時軟語方便索衣若爲作波利加羅故與以時索軟語索若方便索得者也

十一 綿作卧具戒 佛在曠野國六群比丘至養蠶家索未成綿及以成者并雜野綿以作卧具又看曝繭居士譏嫌言害生命无有正

十一 綿作卧具戒 佛在曠野國六羣比丘至養蠶家索未成綿及以成者弁雜野綿以作卧具又看曝繭居士譏嫌言害生命无有正
法比丘舉過佛因制戒 若比丘雜 若毛毳若劫貝若麻及餘縷雜者 野蠶綿作新卧具尼薩耆
是中捨者若斧若斤椎斬和泥以塗壁也 波逸提 自作教他成者俱犯不成吉羅為他作成者吉羅尼突吉羅不犯者若得已成者斧斬
和泥以塗壁

十二 黑毛卧具戒 佛在毗舍離諸梨子車多行邪行作黑毛褥被夜行使人不見六羣比丘見便效作之梨車譏嫌比丘舉過佛因制戒
若比丘以新純黑 若生黑或染黑 糯羊毛作新卧具尼薩耆波逸
提 自作教他為他犯相並如前戒尼突吉羅不犯者若得已成者若割截壞若、細薄疊作兩重若小坐具若作褥若作襌作袜作鑷執巾或作裹草履巾一切不犯

十三 白毛卧具戒 佛在舍衛國六羣比丘純以白毛作卧具居士譏嫌如王大臣比丘舉過佛因制戒 若比丘作新卧
具應用二分純黑羊毛三分白 或生白或染白 四分尨 頭上毛耳上毛若脚上毛若餘尨色毛也若、
作卅鉢羅卧具者廿鉢羅黑十鉢羅白十鉢羅尨乃至廿鉢羅卧具准上可知 若比丘不用二分黑三分白
四分尨作新卧具者尼薩耆波逸提 自作教他若為他作並同上也尼突吉羅不犯者若應

四夂尼作新卧具者尼薩耆波逸提 自作教他若彦他作並同上也 尼突吉羅不犯者若六應量作若得已成者 餘同前戒

十四 減六年卧具戒 佛在舍衛国六羣比丘嫌故卧具或重或輕或厚或薄不捨故者而更作新常營求覓藏積衆多比丘舉過佛呵制戒

若比丘作新卧具持至六年若減六年不捨故而更作新者 若自作教他為他並同前戒 除僧羯磨 有比丘得乾痟病糞卧具重不堪持行佛言從僧乞更作新者當白二与之

尼薩耆波逸提 尼犯吉羅不犯者僧聽及滿六年減六年捨更作新者若得已成若无若他与作俱不犯也

十五 不揲坐具戒 佛在舍衛國遣人請食常法請後遍行諸房見故坐具處處狼藉无人收攝由諸比丘嫌其厚薄輕重更作新者乃制故者揲新六羣違制比丘舉過佛制此戒也

若比丘作新坐具當取故者縱廣一磔手揲新者上以壞色故 彼作新坐具時若故者未壞未有穿孔當取浣染治之牽挽令舒截取方一磔手揲著新者若揲邊若中央以壞色故

若作新坐具不取故者縱廣一磔手揲新者上用壞色者尼薩耆波逸提 自作教他為他成犯如上尼犯吉羅不犯者截取故者揲新者上若彼自无更作新者若他

用壞色者尼薩耆波逸提 自作教他為他成犯如上尼犯吉羅不犯者或取故者褋新者上若彼自无更作雜者若他為作若得成者若純故者並不犯

十六 持羊毛過限戒 佛在舍衛國時跋難陁得羊毛貫杖頭而行居士譏言販賣羊毛比丘舉過佛因制戒 若比丘道路行得羊毛若无人持得自持乃至三由旬 直若行若住處得羊毛若須應取无人持者自持至三由旬若有人者語言我有此物當爲我持乃至彼處比丘於此中間不得佽持若持吉羅若令尼四衆持過者吉羅除羊毛若持餘衣若麻等吉羅若檐餘物杖頭者吉羅 若无人持自持過三由旬尼薩耆波逸提 比丘尼吉羅不犯者若持至三由旬若減三由旬有人語持中間不另使尼四衆齊三由旬若檐毛毼綄毛毼繩若檐頭上毛作帽諸巾者得

十七 使非親尼浣羊毛戒 佛在迦維羅衛六羣比丘取羊毛使尼浣染擗之姨母尼為染毛故汙色在手往佛所礼足而立佛知故問呵而制戒 若比丘使非親里比丘尼浣染擗羊毛者尼薩耆波逸提 比丘尼吉羅成犯開通如浣故衣戒

十八 畜錢寶戒 佛在羅閱城有一大臣為跋難陁留其食分兒以五錢取食跋難陁来取錢寄市肆上居士共譏比丘何青王大臣論佛廣說

十八畜錢寶戒 佛在羅閱城有一大臣為跋難陀留其食分兒以五錢取食跋
難陀來取錢寄市肆上居士共譏比丘呵責王共臣論佛廣說
喻因呵制戒 若比丘自手捉錢 上有文像 若金銀若教人捉若置地受
尼薩耆 是中捨者彼有信樂守薗人若優婆塞當語言此是我所不應此
當知之若彼取還与比丘者當為彼人物故受勅淨人使賞之若得淨衣
鉢應持貿易受持之若彼優婆塞取已与
比丘淨衣鉢者應取持之 也 波逸提 比丘尼同犯若不語彼人知是
者是突吉羅不犯者若語
言知是者是如上捨法若彼人不肯与衣者餘比丘當語言佛有教為淨故与應還他物若
又不与自往語言佛教比丘作淨与汝應与僧塔和上知識及本施主不欲令失彼信施故
十九貿錢寶戒 佛在羅閱祇時跋難陀往市肆上以錢易錢
居士譏嫌言善能賣買比丘聞可便制此戒 若比丘種種
賣買者 若以成金未成金已成未成金銀亦三種錢唯一種交互相
易錢者八種金銀銅鐵白鑞鉛錫木錢胡膠八種錢 也 尼薩耆
比丘尼同犯餘法捨開通畜寶方便並如前戒不犯者
波逸提 若以錢貿瓔珞具以錢易錢為佛法僧者是 也
廿販賣戒 佛在舍衛國時跋難陀往无住村以生薑易食已持去舍利弗後至乞
食種越以跋難陀事徵之慙愧无言又共外道博衣悔而不得比丘過
舉佛因制戒也 若比丘種種 以時藥易時非時七日盡形彼利
迦羅如是互易乃至以衣易衣 販賣 謂價直一錢
數數上下增賣
者價直一錢言直三錢重增賣者價直 也 尼薩耆 波逸提 比丘尼同犯不犯
一錢言直五錢買亦如是 者聽五衆出家

一錢言直五錢買亦如是　已　尼薩耆波逸提　者聽五衆出家
人共易應自審定不相高下如市道法不得与餘人貿易
令淨人貿若悔聽還若蘇油相易者不犯　也

廿一　畜過鉢限戒　佛在舍衛六群畜鉢惡者置之常覓好鉢畜之遂多
居士遊觀便譏以陶師乞肆比丘舉過佛便呵而制戒
若比丘畜長鉢　有六種鐵鉢黑鉢赤鉢蘇摩國鉢大要有二鐵鉢泥
鉢大者三升小者一升半此是鉢量如是應持應淨施
不淨施　淨施不淨施相對八門
如長衣戒不異　已　齊十日　時阿難得貴價鉢欲奉迦葉以常
用故十日當還恐犯捨墮以事白佛便
開制至
於十日　過者尼薩耆波逸提　尼同犯辯相開
通如長衣戒

廿二　非分乞鉢戒　佛在舍衛國跋難陁鉢破求衆多畜居士計會乃知
多受便譏慊言受取无厭比丘以過佛因呵制　戒　若比
丘畜鉢減五綴不漏　有去兩指
間一綴　也　更求新鉢為好故　若滿五綴不
漏更求新者
者吉
羅　尼薩耆　是中捨者於此住處僧中捨鉢已單白受懺便說罪名種吉心
生厭離鉢若好者應奪留置取冣下不如者与之便作單
白以鉢次第問上坐持上座鉢与次座若与
彼比丘如是展轉■乃至下座　已　波逸提　比丘尼
同犯　彼比丘應往僧
中捨展轉取冣下鉢与之令持乃至破應持此是時　僧以
下鉢
與与彼彼應守護不得着瓦石落處倚杖刀下着懸物下道中石上果樹下及不

具与彼彼應守護不得著凡石落處倚杖刀下著懸物下道中石上果樹下及不
平地不得一手捉兩鉢除指隔中央一手捉兩鉢不得開户除用心不得著户扇內
户扉下若床下床角除暫著兩牀間及之蕩鉢乃至足令破彼不應故壞故
失非鉢用者吉羅不犯者若五綴漏若減漏求新者若從出家人索若為他他
為己不求而得若施次得
若自有價買畜者皆不犯

廿三 乞縷使非親織師戒 佛在舍衛跋難陀縫僧伽梨乞線遂多持線使織自作縫看織居士譏嫌比丘可責舉過呵制

若比丘自乞縷線 彼在處處乞縷線者十種衣縷 使非親里織師織作衣 若織師与線者俱親里不犯与線者非親者吉羅看織曾織作縫吉羅 尼薩耆波逸提 比丘尼同犯不犯者二俱親里若自織作鉢囊草屣囊鍼筒禪帶腰帶帽襪鑷褺巾裹草屣巾者得也

廿四 勸織師增縷戒 佛在舍衛國居士出線與織師為跋難陀作衣彼後至家擇取好線与織師織又許与價居士譏嫌比丘舉過佛呵制

若比丘居士居士婦使織師為比丘織作衣彼比丘先不受自恣請 若居士与比丘貴價衣聽少欲知足索不如者隨意 便往織師所語言此衣為我作与我極好織令廣大堅緻我當多少与汝價是比丘價

与我極好織令廣大堅緻我當多少与汝價是比丘價
乃至一食直若得衣者尼薩耆波逸提　若求衣不得突吉羅尼同　犯不犯者減少求從親里
索出家人索他
為已者是　也

廿五　奪比丘衣戒　佛在舍衛難陀弟子善能勸化跋難陀意欲共遊行使先　与衣餘比丘言彼癡不知誦戒布薩羯磨後去不隨彼
即奪衣比丘訶　舉佛因制戒　若比丘先与比丘衣後瞋恚若自奪若教人奪
還我衣來不與汝　若瞋自奪及教人奪而藏者犯奪不藏者吉羅若　著樹上枷上床上及餘著處雜處犯隨取不離處
吉　彼應還衣若取衣者尼薩耆波逸提　尼同僧犯不犯者
羅　不瞋恚言我悔不
与還我衣來彼知心悔可即還衣若餘人言此比丘欲悔還他衣若借他衣著无道
理還奪不犯若恐失恐壞若彼人破戒破見破威儀若被舉滅擯若為此事
命梵難一切奪取不藏
舉者皆不犯也

廿六　畜七日藥過限戒　佛在舍衛比丘秋月風病動形枯生瘡佛言有蘇油生蘇　蜜石蜜脂聽有病緣時非時服佛在羅閱祇畢陵伽
徒衆大畜流溢道俗
譏責白佛制戒　若比丘有病　謂醫教服　尒所種藥　殘藥蘇油生蘇蜜

此應捨藥

佉衆大畜流溪道俗
譏責白佛制戒　若比丘有病　謂醫教服尒所種藥　殘藥蘇油生蘇蜜
石蜜齊七日得服　八門白義如長衣戒　若過七日服者尼薩耆　此應捨棄藥與僧已
白懺治罪竟還彼藥法至第七日捨與比丘彼應取食若過七日蘇油塗戶嚮
蜜石蜜與守園人淨七日者白二還之比丘當取塗脚然燈用也　波
逸提　比丘尼同犯不犯者如上捨用之異別也

卅七
過前求雨衣過用前戒　佛在舍衛毗舍佉母請佛及僧婢白時到見諸比丘裸浴因此八願為佛所讚六羣常求比丘擧
過佛因制戒　若比丘春殘一月在當求雨浴衣　雨衣者比丘用雨中浴衣有十種彼應三月十六日求　半
月應用浴　謂一日應用　若比丘過一月前求雨浴衣　三月十五日前求雨衣　過半
月前用浴　謂三月盡日前用　尼薩耆波逸提　比丘尼吉羅不犯者若捨作餘用若着雨浴若浣若擧者是不犯

卅八
過前受急施衣過後畜戒　佛在毗蘭若聽受夏衣六羣常乞衣常受衣跋難陀異處安居異處受衣佛在舍
衛安居中大臣為安居施衣佛因開而制戒也　若比丘十日未竟夏三月　謂七月五日已前是也　諸比丘
得急施衣　若受便得不受便失故名急也衣者有十種　比丘知是急衣施當受受竟乃
[illegible]迦絺那衣一月受衣五月若自恣十日在得

得急施衣名急也衣者有十種比丘知是急衣施當受受竟乃

至衣時應畜衣時者自恣竟不受迦絺那衣一月受衣五月若自恣十日在得急施衣受已至一月五月畜乃至明日自恣應受一月五月外更增九日

若過是畜者尼薩耆波逸提得急施衣若過前若過後並犯隨比丘尼犯同不犯者不過前不過後若奪

衣失衣過前取不犯若寄衣比丘遠行水陸道斷過後不犯也

廿九

蘭若有疑離衣過限戒佛在舍衛比丘蘭若處為賊所打并奪什物佛令留二衣置村舍內六群寄衣遊行因從學

過佛因制戒若比丘夏三月竟後迦提一月滿謂八月半後若阿蘭若去村五百

弓遮摩羅國弓長四肘用中肘量也若有疑疑有賊盜恐懼處中有恐怖賊盜比丘在如是處

住三衣中欲留二衣置村舍內村者聚也諸比丘有因緣離衣

宿乃至六夜若彼有緣離衣夜苐七夜明相未出前若捨若捉衣若至擲石所及處及上犯也若過者尼薩

耆波逸提開緣如前離衣戒

卅

迴僧物戒佛在舍衛居士飯僧施衣跋難陀聞語言施僧者多今可施我居士後見長老比丘威儀具足便即悔歎比丘以過佛因制戒也

卅 廻僧物戒 佛在舍衛居士飯僧施衣跋難陀聞語言施僧者多今可施我居士
後見長老比丘威儀具足便即悔歎比丘以過佛因制戒 也
若比丘知 不知非犯 是僧物 有三種僧物者已許僧為僧者僧爲故作未許
僧已與僧者已許僧已捨與僧物者下至飲水器也
自求入已者 若許僧轉與塔若許四方僧轉與現在僧若僧尼若
異處若反上交互若疑想並突吉羅 也 尼薩耆
波逸提 不犯者若不知若作不許想若許少勸令多許
少人勸與多人勸與好物若誤戲若錯說者並不犯
諸大德是中清淨不 三說 諸大德是中清淨默然故是
事如是持
諸大德是九十波逸提法半月半月說戒經中來
初 妄語戒 佛在釋翅瘦釋子象力善能談論與外道論議若不如時便反
前語若僧中問復違反語梵志譏无正法比丘舉過白佛因制此戒
若比丘知 謂見聞觸知及不見知八種見者眼識能見乃至、
意識能知不見者除眼識餘五識是如是類反 而妄語者 若境界是
聞見觸知若想若疑便言不見聞觸知波逸提眼乃至不見聞等亦類上也若
本作妄語念及妄語時不憶是妄語者吉羅若前後不憶正妄語時知者
波逸提若所見異所忍異所欲異所觸異所想異所心異如此、
者事皆是妄語說戒時乃至三問憶念罪不說突吉羅 波逸提 若說不了吉羅

波逸提若所見異所忍異所欲異所解異所想異所心異如此、
諸事皆是妄語說戒時乃至三問憶念罪不說突吉羅 波逸提 若說不了吉羅
尼同犯三衆吉羅不犯者不見言不見乃至
知言知等八種若意有見想便說者不犯

二 行罵戒 佛在舍衛六羣斷事種類罵彼妄失前後慚愧不語比丘以過白佛便引古牛以譬畜生得毀不堪進力等便制此戒 若比
丘種類 有多種卑姓家生行業亦卑伎術工巧亦卑或言汝犯過或多結使或言盲瞎等語 毀呰語者 如上六種罵餘比
丘若面罵喻罵自比罵者墮 波逸提 若說善法面面罵者言汝是阿蘭若乃至坐禪若喻罵者言汝似坐禪也若自
說而不了突吉羅也
比罵者言我非也說了不了並突吉羅不犯者相利故說為法為
律為教授故為親厚故或戲或失口或錯誤者是也

三 兩舌語戒 佛在舍衛六羣傳他彼此語令衆鬪爭不能除滅比丘以過白佛便引野干鬪亂二獸况復於人便呵責已制戒 若比
丘兩舌語 譖謂鬪亂十衆破離彼此等也 波逸提 不犯者破惡知識惡伴黨和上同師知識親友數數語者
无義无利欲方便作无利
義破如是人者不犯也

四 共人女宿戒 佛在舍衛阿那律行路婬女舍宿裸身來嬈尊者、尊者、昇空彼慚愧懺悔說法得道比丘舉過佛便呵制 若比丘
與婦人 女人女有知命根不斷 同室 四周墻郭上有覆也或前敞无壁或雖覆而不遍或覆遍而有開處也 宿者

與婦人女人女有知命根不斷同室四周墻鄣上有覆也或前敞无壁或雖覆而不遍或覆遍而有開處也宿者
若前後至或俱至若亞若臥隨脇著地隨轉側並犯波逸提若非人女畜生女黃門若二根人同宿吉羅晝日女立比丘臥者吉羅不犯者不知
彼室有女若室无覆若半覆半鄣少鄣无鄣若盡覆盡鄣若半
覆鄣作句准上若病臥被縛命梵難等並開

五
共未受具人宿過限戒佛在曠野城六群共長者講堂宿時亂心睡形露為彼調棌白佛因制佛在拘
睒彌便開二三宿重結此戒若比丘與未受大戒人除比丘比丘尼餘未受大戒人是共宿同室宿如前說
過二宿至三宿若共二宿若隨三宿明相未出應起避去也至第四宿若去自若使未受者去波逸提
若與非人畜生男共過三
一切疑吉羅開緣並同前戒

六
共未受具同誦戒佛在曠野城六群比丘與諸長者講堂誦經語聲高大亂坐禪者比丘以過白佛因制戒若比丘
與未受大戒人如上共誦謂誦句義句味字義也非句義亦尔言句義者同誦不前不後也非句義者如一人說諸惡莫作
未竟第二人抄前也句味者眼无常等也字義者
同誦阿字也非字義者抄前阿字也法者謂佛聲聞仙人諸天所說正法波逸
提若共誦一說二三說若口教書授若不了了及非人畜生並突吉羅若師不教言我
說竟汝可說師吉羅不犯者我說竟汝說又誦竟一人書若同業同誦或戲咲

提若共誦一說二三說若口教書授若不了了及非人畜生並犯吉羅若師不教言我說竟汝可說師吉羅不犯者我說竟汝說又誦竟一人書若同業同誦或戲咲語獨語錯說彼此皆不犯

七 說麁罪戒佛在羅閱城有波利婆沙摩那埵比丘在下行坐六群比丘以所犯事向白衣說之有過者及餘比丘皆慙比丘以過佛因制尺

若比丘知他不知者開有麁惡罪四波羅夷僧伽婆尸沙也向未受大戒人說除

僧羯磨波逸提除麁罪以餘罪說者自說麁罪說餘人罪一切吉羅不犯者若不知若衆僧差若非麁想若白衣先已聞者

不犯

八 實得道向白衣說戒佛在毗舍離以前大妄語緣集僧呵責已便制此戒也若比丘向未受

戒人說過人法言我見是我知是實者波逸提並如上初篇

若言業報若戲錯並不犯

九 獨與女人說法戒佛在舍衛迦留陀夷在姑前与兒婦耳說語法因姑謀聞比丘舉過佛因制斷後開五六語及有知男過限等

若比丘與女人如上說法過五色受想行識无我也六語眼耳鼻舌身意无常除有知

若比丘與女人如上說法過五色受想行識无我也六語眼耳鼻舌身意无常除有知
男子解麁惡不麁惡事也波逸提若說不了吉羅若向非人畜生說過亦尒不犯者若五六語有知男前過說若无有知男
子前應答廣說若受授憂婆夷五戒及說五戒法刀
與受八關齋說八關齋法八聖道十不善法女人問義不解廣說並得
十掘地戒佛在曠野城六群為佛修治講堂周匝自掘地長者譏嫌不知正法斷他命根白佛因制後教人治講堂言掘是置是者長重譏比
丘以過佛因制戒若比丘自手掘若用鋤钁斸椎杙乃至指搯傷地釘橛入地地上然火及有地想也地若未
掘若已掘地若曾被雨漬還如本若教人掘者若不教言看是知是突吉羅波逸提下三眾吉羅下皆准同此不犯
者若語言知是看是若曳材木若扶籬正若反塼石取牛屎取崖
岸地若鼠壞土除經行處土及屋內若來往掃地不故掘一切不犯
十一壞生種戒佛在曠野城集僧告言有一比丘脩治屋舍而自斫樹非沙門法可責便制若比丘壞若斫截墮落並名為壞
鬼神非人是也村一切草木是鬼畜所依有五種根種支種節生種覆羅種子子種波逸提若生生想自斷教他斷自炒煑若教人並
墮生疑想者吉羅草木七種色白壞教他壞者墮生疑及想吉羅若釘栰着生草
樹上若以大等並墮若斷多分生草木者墮斷半乾生者及不言知是看是一切吉羅不
犯者若言看是知是若斷乾枯草木若於生草木上曳材曳竹正籬郭撥甎石取牛屎
若生草覆道以杖遮開若以瓦石柱之而斷傷草木若除經行地土若掃經行地若以杖築

若生草覆道以杖遮用若以瓦石柱之而斷傷草木若除經行地土若掃經行地若以杖築
地而誤殺生草
木斷者無犯

十二 餘語惱觸戒　佛在拘睒毗國闡陀比丘犯罪餘比丘問以別事答以過白佛便
呵已作餘語白後便惱僧喚來不來乃至不應語而語以過白
佛呵已作觸惱
白因制此戒也

若比丘妄作餘語　僧未白前作餘語者汝向誰說為
說何事為論何理為我說為餘人
說我不見此罪者一切吉羅若
作白已如是語者犯墮也

惱他者　如前緣中乃至不應語而語
而吉羅白已作者波逸提也

波逸提

若上座喚來不來吉羅不犯者重聽不解前語有參錯汝向誰說乃至我不見此罪若
作非法無利羯磨不與和合喚來不來若為作非法羯磨若不欲知教言莫來便來若
一坐食若不作餘食法食若病喚起若命梵等難教莫起便起
若惡心問不與說若作非法事便呵語者若小語若錯誤一切不犯

十三 嫌罵知事戒　佛在羅閱城沓婆比丘僧差知事慈地比丘齋眼見處譏嫌之
之以過白佛便呵制戒後便於聞處罵以過重白佛便乘前重制此戒

若比丘嫌　謂面見不聞處
言有愛恚怖癡

罵　背面耳聞於不
見處而說罵

波逸提　若不受
上座教

嫌罵者吉羅不犯者實有事恐後悔恨語令如法發露便
言有愛等若戲錯說者並不犯也

十四 露地敷僧物戒　佛在舍衛長者請僧十七群比丘取僧坐具露敷望
時不收往食為風塵坌更鳥壞汙以過白佛呵已制戒

若比丘取僧　眾僧物為僧
繩床　有五種旋腳直腳
若木床　亦如
若

四 露地敷僧物戒 時不收往食為風塵蟲鳥壞汙以過白佛因已制戒

若比丘取僧 衆僧物為僧屬僧三種也 繩牀 有五種旋脚直脚曲脚入梐无脚也 若木牀 亦如上說 若

卧具 或用坐或用卧 坐蓐 擬常用坐 露地敷若教人敷捨去自不舉

不教人舉波逸提 彼以僧物付知事言我今付授汝汝守護看若都无人當舉屏處若无屏處必知无壞當持處者覆好者若

即時還便應隨雨中疾疾及還者應往也彼次第如是方便應去若不作者初出門墮

若方便還悔一切吉羅若二人同坐下座應收不者犯二罪上座犯一墮若俱不收二俱墮餘

牀踞牀机等不收及卧具表裏一切吉羅若露敷僧物而入房 也

思惟吉羅不犯者僧物露敷去時語舊住人摩摩帝經營人令知如上方便一切不犯

十五 覆處敷僧物戒 佛在舍衛客比丘在邊房敷卧具宿不語便去卧具爛壞虫齧色變見過白佛因制此戒也 若比

丘於僧房中敷僧卧具 謂繩床木床上褥蓐坐具枕地敷下至卧褥也 若自敷若教

人敷若坐若卧去時不自舉不教人舉 彼應語舊住比丘言与我牢舉若无人不畏失

當移牀離壁高枝牀脚持枕蓐卧具置裏以餘重覆若恐壞敗取卧具等置衣枷上竪牀而去若不如是出界墮罪欲去還悔吉羅若即還二宿在界外第三宿明

相來出不自往不遣使嘗讚者犯墮也 波逸提 不犯中如上方便已在界外或水陸道斷命梵等緣者開

相未出不自往不遣使
賞讚者犯墮也 波逸提 不犯中如上方便已在界外或水陸道斷命梵等緣者開
十六 強敷坐戒 佛在舍衛六群十七群同道行至无比丘住處時十七群自求住處彼六群知求得宿處強在中間敷卧具宿比丘以過白佛因制 若
比丘知 不知者開 先比丘住處後來強於中間 若頭邊若脚邊若兩脇邊 敷卧具
若草敷葉敷下至地敷卧褥 上宿念言彼若嫌迮者自當避我去作如是
因緣非餘非威儀波逸提 謂隨轉側脇着牀結墮不犯者先不知若語已住先与開間若開寬廣下相妨閡者
親舊人教言但敷我自語主若倒地若病轉側
墮上若力勢所持若被繫閉命梵二難並无犯
十七 牽他出房戒 佛在舍衛六群十七群同道行至小住處十七群於先入寺掃灑令淨六群知得好處驅趁牽出比丘以過白佛便制也
若比丘瞋他比丘不喜僧房舍中若自牽出教他牽出
若自作教人牽隨所牽多少隨出房隨犯墮若牽多人出一戶若牽一人出多戶皆犯多墮若一人出一戶一墮若持他物出若擲着戶外閉他戶外皆突吉羅 也
波逸提 不犯者无恚心隨次出若遣未受具出若破戒見威儀及為舉擯因此破命梵難驅出者並開
十八 坐脫脚床戒 佛在舍衛比丘在重屋上住坐脫脚床脚脫墮比丘上壞身血出仰向恚罵比丘以過佛因制戒也 若比丘

十八 坐脫脚床戒 佛在舍衛比丘在重屋上住坐脫脚床脚脫墮比丘上壞身血出仰向惡罵比丘以過佛因制戒也 若比丘
若房 謂僧房若私房 若重閣上 謂立頭不至上 脫脚繩床若木床 脫脚者脚入梐
若坐若卧 隨脇着床隨轉側 波逸提 除脫脚床已若在獨坐床或一板床浴床一切吉羅不犯者若坐旋脚直脚曲
脚无脚繩床若床枝大若脫脚床安細要若重屋板覆剋木作花覆若
厚覆若反床坐若脫床脚坐者並開

十九 用虫水戒 佛在拘睒毗闡陁起屋虫水和泥教人和長者見嫌无有正法害衆生命比丘以過佛因制戒 若比丘知 不知不犯
水有虫若澆泥若草若教人澆者 若以草土擲置水中若虫酪漿清酪漿若清麥漿若酢漿澆泥草一切皆墮教人亦同也 波逸提 不犯者不知有虫作无虫想若虫大以手動水令虫去若漉水灑地若教人漉者一切无犯

廿 覆屋過限戒 佛在拘睒毗闡陁起房重覆不止屋便摧破居士嫌言檀越難可受者知足比丘以過佛因制戒也 若比丘
作大舍 多用財物 戶扉窓牖及餘莊飾具 兒漏彩畫 指授覆苫
有二種豎覆橫覆 齊二三節若過者 彼比丘指授三節未竟自至不見聞處若不至見聞處者 波逸
提 若耳捨見聞處吉羅不犯者如上指授難違者開也

提
若爲捨見聞處吉羅不犯者如上指授難遠者開也
廿一 輒教授尼戒 佛在舍衛大愛道尼來請教授佛令差往僧次般陀往彼說法六群次往爲說世論愛道白佛便羯磨差而制此戒 若比丘
僧 一說戒 一羯磨 不差 不於僧中白二羯磨 教授 八不可違法律具出文 教尼亦犯時 比丘尼者波逸提 若於說戒時上
座問答已若僧差者隨尼請彼比丘尼時迎若違但犯吉羅若聞來者當出半由旬迎
供給所須不者吉羅若僧不差非教授日與說八不違法吉羅若不差與說法者隨若
僧病不和合衆不滿應遣人禮拜問訊尼衆病等亦遣禮拜問訊若不吉羅比丘
尼等四衆吉羅不犯者比丘尼衆如上方便已而爲水陸道斷諸難不容禮拜問訊者並開
廿二 爲尼說法至暮戒 佛在舍衛難陀僧差教授尼已默然而住愛道重請說至日暮尼出祇洹城塹中宿爲估所誤比丘白佛便
呵而制戒 若比丘爲僧差 一教授 一羯磨 教授 衆僧中差 白二羯磨 比丘尼乃至日暮者 波逸提 尼等
彼爲僧差教授尼日未暮當還除教授若受經若誦經若問若以餘事乃至日暮除尼若爲餘女受經等至暮一切突吉羅
吉羅不犯者教授尼至日未暮便住除婦女已爲餘人若船濟處說法尼自聽者若與估買夜說法若尼寺中若因請人值說便聽者開
廿三 譏訶教授者戒 佛在舍衛尼聞教授師來出迎供給六群生嫌云彼无實但爲食故教授尼世比丘以過佛因制戒 若比丘
語諸比丘作如是語諸比丘爲飲食故教授比丘尼者波逸

語諸比丘作如是語諸比丘為飲食故教授比丘尼者波逸

提 若說不了了吉羅比丘尼等吉羅不犯者其事實尒為飲食供養故教授若不為飲食故教誦經若問若戲若錯說者一切不犯

廿四 與非親尼衣戒 佛在舍衛乞食比丘威儀具足尼見生善而數請彼比丘不受後僧分衣便以衣与尼輒受之彼慊責尼數向人說比丘以過白佛呵制也

若比丘與非親里 如上解 比丘尼衣 十種如上 除貿易 以衣易衣易非衣易錫易刀若縷線下至藥草一片 波逸提 比丘尼等吉羅不犯者与親里尼衣共相貿易若与塔与佛与僧无犯也

廿五 為非親尼作衣戒 佛在舍衛迦留陀夷為尼作大衣裁作婬像成已付尼令在衆後著之生俗譏嫌諸尼以過送僧比丘以過白佛制

若比丘與非親里比丘尼作衣者波提 彼比丘隨力截多少隨縫一鍼皆墮若復授者挐挽熨治以手摩扪若捉角頭挽方正安様若縁若縧線若縷一切吉羅尼等吉羅不犯者与親里尼作与僧作若為塔若借著浣染治還主者一切无犯也

廿六 與尼坐戒 佛在舍衛迦留陀夷与偷蘭難陀尼俱貌端正各有欲意在門外坐居士共嫌譏罵鳥為譬比丘聞以過白佛因制戒

若比丘與比丘尼一處者一是比丘一是比丘尼 在屏 有二種見屏處者若塵霧烟雲黑闇不見也聞屏處者乃至不聞常語聲也 處坐者 若第三人盲而不聾聾而不盲若住者一切吉羅也 波逸提

鄣 若樹若墻若籬若衣若覆以余物鄣也

鄣若樹若墻若籬若衣若復以餘物鄣也處坐者若第三人盲而不聾聾而不盲若住者一切吉羅也波逸提
尼等吉羅不犯者若比丘有伴若有知人有二不盲不聾不聾不盲若行過倒地若病若力勢所持命梵等難者並開也
廿七 與尼同行戒佛在舍衛六群比丘与六群尼人間遊行居士譏嫌比丘以過白佛便呵已制也若比丘與比丘
尼期言共至某村城國土同一道行村間有人齊行處是從一村乃至一村隨人齊衆多界二墮
非村落空處行乃至十里墮若減十里多村間同一界行及方便共期一切突吉羅也除異時波逸提異時者
與估客行若疑有賊劫盜畏怖怖有賊盜是謂異時尼等吉羅不犯者不共期大伴行疑
恐怖處若往彼得安隱若力勢所持命梵等難者並開也
廿八 與尼同船乘戒佛在舍衛六群比丘与六群尼同乘船上水下水居士共譏比丘舉過白佛因制也若比
丘與比丘尼共期同乘一船上水下水若入船衰墮餘方便吉羅除直渡彼
逸提尼等吉羅不犯者不期若直渡彼岸若入船船師失濟上水下水若往彼岸不得安隱或為勢力所持命梵難緣无犯
廿九 受尼讚食戒佛在舍衛有居士請舍利弗等露敷好坐偷蘭難陁尼見已恚言所請並是下賤我若請者則調達等龍

廿九
受尼讚食戒 佛在舍衛有居士請舍利弗等露敷好坐偷蘭難陁尼見已恚言所請並是下賤我若請者則調達等龍中之龍食還具 若比丘知 不知不犯 比丘尼讚嘆教化 謂阿練若乞食人乃至三衣讚偈等說佛因呵制也 聞法師持律坐禪 因緣得食 從旦至中得食 食除檀越先有意者 波逸提 謂咽結墮除飲食得襯衣燈油吉羅尼等吉羅不犯者若不知若……也 檀越先有意若无教化想若尼自作若檀越令尼經營若不故教化而乞食與者无犯

卅
與女人同行戒 佛在舍衛國婦与姑爭還毗舍離時阿那律欲往因此女為伴夫使逐得打阿那律幾斷命根比丘以事白佛制戒 若比丘與婦女 如上 共期同一道行乃至村間 波逸提 若村内一界行及尼等四衆一切吉羅不犯者先不知不共期須往彼也得安若力勢諸難者開

卅一
施一食處過受戒 佛在舍衛時拘薩羅國有无住村居士作處常供一食六群數受居士言我本周給一宿住者比丘以過白佛制戒 若比丘施一食處 在中一宿也食者乃至時食 无病 病者離彼村增劇者 比丘應一食若過受者 咽咽結墮除食已受餘襯身衣燈油盡突吉羅 波逸提 尼同犯不犯者一宿受食以病過受食若居士請住我為沙門釋子故設此食若檀越次弟請食若兄女姊婦次弟請或今日

若檀越次第請食若兒女姊妹次第請戒今日
受此人明日受彼人食若道斷難者也

卌二 背請戒 佛從羅閱祇人間遊行至阿那頻陁國因沙嵬施便開食粥因食濃
粥又因節會檀越送食又後受請俗議道呵佛因制 已

若比丘展轉 謂是請也有二種若僧次請別請 食 飯麨乾飯等 除餘時波逸提餘時
者病時 不能一坐好食令足 施衣時 自恣竟无迦絺那衣一月有衣五月若復有餘施食及衣也 是謂時
若不捨前請受後請咽咽墮若不捨後受前請咽咽吉羅不犯者病時施
衣時若一日之中有多請自受一請餘者當施与人言長老我應往彼今布施
汝若請与非食或不足或无請食者或食已
更得或後一處有前食後食皆用 也

卌三 別衆食戒 佛在羅閱祇提婆達多教人害佛復教阿闍世殺父惡名流布
利養斷絕与五比丘家家乞食比丘以過白佛便呵已制戒也

若比丘別衆 若四人若過四人 食 飯麨乾飯等 除餘時波逸提餘時者
病時 下至脚跟皴也 作衣時 自恣竟无迦絺那衣一月有衣五月乃至衣上作馬齒一縫 施衣時 同前戒也
道行時 下至半由旬內有來有去 乘船時 下至半由旬內乘船上下者 大衆集時 食足四人長又當患五人
十人乃至百人長一人爲患 沙門施食時 在此沙門釋子外諸出家者及從外道出家者是也 此時是 若无別衆

十人乃至百人
長一人為患 沙門施食時 在此沙門釋子外諸出家者及從外道出家者是也 此時是 若无別衆
食緣當起白言我於此別衆中食无因緣欲求出者餘人无緣亦聽使出若二人三人隨
意食四人若過應分作二部更互入食若有別衆因緣欲入者起白言我有別衆
食因緣欲求入佛言當隨上座次入有緣不說吉羅隨別衆食咽咽結墮尼同
犯不犯者如上具列 開緣若二人三人更互食若說有因緣法者開

卅四

取歸婦估客食過限戒 佛在舍衛婦人將還夫家以其辦食頻施比丘經時不送夫便取婦又有商客
食分數施遂為賊劫比丘以過白佛因制也 若比丘至白衣家 有男有女 請與比丘麨
餅若比丘須者當二三鉢受還至僧伽藍中應分與
比丘食 若不持食還者告諸比丘某家有歸婦食有賈客道路糧若者食食已應出持還者齊二三鉢若持一鉢二鉢三鉢來者
二示語乃至已持三鉢來慎勿持還也 若比丘無病 謂能一處坐食好食竟 過兩三鉢受持
還僧伽藍中 出彼門犯墮方便悔者吉羅也 不分與比丘食 而獨食者吉羅 波逸提
若不問歸婦賈客路食若不語餘比丘吉羅不犯者兩三鉢受若病過受問已共分使知村處若自送僧寺中得受送在寺中得受无犯也

卅五

足食戒 佛在舍衛說一食法五種食中令飽足後猶惟悕佛言聽瞻
病者又食病人殘食又聞作餘食法有貪餮者不知食法

卅五
足食戒 佛在舍衛說一食法五種食中令飽足後稽惟悕佛言聽瞻
病者又食二病人殘食又聽作餘食法有貪餮者不知食法
比丘白佛
因制戒 若比丘食竟或時受請 請者五種中若食二食 又
若飯麨乾飯等令飽足者 不作
餘食法 彼持食還作法言大德我足食已知是看是此作餘食法
彼應取少許食已當語彼言我止汝取食之彼不作者也 而食
之波逸提 是中行住坐卧各作句數犯足如律佉闍尼食有根枝葉華果
油胡麻黑石蜜磨細末食彼比丘足食已不作餘食法得而食
之咽咽墮若食已為他作若知他足食已作自手捉食作持食置地作使淨人作以不好
食覆上作而持去並不成餘食法吉羅淨人前作者吉羅尼等四衆吉羅不犯
者食作非食想不受作餘食法非食不作法並反上制文
若病不作法二病人殘食不作餘食法食若已作餘食法无犯

卅六
勸足食戒 佛在舍衛兄弟同作比丘其一貪餮嗜食不知足食不足食
餘食不餘食得而食之彼以過責此懷心恚見彼食已便
強勸食又以過責比丘
舉過佛因制戒 若比丘知 不知不犯 他比丘足食已 食有五種 若
受請 亦有五種如上 不作餘食法殷勤請與食長老取
是食以是因緣非餘 若先不知足食不足食想若與令棄若
與令舉若遣令與人若未作法令作若病
人殘食若已作法
食不令他犯 欲令他犯 若彼受食食咽咽二俱墮若與食彼棄
之或受而舉置若受與餘人若彼受已作

食不令他犯　欲令他犯　之或受而舉置若受与餘人若彼受已作
法食若与病人食欲令他犯持病人残食与者作餘食法　波逸提　尼等
已与欲令他犯如上縁一切与者突吉羅也　四衆
突吉
羅也

卅七
非時食戒　佛在羅閲城時人民節會難陀跋難陀二釋子共看伎并
受飲食向暮還山迦留陀夷入城乞食雷電見面稱言
鬼鬼比丘以過　若比丘非時　時者明相出乃至日中案此時為法四天下
佛因呵制也　食亦介非時者從日中乃至明相未出也　受
食　有二種佉闍尼食如上　食者波逸提　故非時受食咽咽隨若非時
蒲闍尼五種食亦如上　過非時七日並過日隨盡形壽
藥无因緣服者吉羅不犯者作黑石蜜法介故有病者服吐下藥日
時過簽麦令皮不破漉汁飲又喉中哽出還咽者无犯

卅八
食残宿食戒　佛在羅閲祇迦羅坐禪思惟彼乞食先得者比丘於小大
食上不見覓之具說所由比丘白佛便呵已言汝雖少欲
後来衆生相法
而行因即制戒
若比丘残宿　今日受已至明日於一切沙門　食　有二種非正食者根食乃至細
釋子受大戒者皆不清淨　末食正食者乃至肉飯
而食者　舉宿而食咽咽隨非時七日過限亦隨　波逸提　不犯者宿受
盡形壽藥无病因縁而服者吉羅　食与父母塔
舍作人計價与後乞食比丘從作人邊乞得者若鉢盂孔礙食入如

舍作人計價与後乞食比丘從作人邊乞得者若鉢盂孔隙食入如
法洗之餘不出者得宿受蘇油灌鼻若墮唾出棄餘者得咽
卅九 不受食戒 佛在舍衛城人為三父母等於四衢道頭乃至廟中祭祀供養食
糞掃衣乞食比丘自取食比丘自取食之居士共嫌比丘〻過白
佛便呵 若比丘不受 不与食者未受者是受有五種手受与手持物
制戒 受持物与手受若持物擲持物受若遙過物与
者受者俱知中間无所障礙得墮手中是也復有五種身衣曲肘器 佉闍尼
與還以上四受若有因緣置地与是為五也 食 食根細
末摩又云飯
麨乾飯等 若藥 奢耶尼食者蘇
油生蘇蜜石蜜 著口中 若不与食自取著口中咽
咽墮非時七日若過限亦
墮盡形藥无因緣不 除水及楊枝波逸提 不犯者取淨水楊枝若
受而食者吉羅也 不受蘇油灌鼻与藥
俱出餘不犯若乞食比丘鳥銜食若風吹墮盆中除
去此食乃至一指爪可除去餘者无犯也

注四分戒本上卷

注四分戒本上卷

BD00882 妙法蓮華經卷二

（後秦）鳩摩羅什 譯

937.3cm×24.2cm

夜隨我受
便引[illegible]法中舍利弗我昔
願佛道汝今悉忘而便自謂已得滅度我
還欲令汝憶念本願所行道故為諸聲聞說
是大乘經名妙法蓮華教菩薩法佛所護念
舍利弗汝於未來世過無量無邊不可思議
劫供養若干千万億佛奉持正法具足菩薩
所行之道當得作佛号曰華光如來應供正
遍知明行足善逝世間解無上士調御丈夫
天人師佛世尊國名離垢其土平正清淨嚴
飾安隱豐樂天人熾盛瑠璃為地有八交道
黃金為繩以界其側其傍各有七寶行樹常
有華菓華光如來亦以三乘教化眾生舍利
弗彼佛出時雖非惡世以本願故說三乘法

中以菩薩為大寶故彼諸菩薩無量無邊不
可思議筭數譬喻所不能及非佛智力無能
知者若欲行時寶華承足此諸菩薩非初發
意皆久植德本於無量百千万億佛所淨脩
梵行恒為諸佛之所稱歎常脩佛慧具大神
通善知一切諸法之門質直無偽志念堅固
如是菩薩充滿其國舍利弗華光佛壽十二
小劫除為王子未作佛時其國人民壽八小
劫華光如來過十二小劫授堅滿菩薩阿耨
多羅三藐三菩提記告諸比丘是堅滿菩薩
次當作佛号曰華足安行多陁阿伽度阿羅
訶三藐三佛陁其佛國土亦復如是舍利弗
是華光佛滅度之後正法住世三十二小劫
像法住世亦三十二小劫尒時世尊欲重宣

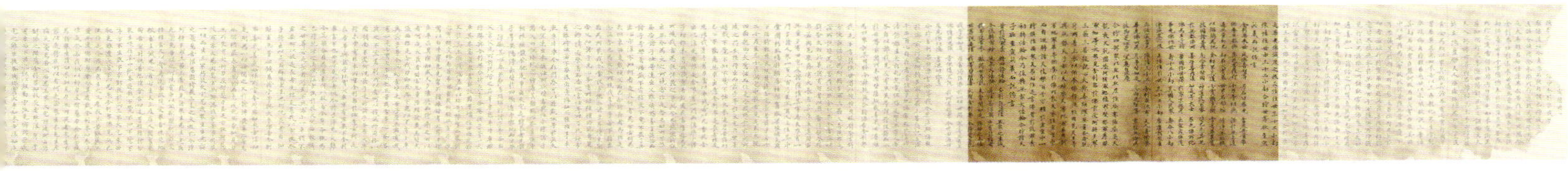

是華光佛滅度之後正法住世三十二小劫
像法住世亦三十二小劫尒時世尊欲重宣
此義而說偈言
舍利弗來世　成佛普智尊　号名曰華光　當度無量衆
供養無數佛　具足菩薩行　十力等功德　證於無上道
過無量劫已　劫名大寶嚴　世界名離垢　清淨無瑕穢
以瑠璃為地　金繩界其道　七寶雜色樹　常有華菓實
彼國諸菩薩　志念常堅固　神通波羅蜜　皆已悉具足
於無數佛所　善學菩薩道　如是等大士　華光佛所化
佛為王子時　棄國捨世榮　於冣末後身　出家成佛道
華光佛住世　壽十二小劫　其國人民衆　壽命八小劫
佛滅度之後　正法住於世　三十二小劫　廣度諸衆生
正法滅盡已　像法三十二　舍利廣流布　天人普供養
華光佛所為　其事皆如是　其兩足聖尊　冣勝無倫匹

尒時四部衆比丘比丘尼優婆塞優婆夷天
龍夜叉乹闥婆阿脩羅迦樓羅緊那羅摩睺
羅伽等大衆見舍利弗於佛前受阿耨多羅
三藐三菩提記心大歡喜踊躍無量各各脫
身所着上衣以供養佛釋提桓因梵天王等
與無數天子亦以天妙衣天曼陀羅華摩訶
曼陀羅華等供養於佛所散天衣住虛空中
而自迴轉諸天伎樂百千万種於虛空中一
時俱作雨衆天華而作是言佛昔於波羅柰
初轉法輪今乃復轉無上最大法輪尒時諸天
子欲重宣此義而說偈言

昔於波羅柰　轉四諦法輪　分別說諸法　五衆之生滅
今復轉最妙　無上大法輪　是法甚深奧　少有能信者
我等從昔來　數聞世尊說　未曾聞如是　深妙之上法
世尊說是法　我等皆隨喜　大智舍利弗　今得受尊記

我等從昔來　數聞世尊說　未曾聞如是　深妙之上法
世尊說是法　我等皆隨喜　大智舍利弗　今得受尊記
我等亦如是　必當得作佛　於一切世間　最尊無有上
佛道叵思議　方便隨宜說　我所有福業　今世若過世
及見佛功德　盡迴向佛道
尒時舍利弗白佛言世尊我今無復疑悔親
於佛前得受阿耨多羅三藐三菩提記是諸
千二百心自在者昔住學地佛常教化言我
法能離生老病死究竟涅槃是學無學人亦
各自以離我見及有無見等謂得涅槃而今
於世尊前聞所未聞皆墮疑惑善哉世尊願
為四衆說其因緣令離疑悔尒時佛告舍利弗
我先不言諸佛世尊以種種因緣譬喻言辞
方便說法皆為阿耨多羅三藐三菩提耶是
諸所說皆為化菩薩故然舍利弗今當

弗若國邑聚落有大長者其年衰邁財富
無量多有田宅及諸僮僕其家廣大唯有一
門多諸人衆一百二百乃至五百人止住其中
堂閣朽故墻壁頹落柱根腐敗梁棟傾危周
帀俱時欻然火起焚燒舍宅長者諸子若十
二十或至三十在此宅中長者見是大火從
四面起即大驚怖而作是念我雖能於此所
燒之門安隱得出而諸子等於火宅內樂著
嬉戲不覺不知不驚不怖火來逼身苦痛切
己心不猒患無求出意舍利弗是長者作是
思惟我身手有力當以衣祴若以几案從舍
出之復更思惟是舍唯有一門而復狹小諸
子幼稚未有所識戀著戲處或當墮落為火
所燒我當為說怖畏之事此舍已燒宜時疾

稚未有所識戀著戲處或當墮落為火
所燒我當為說怖畏之事此舍已燒宜時疾
出無令為火之所燒害作是念已如所思惟
具告諸子汝等速出父雖憐愍善言誘諭而
諸子等樂著嬉戲不肯信受不驚不畏了無
出心亦湏不知何者是火何者為舍云何為
失但東西走戲視父而已尒時長者即作是
念此舍已為大火所燒我及諸子若不時出
必為所焚我今當設方便令諸子等得免斯
害父知諸子先心各有所好種種珎玩奇異
之物情必樂着而告之言汝等所可玩好希
有難得汝若不取後必憂悔如此種種羊車
鹿車牛車今在門外可以遊戲汝等於此火
宅宜速出來隨汝所欲皆當與汝尒時諸子
聞父所說珍玩之物適其願故心各

子等安隱得出皆於四衢道中露地而坐無
復障礙其心泰然歡喜踊躍時諸子等各白
父言父先所許玩好之具羊車鹿車牛車願
時賜與舍利弗尒時長者各賜諸子等一大
車其車高廣衆寶莊挍周帀欄楯四面懸鈴
又於其上張設幰蓋亦以珎奇雜寶而嚴飾
之寶繩交絡垂諸華瓔重敷綩綖安置丹枕
駕以白牛膚色充潔形體姝好有大筋力行
步平正其疾如風又多僕從而侍衛之所以
者何是大長者財富無量種種諸藏悉皆充
溢而作是念我財物無極不應以下劣小車
與諸子等今此幼童皆是吾子愛無偏黨我
有如是七寶大車其數無量應當等心各各
與之不宜差別所以者何以我此物周給一

與之不宜差別所以者何以我此物周給一
國猶尚不匱何況諸子是時諸子各乘大車
得未曾有非本所望舍利弗於汝意云何是
長者等與諸子珍寶大車寧有虛妄不舍利
弗言不也世尊是長者但令諸子得免火難
全其軀命非為虛妄何以故若全身命便為
已得玩好之具況復方便於彼火宅而拔濟
之世尊若是長者乃至不與最小一車猶不
虛妄何以故是長者先作是意我以方便令
子得出以是因緣無虛妄也何況長者自知
財富無量欲饒益諸子等與大車佛告舍利
弗善哉善哉如汝所言舍利弗如來亦復如
是則為一切世間之父於諸怖畏衰惱憂患

波羅蜜大慈大悲常無懈惓恒求善事利益
一切而生三界朽故火宅為度衆生生老病
死憂悲苦惱愚癡暗蔽三毒之火教化令得
阿耨多羅三藐三菩提見諸衆生為生老病
死憂悲苦惱之所燒煑亦以五欲財利故受
種種苦又以貪着追求故現受衆苦後受地
獄畜生餓鬼之苦若生天上及在人間貧窮
困苦愛別離苦怨憎會苦如是等種種諸苦
衆生没在其中歡喜遊戲不覺不知不驚不
怖亦不生厭不求解脱於此三界火宅東西
馳走雖遭大苦不以為患舍利弗佛見此已
便作是念我為衆生之父應拔其苦難與無
量無邊佛智慧樂令其遊戲舍利弗如來復
作是念若我但以神力及智慧力捨於方便

量無邊佛智慧樂令其遊戲舍利弗如來復
作是念若我但以神力及智慧力捨於方便
為諸衆生讚如來知見力無所畏者衆生不
能以是得度所以者何是諸衆生未免生老
病死憂悲苦惱而為三界火宅所燒何由能
解佛之智慧舍利弗如彼長者雖復身手
有力而不用之但以殷勤方便免濟諸子火
宅之難然後各與珍寶大車如來亦復如是
雖有力無所畏而不用之但以智慧方便於
三界火宅拔濟衆生為說三乘聲聞辟支佛
佛乘而作是言汝等莫得樂住三界火宅勿
貪麁弊色聲香味觸也若貪著生愛則為所
燒汝速出三界當得三乘聲聞辟支佛佛乘
我今為汝保任此事終不虛也汝等但當勤
修精進如來以是方便誘進衆生

繫無所依求乘是三乘以無漏根力覺道禪
定解脫三昧等而自娛樂便得無量安隱快
樂舍利弗若有眾生內有智性從佛世尊聞
法信受殷勤精進欲速出三界自求涅槃是
名聲聞乘如彼諸子為求羊車出於火宅若
有眾生從佛世尊聞法信受殷勤精進求自
然慧樂獨善寂深知諸法因緣是名辟支佛
乘如彼諸子為求鹿車出於火宅若有眾生
從佛世尊聞法信受勤脩精進求一切智佛
智自然智無師智如來知見力無所畏愍念
安樂無量眾生利益天人度脫一切是名大
乘菩薩求此乘故名為摩訶薩如彼諸子為
求牛車出於火宅舍利弗如彼長者見諸子
等安隱得出火宅到無畏處自惟財富無量

[illegible]舍利弗如彼長者見諸子
等安隱得出火宅到無畏處自惟財富無量
等以大車而賜諸子如來亦復如是為一切
衆生之父若見無量億千衆生以佛教門出
三界苦怖畏險道得涅槃樂如來尒時便作
是念我有無量無邊智慧力無畏等諸佛法
藏是諸衆生皆是我子等與大乘不令有人
獨得滅度皆以如來滅度而滅度之是諸衆
生脫三界者悉與諸佛禪定解脫等娛樂之
具皆是一相一種聖所稱歎能生淨妙第一
之樂舍利弗如彼長者初以三車誘引諸子
然後但與大車寶物莊嚴安隱第一然彼長
者無虛妄之咎如來亦復如是無有虛妄初
說三乘引導衆生然後但以大乘而度脫之
[illegible]

利弗以是因緣當知諸佛方便力故於一佛乘
分別說三佛欲重宣此義而說偈言
譬如長者　有一大宅　其宅久故　而復頓弊
堂舍高危　柱根摧朽　梁棟傾斜　基陛頹毀
墻壁圮坼　泥塗褫落　覆苫亂墜　椽梠差脫
周障屈曲　雜穢充遍　有五百人　止住其中
鵄梟鵰鷲　烏鵲鳩鴿　蚖蛇蝮蠍　蜈蚣蚰蜒
守宮百足　狖狸鼷鼠　諸惡蟲輩　交橫馳走
屎尿臭處　不淨流溢　蜣蜋諸蟲　而集其上
狐狼野干　咀嚼踐蹋　嚌齧死屍　骨肉狼藉
由是群狗　競來搏撮　飢羸慞惶　處處求食
鬬諍齟掣　嘊喍嘷吠　其舍恐怖　變狀如是
處處皆有　魑魅魍魎　夜叉惡鬼　食噉人肉
毒蟲之屬　諸惡禽獸　孚乳產生　各自藏護

處處皆有　魑魅魍魎　夜叉惡鬼　食噉人肉
毒虫之屬　諸惡禽獸　孚乳產生　各自藏護
夜叉競來　爭取食之　食之既飽　惡心轉熾
鬪諍之聲　甚可怖畏　鳩槃荼鬼　蹲踞土埵
或時離地　一尺二尺　往反遊行　縱逸嬉戲
捉狗兩足　撲令失聲　以脚加頸　怖狗自樂
復有諸鬼　其身長大　裸形黑瘦　常住其中
發大惡聲　叫呼求食　復有諸鬼　其咽如針
復有諸鬼　首如牛頭　或食人肉　或復噉狗
頭髮蓬亂　殘害凶險　飢渴所逼　叫喚馳走
夜叉餓鬼　諸惡鳥獸　飢急四向　窺看窓牖
如是諸難　恐畏無量　是朽故宅　屬于一人
其人近出　未久之間　於後舍宅　欻然火起
四面一時　其焰俱熾　棟梁椽柱　爆聲震裂
摧折墮落　牆壁崩倒　諸鬼神等　揚聲大叫

[illegible]
惡獸毒虫　藏竄孔穴　毗舍闍鬼　亦住其中
薄福德故　為火所逼　共相殘害　飲血噉肉
野干之屬　並已前死　諸大惡獸　競來食噉
臭烟熢㶿　四面充塞　蜈蚣蚰蜒　毒虵之類
為火所燒　爭走出穴　鳩槃荼鬼　隨取而食
又諸餓鬼　頭上火然　飢渴熱惱　周章悶走
其宅如是　甚可怖畏　毒害火災　眾難非一
是時宅主　在門外立　聞有人言　汝諸子等
先因遊戲　來入此宅　稚小無知　歡娛樂着
長者聞已　驚入火宅　方宜救濟　令無燒害
告喻諸子　說眾患難　惡鬼毒虫　災火蔓莚
眾苦次第　相續不絕　毒虵蚖蝮　及諸夜叉
鳩槃荼鬼　野干狐狗　鵰鷲鵄梟　百足之屬
飢渴惱急　甚可怖畏　此苦難處　況復大火

鵰鷲鵄梟　百足之屬
飢渴惱急　甚可怖畏　此苦難處　況復大火
諸子無知　雖聞父誨　猶故樂著　嬉戲不已
是時長者　而作是念　諸子如此　益我愁惱
今此舍宅　無一可樂　而諸子等　耽湎嬉戲
不受我教　將為火害　即便思惟　設諸方便
告諸子等　我有種種　珍玩之具　妙寶好車
羊車鹿車　大牛之車　今在門外　汝等出來
吾為汝等　造作此車　隨意所樂　可以遊戲
諸子聞說　如此諸車　即時奔競　馳走而出
到於空地　離諸苦難　長者見子　得出火宅
住於四衢　坐師子座　而自慶言　我今快樂
此諸子等　生育甚難　愚小無知　而入險宅
多諸毒蟲　魑魅可畏　大火猛焰　四面俱起
而此諸子　貪樂嬉戲　我已救之　令得脫難

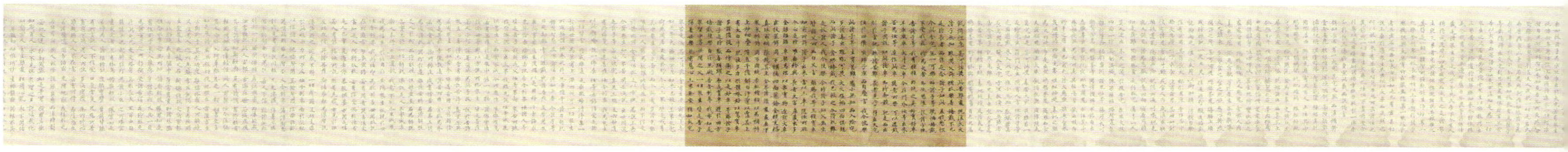

皆詣父所　而白父言　願賜我等　三種寶車
如前所許　諸子出來　當以三車　隨汝所欲
今正是時　唯垂給與　長者大富　庫藏衆多
金銀瑠璃　車𤦲馬瑙　以衆寶物　造諸大車
莊校嚴飾　周帀欄楯　四面懸鈴　金繩交絡
真珠羅網　張施其上　金華諸瓔　處處垂下
衆采雜飾　周帀圍繞　柔軟繒纊　以為裀褥
上妙細疊　價直千億　鮮白淨潔　以覆其上
有大白牛　肥壯多力　形體姝好　以駕寶車
多諸儐從　而侍衛之　以是妙車　等賜諸子
諸子是時　歡喜踊躍　乘是寶車　遊於四方
嬉戲快樂　自在無礙　告舍利弗　我亦如是
衆聖中尊　世間之父　一切衆生　皆是吾子
深著世樂　無有慧心　三界無安　猶如火宅

深着世樂　無有慧心　三界無安　猶如火宅
衆苦充滿　甚可怖畏　常有生老　病死憂患
如是等火　熾燃不息　如來已離　三界火宅
寂然閑居　安處林野　今此三界　皆是我有
其中衆生　悉是吾子　而今此處　多諸患難
唯我一人　能為救護　雖復教詔　而不信受
於諸欲深　貪着深故　是以方便　為說三乘
令諸衆生　知三界苦　開示演說　出世間道
是諸子等　若心決定　具足三明　及六神通
有得緣覺　不退菩薩　汝舍利弗　我為衆生
以此譬喻　說一佛乘　汝等若能　信受是語
一切皆當　得成佛道　是乘微妙　清淨苐一
於諸世間　為無有上　佛所悅可　一切衆生

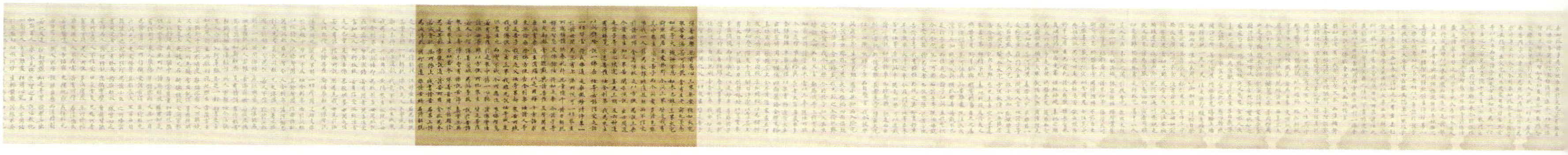

日夜劫數　常得遊戲　與諸菩薩　及聲聞衆
乘此寶乘　直至道場　以是因緣　十方諦求
更無餘乘　除佛方便　告舍利弗　汝諸人等
皆是吾子　我則是父　汝等累劫　衆苦所燒
我皆濟拔　令出三界　我雖先說　汝等滅度
但盡生死　而實不滅　今所應作　唯佛智慧
若有菩薩　於是衆中　能一心聽　諸佛實法
諸佛世尊　雖以方便　所化衆生　皆是菩薩
若人小智　深著愛欲　為此等故　說於苦諦
衆生心喜　得未曾有　佛說苦諦　真實無異
若有衆生　不知苦本　深著苦因　不能暫捨
為是等故　方便說道　諸苦所因　貪欲為本
若滅貪欲　無所依止　滅盡諸苦　名第三諦
為滅諦故　脩行於道　離諸苦縛　名得解脫

為滅諦故 脩行於道 離諸苦縛 名得解脫
是人於何 而得解脫 但離虛妄 名為解脫
其實未得 一切解脫 佛說是人 未實滅度
斯人未得 無上道故 我意不欲 令至滅度
我為法王 於法自在 安隱衆生 故現於世
汝舍利弗 我此法印 為欲利益 世間故說
在所遊方 勿妄宣傳 若有聞者 隨喜頂受
當知是人 阿鞞跋致 若有信受 此經法者
是人已曾 見過去佛 恭敬供養 亦聞是法
若人有能 信汝所說 則為見我 亦見於汝
及比丘僧 并諸菩薩 斯法華經 為深智說
淺識聞之 迷惑不解 一切聲聞 及辟支佛
於此經中 力所不及 汝舍利弗 尚於此經
以信得入 況餘聲聞 其餘聲聞 信佛語故

計我見者 莫說此經 凡夫淺識 深著五欲
聞不能解 亦勿為說 若人不信 毀謗此經
則斷一切 世間佛種 或復顰蹙 而懷疑惑
汝當聽說 此人罪報 若佛在世 若滅度後
其有誹謗 如斯經典 見有讀誦 書持經者
輕賤憎嫉 而懷結恨 此人罪報 汝今復聽
其人命終 入阿鼻獄 具足一劫 劫盡更生
如是展轉 至無數劫 從地獄出 當墮畜生
若狗野干 其形頷瘦 黧黮疥癩 人所觸嬈
又復為人 之所惡賤 常困飢渴 骨肉枯竭
生受楚毒 死被瓦石 斷佛種故 受斯罪報
若作駱駝 或生驢中 身常負重 加諸杖捶
但念水草 餘無所知 謗斯經故 獲罪如是
有作野干 來入聚落 身體疥癩 又無一目

有作野干　来入聚落　身體疥癩　又無一目
為諸童子　之所打擲　受諸苦痛　或時致死
於此死已　更受蟒身　其形長大　五百由旬
聾騃無足　宛轉腹行　為諸小虫　之所唼食
晝夜受苦　無有休息　謗斯經故　獲罪如是
若得為人　諸根暗鈍　矬陋攣躄　盲聾背傴
有所言說　人不信受　口氣常臭　鬼魅所著
貧窮下賤　為人所使　多病痟瘦　無所依怙
雖親附人　人不在意　若有所得　尋復忘失
若脩醫道　順方治病　更增他疾　或復致死
若自有病　無人救療　設服良藥　而復增劇
若他反逆　抄劫竊盜　如是等罪　横羅其殃
如斯罪人　永不見佛　衆聖之王　說法教化

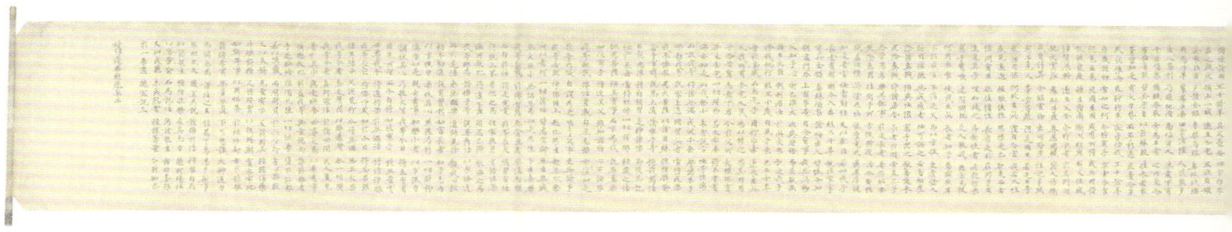

常處地獄　如遊園觀　在餘惡道　如己舍宅
駝驢猪狗　是其行處　謗斯經故　獲罪如是
若得為人　聾盲瘖瘂　貧窮諸衰　以自莊嚴
水腫乾痟　疥癩癰疽　如是等病　以為衣服
身常臭處　垢穢不淨　深著我見　增益瞋恚
婬欲熾盛　不擇禽獸　謗斯經故　獲罪如是
告舍利弗　謗斯經者　若說其罪　窮劫不盡
以是因緣　我故語汝　無智人中　莫說此經
若有利根　智慧明了　多聞强識　求佛道者
如是之人　乃可為說　若人曾見　億百千佛
植諸善本　深心堅固　如是之人　乃可為說
若人精進　常脩慈心　不惜身命　乃可為說
若人恭敬　無有異心　離諸凡愚　獨處山澤
如是之人　乃可為說　又舍利弗　若見有人

BD00882　妙法蓮華經卷二

如是之人　乃可為說　又舍利弗　若見有人
捨惡知識　親近善友　如是之人　乃可為說
若見佛子　持戒清潔　如淨明珠　求大乘經
如是之人　乃可為說　若人無瞋　質直柔軟
常愍一切　恭敬諸佛　如是之人　乃可為說
復有佛子　於大衆中　以清淨心　種種因緣
譬喻言辭　說法無礙　如是之人　乃可為說
若有比丘　為一切智　四方求法　合掌頂受
但樂受持　大乘經典　乃至不受　餘經一偈
如是之人　乃可為說　如人至心　求佛舍利
如是求經　得已頂受　其人不復　志求餘經
亦未曾念　外道典籍　如是之人　乃可為說
告舍利弗　我說是相　求佛道者　窮劫不盡
如是等人　則能信解　汝當為說　妙法華經

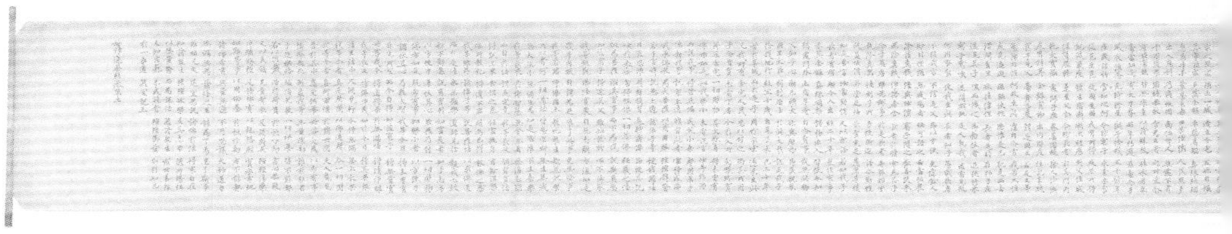

尒時慧命須菩提摩訶迦栴延摩訶迦葉摩
訶目揵連從佛所聞未曾有法世尊授舍利
弗阿耨多羅三藐三菩提記發希有心歡喜
踊躍即從座起整衣服偏袒右肩右膝著地
一心合掌曲躬恭敬瞻仰尊顏而白佛言我
等居僧之首年並朽邁自謂已得涅槃無所
堪任不復進求阿耨多羅三藐三菩提世尊
往昔說法既久我時在座身體疲懈但念空
無相無作於菩薩法遊戲神通淨佛國土成
就眾生心不喜樂所以者何世尊令我等出
於三界得涅槃證又今我等年已朽邁於佛
教化菩薩阿耨多羅三藐三菩提不生一念
好樂之心我等今於佛前聞授聲聞阿耨
多羅三藐三菩提記心甚歡喜得未曾有不

好樂之心我等今於佛前聞授聲聞阿耨
多羅三藐三菩提記心甚歡喜得未曾有不
謂於今忽然得聞希有之法深自慶幸獲大
善利無量珎寶不求自得世尊我等今者樂
說譬喻以明斯義譬若有人年既幼稚捨父
逃逝久住他國或十二十至五十歲年既長
大加復窮困馳騁四方以求衣食漸漸遊行
遇向本國其父先來求子不得中止一城其
家大富財寶無量金銀琉璃珊瑚虎珀頗梨
珠等其諸倉庫悉皆盈溢多有僮僕臣佐吏
民象馬車乘牛羊無數出入息利乃遍他國
商估賈客亦甚衆多時貧窮子遊諸聚落
經歷國邑遂到其父所止之城父每念子與
子離別五十餘年而未曾向人說如此事但

無所委付是以慇勤每憶其子復作是念我
若得子委付財物坦然快樂無復憂慮世尊
尒時窮子傭賃展轉遇到父舍住立門側遥
見其父踞師子床寶几承足諸婆羅門刹利
居士皆恭敬圍繞以真珠瓔珞價直千万莊
嚴其身吏民僮僕手執白拂侍立左右覆以
寶帳垂諸華幡香水灑地散衆名華羅列寶
物出内取與有如是等種種嚴飾威德特尊
窮子見父有大力勢即懷恐怖悔来至此竊
作是念此或是王或是王等非我傭力得
物之處不如往至貧里肆力有地衣食易得
若久住此或見逼迫強使我作作是念已疾
走而去時富長者於師子座見便識心大歡喜
即作是念我財物庫藏今有所付我常思念

[illegible]
即作是念我財物庫藏今有所付我常思念
此子無由見之而忽自來甚適我願我雖年
朽猶故貪惜即遣傍人急追將還尒時使者
疾走往捉窮子驚愕稱怨大喚我不相犯何
為見捉使者執之愈急强牽將還于時窮子
自念无罪而被囚執此必定死轉更惶怖悶
絶躃地父遥見之而語使言不須此人勿强
將來以冷水灑面令得醒悟莫復與語所以
者何父知其子志意下劣自知豪貴為子所
難審知是子而以方便不語他人云是我子
使者語之我今放汝隨意所趣窮子歡喜得
未曾有從地而起往至貧里以求衣食尒時
長者將欲誘引其子而設方便密遣二人形
[illegible]

何所作便可語之雇汝除糞我等二人亦共
汝作時二使人即求窮子既已得之具陳上
事尒時窮子先取其價尋與除糞其父見子
愍而怪之又以他日於窓牖中遥見子身羸
瘦憔悴糞土塵坌汙穢不淨即脫瓔珞細軟
上服嚴飾之具更著麤弊垢膩之衣塵土坌
身右手執持除糞之器狀有所畏語諸作人
汝等勤作勿得懈息以方便故得近其子後
復告言咄男子汝常此作勿復餘去當加汝
價諸有所須瓫器米麵鹽醋之屬莫自疑難
亦有老弊使人須者相給好自安意我如汝
父勿復憂慮所以者何我年老大而汝少壯
汝常作時無有欺怠瞋恨怨言都不見汝有
此諸惡如餘作人自今已後如所生子即時

汝常作時無有欺怠瞋恨怨言都不見汝有
此諸惡如餘作人自今已後如所生子即時
長者更與作字名之爲兒尒時窮子雖欣此
遇猶故自謂客作賤人由是之故於二十年
中常令除糞過是已後心相體信入出無難
然其所止猶在本處世尊尒時長者有疾自
知將死不久語窮子言我今多有金銀珎寶
倉庫盈溢其中多少所應取與汝悉知之我
心如是當體此意所以者何今我與汝便爲
不異宜加用心無令漏失尒時窮子即受教
勅領知衆物金銀珎寶及諸庫藏而無悕取
一飡之意然其所止故在本處下劣之心亦
未能捨復經少時父知子意漸已通泰成就
大志自鄙先心臨欲終時而命其子并會親

吾逃走跉跰辛苦五十餘年其本字某我名
某甲昔在本城懷憂推覓忽於此間遇會得
之此實我子我實其父今我所有一切財物
皆是子有先所出內是子所知世尊是時窮
子聞父此言即大歡喜得未曾有而作是念
我本無心有所悕求今此寶藏自然而至世
尊大富長者則是如來我等皆似佛子如來
常說我等為子世尊我等以三苦故於生死
中受諸熱惱迷惑無知樂著小法今日世尊
令我等思惟蠲除諸法戲論之糞我等於中
勤加精進得至涅槃一日之價既得此已心
大歡喜自以為是便自謂於佛法中勤精進
故所得弘多然世尊先知我等心著弊欲樂
於小法便見縱捨不為分別汝等當有如來

於小法便見縱捨不為分別汝等當有如来
知見寶藏之分世尊以方便力說如来智慧
我等從佛得涅槃一日之價以為大得於此
大乗無有志求我等又因如来智慧為諸菩
薩開示演說而自於此無有志願所以者何
佛知我等心樂小法以方便力隨我等說而我
等不知真是佛子今我等方知世尊於佛
智慧無所悋惜所以者何我等昔来真是佛
子而但樂小法若我等有樂大之心佛則為
我說大乗法於此經中唯說一乗而昔於菩薩
前毀呰聲聞樂小法者然佛實以大乗教化
是故我等說本無心有所悕求今法王大寶
自然而至如佛子所應得者皆已得之尒時摩
訶迦葉欲重宣此義而說偈言

佛說聲聞　當得作佛　無上寶聚　不求自得
譬如童子　幼稚無識　捨父逃逝　遠到他土
周流諸國　五十餘年　其父憂念　四方推求
求之既疲　頓止一城　造立舍宅　五欲自娛
其家巨富　多諸金銀　車𤦲馬瑙　真珠琉璃
象馬牛羊　輦輿車乘　田業僮僕　人民衆多
出入息利　乃遍他國　商估賈人　無處不有
千万億衆　圍繞恭敬　常為王者　之所愛念
群臣豪族　皆共宗重　以諸緣故　往来者衆
豪富如是　有大力勢　而年朽邁　益憂念子
夙夜惟念　死時將至　癡子捨我　五十餘年
庫藏諸物　當如之何　尒時窮子　求索衣食
從邑至邑　從國至國　或有所得　或無所得
飢餓羸瘦　體生瘡癬　漸次經歷　到父住城

飢餓羸瘦　體生瘡癬　漸次經歷　到父住城
傭賃展轉　遂至父舍　尒時長者　於其門内
施大寶帳　處師子座　眷屬圍繞　諸人侍衛
或有計筭　金銀寶物　出内財產　注記券疏
窮子見父　豪貴尊嚴　謂是國王　若是王等
驚怖自怪　何故至此　覆自念言　我若久住
或見逼迫　強驅使作　思惟是已　馳走而去
借問貧里　欲往傭作　長者是時　在師子座
遥見其子　嘿而識之　即勅使者　追捉將來
窮子驚喚　迷悶躃地　是人執我　必當見殺
何用衣食　使我至此　長者知子　愚癡狹劣
不信我言　不信是父　即以方便　更遣餘人
眇目矬陋　無威德者　汝可語之　云當相雇
除諸糞穢　倍與汝價　窮子聞之　歡喜隨來

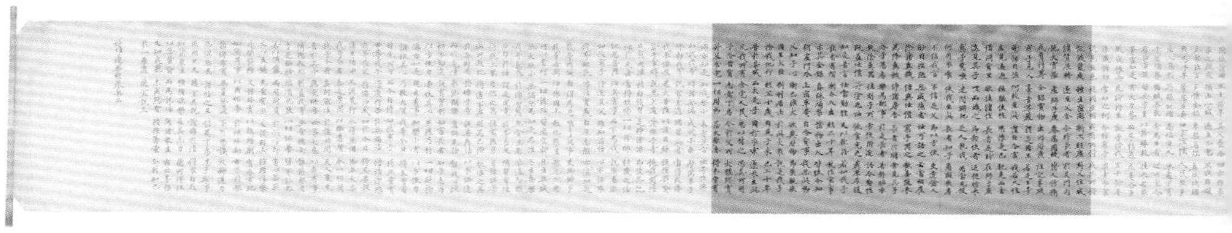

念子愚劣　樂為鄙事　於是長者　著弊垢衣
執除糞器　往到子所　方便附近　語令勤作
既益汝價　并塗足油　飲食充足　薦席厚暖
如是苦言　汝當勤作　又以軟語　若如我子
長者有智　漸令入出　經二十年　執作家事
示其金銀　真珠頗梨　諸物出入　皆使令知
猶處門外　止宿草菴　自念貧事　我無此物
父知子心　漸已曠大　欲與財物　即聚親族
國王大臣　刹利居士　於此大眾　說是我子
捨我他行　經五十歲　自見子來　已二十年
昔於某城　而失是子　周行求索　遂來至此
凡我所有　舍宅人民　悉以付之　恣其所用
子念昔貧　志意下劣　今於父所　大獲珍寶
并及舍宅　一切財物　甚大歡喜　得未曾有

并及舍宅　一切財物　甚大歡喜　得未曾有
佛亦如是　知我樂小　未曾說言　汝等作佛
而說我等　得諸無漏　成就小乘　聲聞弟子
佛勅我等　說㝡上道　脩習此者　當得成佛
我承佛教　為大菩薩　以諸因緣　種種譬喻
若干言辭　說無上道　諸佛子等　從我聞法
日夜思惟　精勤脩習　是時諸佛　即授其記
汝於來世　當得作佛　一切諸佛　秘藏之法
但為菩薩　演其實事　而不為我　說斯真要
如彼窮子　得近其父　雖知諸物　心不悕取
我等雖說　佛法寶藏　自無志願　亦復如是
我等內滅　自謂為足　唯了此事　更無餘事
我等若聞　淨佛國土　教化衆生　都無欣樂

我等長夜　於佛智慧　無貪無著　無復志願
而自於法　謂是究竟　我等長夜　脩習空法
得脫三界　苦惱之患　住最後身　有餘涅槃
佛所教化　得道不虛　則為已得　報佛之恩
我等雖為　諸佛子等　說菩薩法　以求佛道
而於是法　永無願樂　道師見捨　觀我心故
初不勸進　說有實利　如富長者　知子志劣
以方便力　柔伏其心　然後乃付　一切財物
佛亦如是　現希有事　知樂小者　以方便力
調伏其心　乃教大智　我等今日　得未曾有
非先所望　而今自得　如彼窮子　得無量寶
世尊我今　得道得果　於無漏法　得清淨眼
我等長夜　持佛淨戒　如於今日　得其果報
法王法中　久脩梵行　今得無漏　無上大果

我等長夜　持佛淨戒　始於今日　得其果報
法王法中　久脩梵行　今得無漏　無上大果
我等今者　真是聲聞　以佛道聲　令一切聞
我等今者　真阿羅漢　於諸世間　天人魔梵
普於其中　應受供養　世尊大恩　以希有事
憐愍教化　利益我等　無量億劫　誰能報者
手足供給　頭頂禮敬　一切供養　皆不能報
若以頂戴　兩肩荷負　於恒沙劫　盡心恭敬
又以美膳　无量寶衣　及諸卧具　種種湯藥
牛頭栴檀　及諸珍寶　以起塔廟　寶衣布地
如斯等事　以用供養　於恒沙劫　亦不能報
諸佛希有　無量無邊　不可思議　大神通力
無漏無爲　諸法之王　能爲下劣　忍于斯事
取相凡夫　隨宜爲說　諸佛於法　得最自在

又知成熟　未成熟者　種種籌量　分別知已
於一乘道　隨宜說三

妙法蓮華經卷第二

BD00883 梵網經盧舍那佛説菩薩心地戒品第十卷下

（後秦）鳩摩羅什 譯

BD00883v-1 白畫金剛力士（擬）

BD00883v-2 雜寫

289.8cm × 24.5cm

〼教化取物贖佛菩薩
〼一切經律若不贖
〼販賣輕秤小斗
〼破壞成功長養
〼垢罪
男女等鬪軍陣兵
〼吹貝鼓角琴瑟箏
〼不得樗蒲圍棊波
毱擲石投壺牽道八道
鉢盂髑髏而作卜筮不
〼得作若故作者犯輕

是戒猶如金剛如帶持浮囊欲渡大海如草
繫比丘常生大乘信自知我是未成之佛諸
佛是已成之佛發菩提心念念不去心若起
一念二乘外道心者犯輕垢罪
若佛子常應發一切願願孝順父母師僧三
寶常願得好師同學善友知識常教我大
乘經律十發趣十長養十金剛十地使我開
解如法脩行堅持佛戒寧捨身命念念不
去心若一切菩薩不發是願者犯輕垢罪
若佛子發十大願已持佛禁戒作是願言寧
以此身投於熾然猛火大坑刀山終不毀犯
三世諸佛經律與一切女人作不淨行
復作是願寧以熱鐵羅網千重周匝纏身

復作是願寧以熱鐵羅網千重周匝纏身
終不以破戒之身受信心檀越一切衣服
復作是願寧以此口吞熱鐵丸及大流猛火
經百千劫終不以破戒之口食信心檀越百
味飲食
復作是願寧以此身臥大猛火羅網熱鐵地
上終不以破戒之身受信心檀越百種床座
復作是願寧以此身受三百鉾刺身經一劫
二劫終不以破戒之身受信心檀越百味醫藥
復作是願寧以此身投熱鐵鑊經百千劫終
不以破戒之身受信心檀越千種房舍屋
宅園林田地
復作是願寧以鐵鎚打碎此身從頭至足
令如微塵終不以破戒之身受信心檀越

復作是願寧以百千熱鐵刀鉾挑其兩目
終不以破戒之心視他好色
復作是願寧以百千鐵錐遍身撾剌耳根
經一劫二劫終不以破戒之心聽好音聲
復作是願寧以百千刃刀割去其鼻終不以
破戒之心貪嗅諸香
復作是願寧以百千刃刀割斷其舌終不以破
戒之心食人百味淨食
復作是願寧以利斧斬斫其身終不以破戒
之心貪著好觸
復作是願願一切衆生悉得成佛菩薩
若不發是願者犯輕垢罪
若佛子常應二時頭陀冬夏坐禪結夏安
居常用楊枝澡豆三衣瓶鉢坐具錫杖香爐

BD00883　梵網經盧舍那佛說菩薩心地戒品第十卷下

若佛子常應二時頭陀冬夏坐禪結夏安
居常用楊枝澡豆三衣缾鉢坐具錫杖香爐
漉水囊手巾刀子火燧鑷子繩床經律佛像菩
薩形像而菩薩行頭陀時及遊方時行來
時百里千里此十八種物常隨其身頭陀者
從正月十五日至三月十五日八月十五日至
十月十五日是二時中此十八種物常隨其身
如鳥二翼若布薩日新學菩薩半月半月布
薩應誦十重四十八輕戒時於諸佛菩薩形
像前誦一人布薩即一人誦若二若三乃至
百千人亦一人誦誦者高坐聽者下坐各各
披九條七條五條袈裟結夏安居一一如法
若頭陀時莫入難處若國難惡王土地高

賊道路一切難[illegible]
至夏坐安居是諸難處皆不得入若故入
者犯輕垢罪
若佛子應如法次第坐先受戒者在前坐
後受戒者在後坐不問老少比丘比丘尼貴
人國王王子乃至黃門奴婢皆應先受戒者
在前坐後受戒者隨次第坐莫如外道癡
人若老若少無前無後坐無次第兵奴之
法我佛法中先者先坐後者後坐而菩薩不
次第坐者犯輕垢罪
若佛子常應教化一切衆生建立僧坊山
林園田立作佛塔冬夏安居坐禪處所一
切行道處皆應立之而菩薩應為一切衆
生講說大乘經律若疾病國難賊難父母
兄弟和上阿闍梨亡滅之日及三七日四五七

BD00883　梵網經盧舍那佛説菩薩心地戒品第十卷下

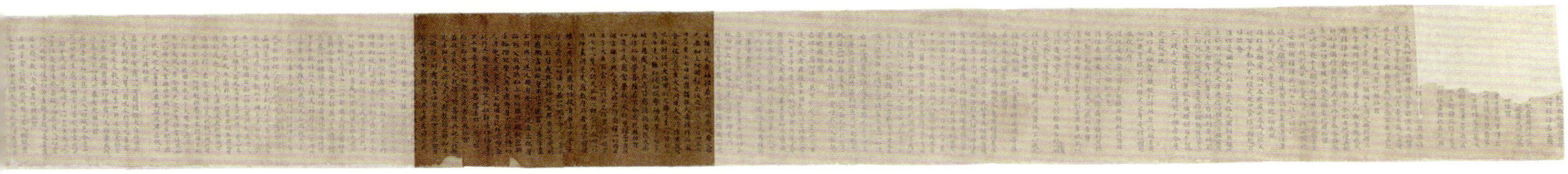

生講說大乘經律若疾病國難賊難父母
兄弟和上阿闍梨亡沒之日及三七日四五七
日乃至七七日亦應講說大乘經律而齋
會求福行來持生大火所燒大水所漂黑風所
吹船舫江河大海羅剎之難乃至一切罪報三
惡七逆八難杻械枷鏁繫縛其身多婬多
瞋多愚癡多疾病皆應讀誦講說大乘
經律而新學菩薩若不尒者犯輕垢罪
如是九戒應當學敬心奉持梵檀品中廣說
佛言佛子與人受戒時不得簡擇一切國王
王子大臣百官比丘比丘尼信男信女婬男
婬女十八梵六欲天無根二根黃門奴婢一切
鬼神盡得受戒應教身所著袈裟皆使
壞色與道相應皆染使青黃赤黑紫色一

服比丘皆應與其俗服有異若欲受戒時
師應問言汝現身不作七逆罪不菩薩法師
不得與七逆人現身受戒七逆者出佛身
血煞父煞母煞和上煞阿闍梨破羯磨轉
法輪僧煞聖人具七遮即身不得戒餘一切
人得受戒出家人法不向國王礼拜不向父母
礼拜六親不敬鬼神不礼但解法師語有百
里千里来求戒者而菩薩法師以惡心瞋心
而不即與受一切衆生戒者犯輕垢罪
若佛子教化人起信心時菩薩與他人作教
戒法師者見欲受戒人應教請二師和上
阿闍梨二師應問言汝有七遮罪不若現身
有七遮師不應與受戒無七遮者得受戒
若有犯十戒者應教懺悔在佛菩薩形像

BD00883　梵網經盧舍那佛說菩薩心地戒品第十卷下

阿闍梨二師應問言汝有七遮罪不若現身
有七遮師不應與受戒無七遮者得受戒
若有犯十戒者應教懺悔在佛菩薩形像
前日日六時誦十重四十八輕戒苦到禮三
千佛須見好相若一七日二三七日乃至一年
要見好相好相者佛來摩頂見光見華種
種異相便得滅罪若無好相雖懺無益是人
現身亦不得戒而得增受戒罪若有犯四
十八輕戒者對首懺悔罪得滅不同七遮而
教戒師於是法中一一好解若不解大乘經律
若輕若重是非之相不解第一義諦習種
長養性性種性不可壞性道種性正法性其
中多少觀行出入十禪支一切行法一一不得此
法中意而菩薩為利養故為名聞故惡求

欺亦欺誑他人若故與人受戒者犯輕垢罪
若佛子不得為利養故於未受菩薩戒者
前外道惡人前說此千佛大戒邪見人前
亦不得說除國王餘一切人不得說是惡人
輩不受佛戒名為畜生生生不見三寶如木
石無心名為外道邪見人輩木頭無異而菩
薩於是惡人前說七佛教戒者犯輕垢罪
若佛子信心出家受佛正戒故起心毀犯聖
戒者不得受一切檀越供養亦不得國王地
上行不得飲國王水五千大鬼常遮其前
鬼言大賊入房舍城邑宅中鬼復常掃其腳
跡一切世人罵言佛法中賊一切眾生眼不欲
見犯戒之人畜生無異木頭無異若毀正
戒者犯輕垢罪
若佛子常應一心受持讀誦大乘經律剝

戒若犯輕垢罪
若佛子常應一心受持讀誦大乘經律剥
皮為紙刺血為墨以髓為水折骨為筆書
寫佛戒木皮穀紙絹素竹帛亦悉書持常
以七寶無價香華一切雜寶以為箱囊盛經
律卷若不如法供養者犯輕垢罪
若佛子常起大悲心若入一切城邑舍宅中
見一切衆生應當唱言汝等衆生盡應受
三歸十戒若見牛馬猪羊一切畜生應心念
口言汝是畜生發菩提心而菩薩入一切處
山川林野皆使一切衆生發菩提心是菩薩
若不發心教化衆生者犯輕垢罪
若佛子常行教化起大悲心若入檀越貴
人家一切衆中不得立為白衣說法應白衣

者下座而坐如孝順父母敬順師教如事火婆
羅門其說法者若不如法說者犯輕垢罪
若佛子皆以信心受戒者若國王王子百官
四部弟子莫自恃高貴破滅佛法戒律明
作制法制我四部弟子不聽出家行道亦復
不聽造立形像佛塔經律破滅三寶之罪而
故作破法者犯輕垢罪
若佛子以好心出家而為名聞利養於國王
百官前說七佛教戒横與比丘比丘尼菩薩
戒弟子作繫縛事如獄囚法如兵奴之法如
師子身中虫自食師子肉非餘外虫如是佛
弟子自破佛戒非外道天魔能破若受佛
戒者應護佛戒如念一子如事父母若聞外道
惡人以惡言謗佛戒時如三百鉾刺心千刀万

BD00883　梵網經盧舍那佛說菩薩心地戒品第十卷下

惡人以惡言謗佛戒時如三百鉾刺心千刀万
杖打拍其身等無有異寧自入地獄百劫
不欲一聞惡言破佛戒之聲何況自破佛戒
教人破法因緣無孝順心若故作者犯輕垢罪

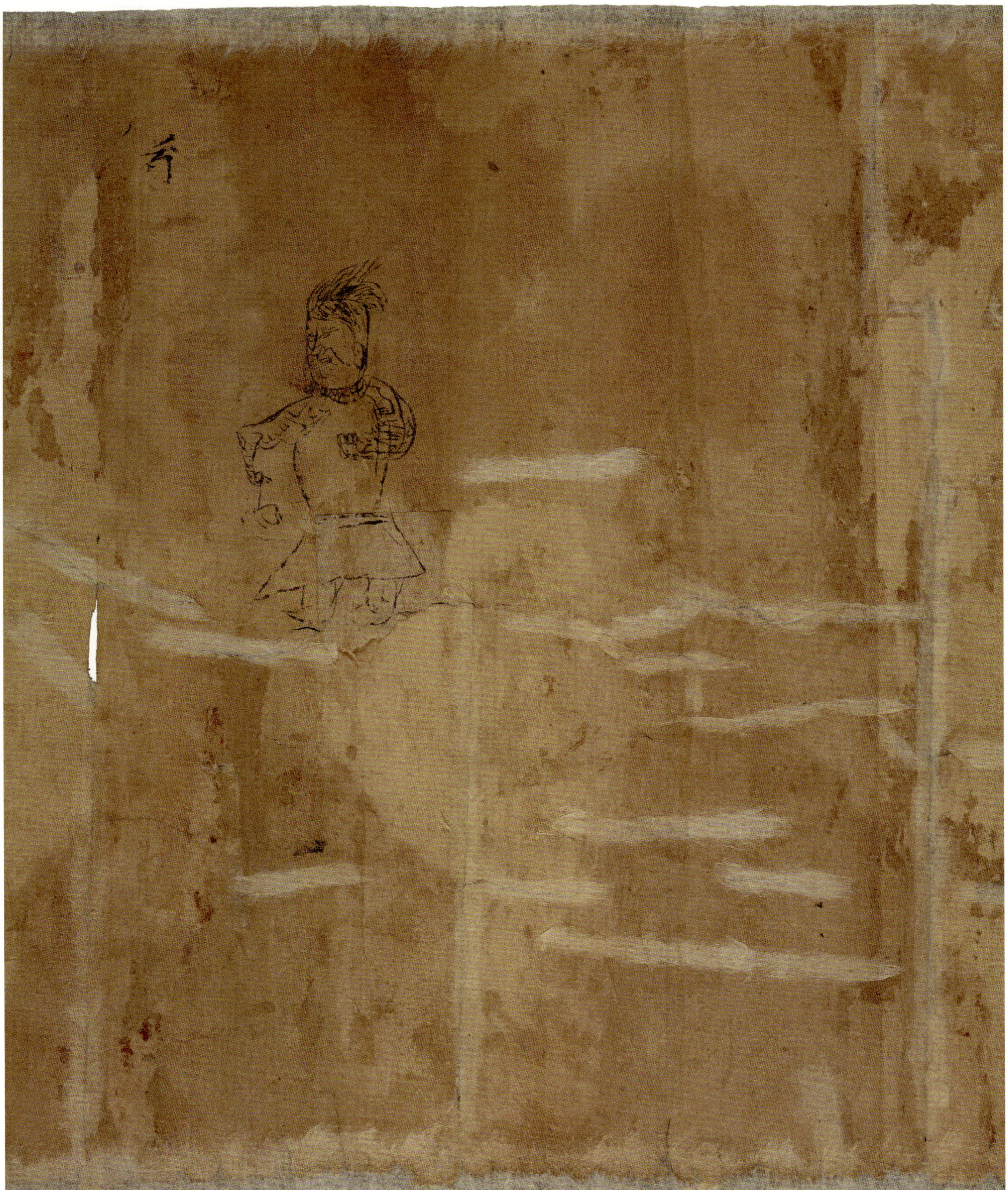

BD00883v-1　白畫金剛力士（擬）

BD00883v-2　雜寫

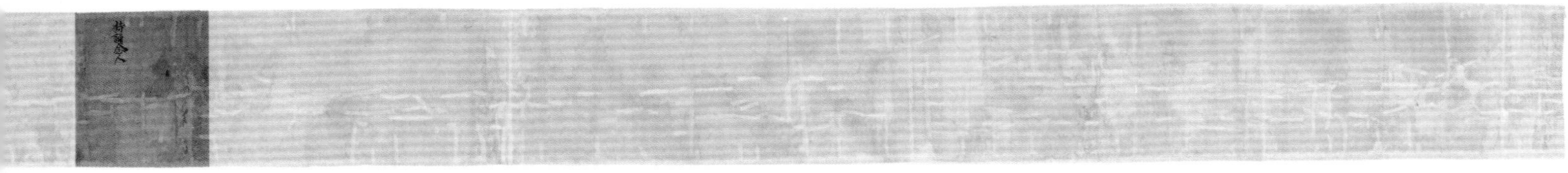

BD00883v-2　雜寫

BD00884

妙法蓮華經卷五

（後秦）鳩摩羅什 譯

690.6cm × 25.5cm

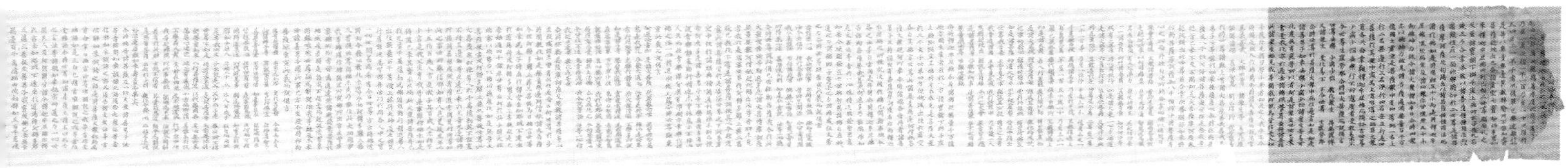

恒河沙半恒
至千萬億那由他分之一況復千
那由他眷屬況復億萬眷屬況復千萬百萬
乃至一萬況復一千一百乃至一十況復將
五四三二一弟子者況復單己樂遠離行如
是等比無量無邊筭數譬喻所不能知是諸
菩薩從地出已各詣虛空七寶妙塔多寶如
來釋迦牟尼佛所到已向二世尊頭面礼足
及至諸寶樹下師子座上佛所亦皆作礼右
繞三帀合掌恭敬以諸菩薩種種讚法而以
讃歎住在一面欣樂瞻仰於二世尊是諸菩
薩摩訶薩從初踊出以諸菩薩種種讚法而
讚於佛如是時間經五十小劫是時釋迦牟

亦以佛神力故見諸菩薩遍滿無量百千万
億國土虛空是菩薩衆中有四導師一名上
行二名無邊行三名淨行四名安立行是四
菩薩於其衆中最為上首唱導之師在大衆
前各共合掌觀釋迦牟尼佛而問訊言世尊
少病少惱安樂行不所應度者受教易不不
令世尊生疲勞耶尒時四大菩薩而說偈言
世尊安樂　少病少惱　教化衆生　得無疲惓
又諸衆生　受化易不　不令世尊　生疲勞耶
尒時世尊於菩薩大衆中而作是言如是如是
諸善男子如来安樂少病少惱諸衆生等易可
化度無有疲勞所以者何是諸衆生世世已來
常受我化亦於過去諸佛供養尊重種諸善根
此諸衆生始見我身聞我所說即皆信受入如

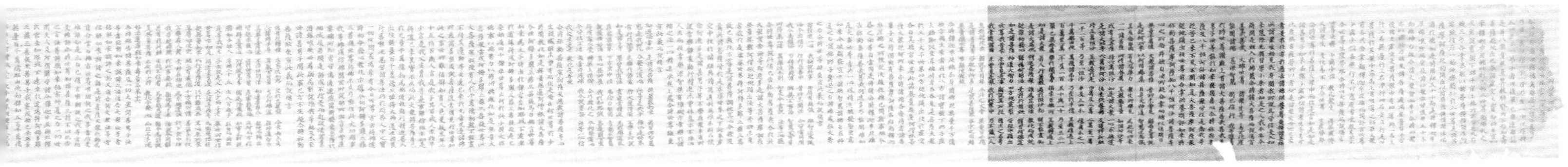

常受我化亦於過去諸佛供養尊重種諸善根
此諸衆生始見我身聞我所說即皆信受入如
来慧除先脩習學小乘者如是之人我今亦令
得聞是經入於佛慧尒時諸大菩薩而說偈言
善哉善哉　大雄世尊　諸衆生等　易可化度
能問諸佛　甚深智慧　聞已信行　我等隨喜
於時世尊讚歎上首諸大菩薩善哉善哉善
男子汝等能於如来發隨喜心尒時弥勒菩
薩及八千恒河沙諸菩薩衆皆作是念我等
從昔已来不見不聞如是大菩薩摩訶薩衆
從地踊出住世尊前合掌供養問訊如来時
弥勒菩薩摩訶薩知八千恒河沙諸菩薩等
心之所念并欲自決所疑合掌向佛以偈問曰
無量千萬億　大衆諸菩薩　昔所未曾見　願兩足尊說

一一諸菩薩　所將諸眷屬　其數無有量　如恒河沙等
或有大菩薩　將六萬恒沙　如是諸大衆　一心求佛道
是諸大師等　六萬恒河沙　俱來供養佛　及護持此經
將五萬恒沙　其數過於是　四萬及三萬　二萬至一萬
一千一百等　乃至一恒沙　半及三四分　億萬分之一
千萬那由他　萬億諸弟子　乃至於半億　其數復過上
百萬至一萬　一千及一百　五十與一十　乃至三二一
單己無眷屬　樂於獨處者　俱來至佛所　其數轉過上
如是諸大衆　若人行籌數　過於恒沙劫　猶不能盡知
是諸大威德　精進菩薩衆　誰為其說法　教化而成就
從誰初發心　稱揚何佛法　受持行誰經　修習何佛道
如是諸菩薩　神通大智力　四方地震裂　皆從中踊出
世尊我昔來　未曾見是事　願說其所從　國土之名號
我常遊諸國　未曾見是衆　我於此衆中　乃不識一人

世尊我昔来　未曾見是事　願說其所從　國土之名号
我常遊諸國　未曾見是衆　我於此衆中　乃不識一人
忽然從地出　願說其因緣　今此之大會　無量百千億
是諸菩薩等　皆欲知此事　是諸菩薩衆　本末之因緣
無量德世尊　唯願决衆疑
尒時釋迦牟尼佛分身諸佛從無量千万億
他方國土来者在於八方諸寶樹下師子座
上結跏趺坐其佛侍者各各見是菩薩大衆
於三千大千世界四方從地踊出住於虛空
各白其佛言世尊此諸無量無邊阿僧祇菩
薩大衆從何所来尒時諸佛各告侍者諸善
男子且待須臾有菩薩摩訶薩名弥勒釋迦
牟尼佛之所授記次後作佛已問斯事佛今
荅之汝等自當因是得聞尒時釋迦牟尼佛

如来今欲顯發宣示諸佛智慧諸佛自在神
通之力諸佛師子奮迅之力諸佛威猛大勢
之力尒時世尊欲重宣此義而說偈言
當精進一心　我欲說此事　勿得有疑悔　佛智叵思議
汝今出信力　住扵忍善中　昔所未聞法　今皆當得聞
我今安慰汝　勿得懷疑懼　佛無不實語　智慧不可量
所得第一法　甚深叵分別　如是今當說　汝等一心聽
尒時世尊說此偈已告弥勒菩薩我今扵此
大衆宣告汝等阿逸多是諸大菩薩摩訶薩
無量無數阿僧祇從地踊出汝等昔所未見
者我扵是娑婆世界得阿耨多羅三藐三菩
提已教化示導是諸菩薩調伏其心令發道
意此諸菩薩皆扵是娑婆世界之下此界虛
空中住扵諸經典讀誦通利思惟分別正憶

意此諸菩薩皆於是娑婆世界之下此界虛
空中住於諸經典讀誦通利思惟分別正憶
念阿逸多是諸善男子等不樂在衆多有所
說常樂靜處勤行精進未曾休息亦不依止
人天而住常樂深智無有障礙亦常樂於諸
佛之法一心精進求無上慧尒時世尊欲重
宣此義而說偈言

阿逸汝當知　是諸大菩薩　從無數劫來　脩習佛智慧
悉是我所化　令發大道心　此等是我子　依止是世界
常行頭陁事　志樂於靜處　捨大衆憒閙　不樂多所說
如是諸子等　學習我道法　晝夜常精進　為求佛道故
在娑婆世界　下方空中住　志念力堅固　常勤求智慧
說種種妙法　其心無所畏　我於伽耶城　菩提樹下坐
得成最正覺　轉無上法輪　尒乃教化之　令初發道心
今皆住不退　悉當得成佛　我今說實語　汝等一心信

尒時弥勒菩薩摩訶薩及無數諸菩薩等心
生疑惑恠未曾有而作是念云何世尊於少
時間教化如是無量無邊阿僧祇諸大菩薩
令住阿耨多羅三藐三菩提即白佛言世尊
如来為太子時出於釋宮去伽耶城不遠坐
於道場得成阿耨多羅三藐三菩提從是已
来始過四十餘年世尊云何於此少時大作
佛事以佛勢力以佛功德教化如是無量大
菩薩衆當成阿耨多羅三藐三菩提世尊此
大菩薩衆假使有人於千萬億劫數不能盡
不得其邊斯等久遠已来於无量无邊諸佛
所植諸善根成就菩薩道常脩梵行世尊如
此之事世所難信譬如有人色美髮黑年二
十五指百歲人言是我子其百歲人亦指年

此之事世所難信譬如有人色美髮黑年二
十五指百歲人言是我子其百歲人亦指年
少言是我父生育我等是事難信佛亦如是
得道已来其實未久而此大衆諸菩薩等已
於无量千萬億劫為佛道故勤行精進善入
出住無量百千萬億三昧得大神通久脩梵
行善能次第習諸善法巧於問荅人中之寶
一切世間甚為希有今日世尊方云得佛道
時初令發心教化示導令向阿耨多羅三藐
三菩提世尊得佛未久乃能作此大功德事
我等雖復信佛隨宜所説佛所出言未曾虚
妄佛所知者皆悉通達然諸新發意菩薩於
佛滅後若聞是語或不信受而起破法罪業
因縁唯然世尊願為解説除我等疑及未来
世諸善男子聞此事已亦不生疑爾時弥勒

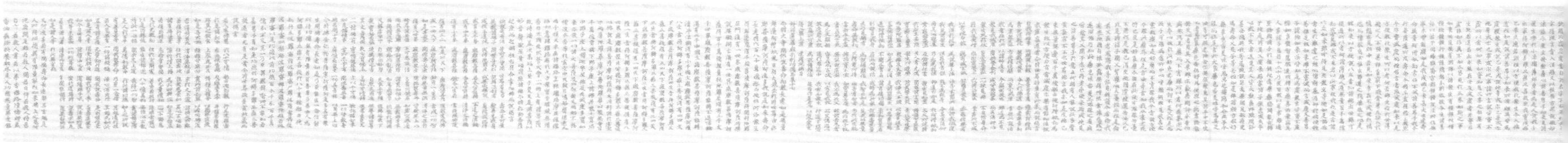

菩薩欲重宣此義以偈問曰
佛昔從釋種　出家近伽耶　坐於菩提樹　尒来尚未久
此諸佛子等　其數不可量　久已行佛道　住神通智力
善學菩薩道　不染世間法　如蓮華在水　從地而踊出
皆起恭敬心　住於世尊前　是事難思議　云何而可信
佛得道甚近　所成就甚多　願為除衆疑　如實分別說
譬如少壯人　年始二十五　示人百歲子　髮白而面皺
是等我所生　子亦說是父　父少而子老　舉世所不信
世尊亦如是　得道来甚近　是諸菩薩等　志固無怯弱
從無量劫来　而行菩薩道　巧於難問答　其心無所畏
忍辱心決定　端正有威德　十方佛所讚　善能分別說
不樂在人衆　常好在禪定　為求佛道故　於下空中住
我等從佛聞　於此事無疑　願佛為未来　演說令開解
若有於此經　生疑不信者　即當墮惡道　願今為解說
是無量菩薩　云何於少時　教化令發心　而住不退地

若有於此經　生疑不信者　即當墮惡道　願令為解說
是無量菩薩　云何於少時　教化令發心　而住不退地

妙法蓮華經如来壽量品第十六

尒時佛告諸菩薩及一切大衆諸善男子汝
等當信解如来誠諦之語復告大衆汝等當
信解如来誠諦之語又復告諸大衆汝等當
信解如来誠諦之語是時菩薩大衆弥勒為
首合掌白佛言世尊唯願說之我等當信受
佛語如是三白已復言唯願說之我等當信
受佛語尒時世尊知諸菩薩三請不止而告
之言汝等諦聽如来秘密神通之力一切世
間天人及阿脩羅皆謂今釋迦牟尼佛出釋
氏宮去伽耶城不遠坐於道場得阿耨多羅
三藐三菩提然善男子我實成佛已来無量
無邊百千萬億那由他劫譬如五百千萬億

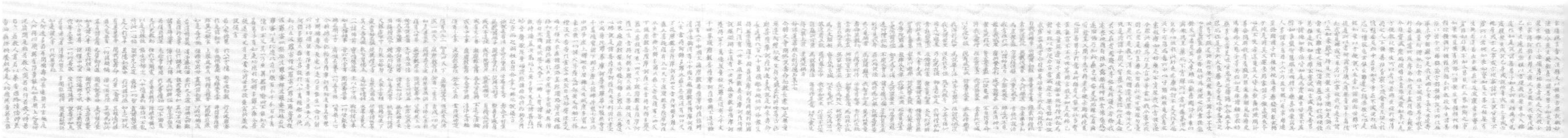

微塵過於東方五百千萬億那由他阿僧祇
國乃下一塵如是東行盡是微塵諸善男子
於意云何是諸世界可得思惟校計知其數
不彌勒菩薩等俱白佛言世尊是諸世界無
量無邊非算數所知亦非心力所及一切聲
聞辟支佛以無漏智不能思惟知其限數我
等住阿惟越致地於是事中亦所不達世尊
如是諸世界無量無邊尒時佛告大菩薩衆
諸善男子今當分明宣語汝等是諸世界若
著微塵及不著者盡以為塵一塵一劫我成
佛已來復過於此百千萬億那由他阿僧祇
劫自從是來我常在此娑婆世界說法教化亦
於餘處百千萬億那由他阿僧祇國導利衆生
諸善男子於是中間我說然燈佛等又復言

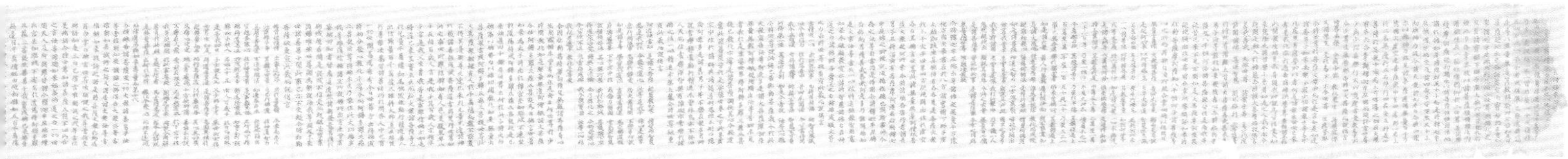

於餘處百千萬億那由他阿僧祇國導利衆生
諸善男子於是中間我說然燈佛等又復言
其入於涅槃如是皆以方便分別諸善男子若
有衆生來至我所我以佛眼觀其信等諸根利
鈍隨所應度處處自說名字不同年紀大小
亦復現言當入涅槃又以種種方便說微妙
法能令衆生發歡喜心諸善男子如來見諸
衆生樂於小法德薄垢重者為是人說我少
出家得阿耨多羅三藐三菩提然我實成佛
已來久遠若斯但以方便教化衆生令入佛
道作如是說諸善男子如來所演經典皆為
度脫衆生或說已身或說他身或示已身或示
他身或示已事或示他事諸所言說皆實不
虛所以者何如來如實知見三界之相無有
生死若退若出亦無在世及滅度者非實非

虛非如非異不如三界見於三界如斯之事
如来明見無有錯謬以諸衆生有種種性種
種欲種種行種種憶想分別故欲令生諸善
根以若干因緣譬喻言辭種種說法所作佛
事未曾暫廢如是我成佛已来甚大久遠壽
命無量阿僧祇劫常住不滅諸善男子我本
行菩薩道所成壽命今猶未盡復倍上數然
今非實滅度而便唱言當取滅度如来以是
方便教化衆生所以者何若佛久住於世薄
德之人不種善根貧窮下賤貪著五欲入於
憶想妄見網中若見如来常在不滅便起憍
恣而懷猒怠不能生難遭之想恭敬之心是
故如来以方便說比丘當知諸佛出世難可
值遇所以者何諸薄德人過無量百千萬億
劫或有見佛或不見者以此事故我作是言諸

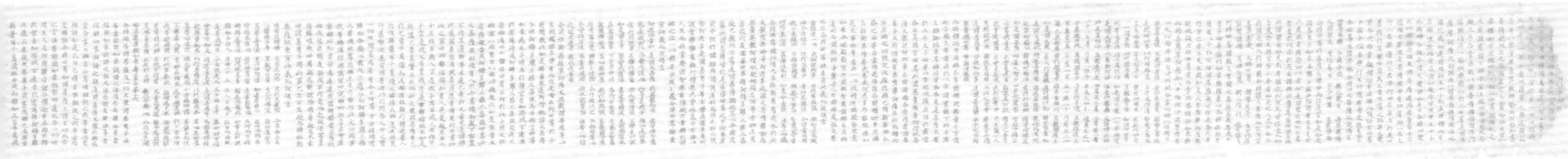

值遇所以者何諸薄德人過無量百千萬億
劫或有見佛或不見者以此事故我作是言諸
比丘如來難可得見斯衆生等聞如是語必
當生於難遭之想心懷戀慕渴仰於佛便種
善根是故如來雖不實滅而言滅度又善男
子諸佛如來法皆如是爲度衆生皆實不虛
譬如良醫智慧聰達明練方藥善治衆病其
人多諸子息若十二十乃至百數以有事緣遠
至餘國諸子於後飲他毒藥藥發悶亂宛轉
于地是時其父還來歸家諸子飲毒或失本
心或不失者遥見其父皆大歡喜拜跪問訊
善安隱歸我等愚癡誤服毒藥願見救療更
賜壽命父見子等苦惱如是依諸經方求好
藥草色香美味皆悉具足擣簁和合與子令

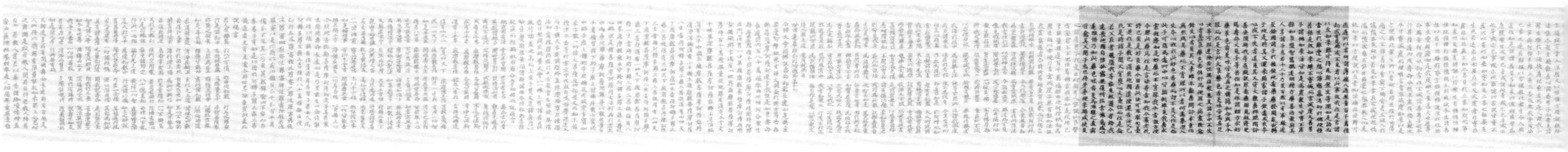

心者見此良藥色香俱好即便服之病盡除愈
餘失心者見其父来雖亦歡喜問訊求索治
病然與其藥而不肯服所以者何毒氣深入
失本心故於此好色香藥而謂不美父作是念
此子可愍為毒所中心皆顛倒雖見我喜求
索救療如是好藥而不肯服我今當設方便
令服此藥即作是言汝等當知我今衰老死
時已至是好良藥今留在此汝可取服勿憂
不差作是教已復至他國遣使還告汝父已
死是時諸子聞父背喪心大憂惱而作是念
若父在者慈愍我等能見救護今者捨我
遠喪他國自惟孤露無復恃怙常懷悲感心
遂醒悟乃知此藥色味香美即取服之毒病
皆愈其父聞子悉已得差尋便来歸咸使見

遂醒悟乃知此藥色味香美即取服之毒病
皆愈其父聞子悉已得差尋便来歸咸使見
之諸善男子於意云何頗有人能說此良醫
虛妄罪不不也世尊佛言我亦如是成佛已
来無量無邊百千萬億那由他阿僧祇劫為
衆生故以方便力言當滅度亦無有能如法說
我虛妄過者尒時世尊欲重宣此義而說偈言
自我得佛来　所經諸劫數　無量百千萬　億載阿僧祇
常說法教化　無數億衆生　令入於佛道　尒来無量劫
為度衆生故　方便現涅槃　而實不滅度　常住此說法
我常住於此　以諸神通力　令顛倒衆生　雖近而不見
衆見我滅度　廣供養舍利　咸皆懷戀慕　而生渴仰心
衆生既信伏　質直意柔軟　一心欲見佛　不自惜身命
時我及衆僧　俱出靈鷲山　我時語衆生　常在此不滅
以方便力故　現有滅不滅　餘國有衆生　恭敬信樂者

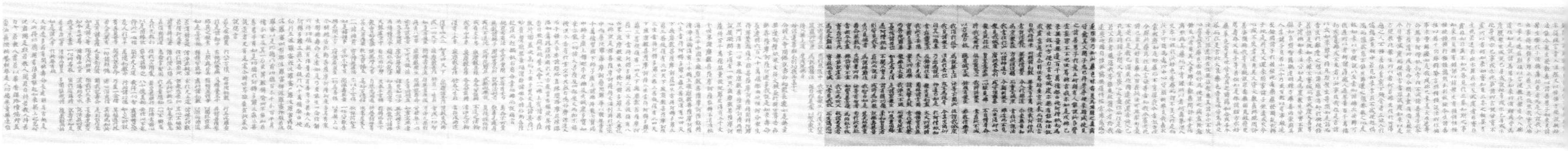

我復於彼中　為說無上法　汝等不聞此　但謂我滅度
我見諸衆生　沒在於苦惱　故不為現身　令其生渴仰
因其心戀慕　乃出為說法　神通力如是　於阿僧祇劫
常在靈鷲山　及餘諸住處　衆生見劫盡　大火所燒時
我此土安隱　天人常充滿　園林諸堂閣　種種寶莊嚴
寶樹多華菓　衆生所遊樂　諸天擊天鼓　常作衆伎樂
雨曼陁羅華　散佛及大衆　我淨土不毀　而衆見燒盡
憂怖諸苦惱　如是悉充滿　是諸罪衆生　以惡業因緣
過阿僧祇劫　不聞三寶名　諸有脩功德　柔和質直者
則皆見我身　在此而說法　或時為此衆　說佛壽無量
久乃見佛者　為說佛難值　我智力如是　慧光照無量
壽命無數劫　久脩業所得　汝等有智者　勿於此生疑
當斷令永盡　佛語實不虛　如醫善方便　為治狂子故
實在而言死　無能說虛妄　我亦為世父　救諸苦患者
為凡夫顛倒　實在而言滅　以常見我故　而生憍恣心

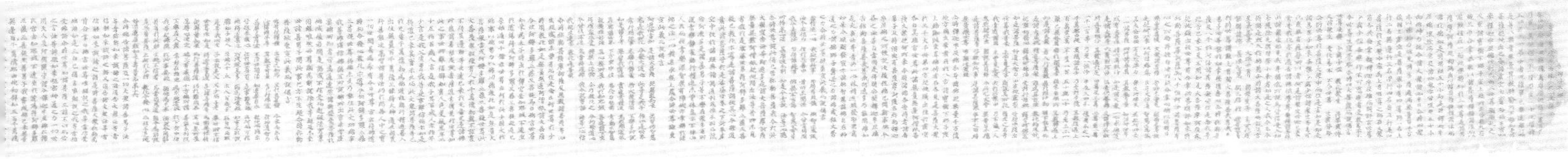

為凡夫顛倒　實在而言滅　以常見我故　而生憍恣心
放逸著五欲　墮於惡道中　我常知衆生　行道不行道
隨應所可度　為說種種法　每自作是意　以何令衆生
得入無上道　速成就佛身

妙法蓮華經分別功德品第十七

尒時大會聞佛說壽命劫數長遠如是無量
無邊阿僧祇衆生得大饒益於時世尊告弥
勒菩薩摩訶薩阿逸多我說是如来壽命
長遠時六百八十萬億那由他恒河沙衆生
得無生法忍復千倍菩薩摩訶薩得聞持陁羅
尼門復有一世界微塵數菩薩摩訶薩得樂
說無礙辯才復有一世界微塵數菩薩摩訶
薩得百千萬億無量旋陁羅尼復有三千大
千世界微塵數菩薩摩訶薩能轉不退法輪

清淨法輪復有小千國土微塵數菩薩摩訶薩
八生當得阿耨多羅三藐三菩提復有四四天
下微塵數菩薩摩訶薩四生當得阿耨多羅三
藐三菩提復有三四天下微塵數菩薩摩訶薩
三生當得阿耨多羅三藐三菩提復有二四天
下微塵數菩薩摩訶薩二生當得阿耨多羅三
藐三菩提復有一四天下微塵數菩薩摩訶
薩一生當得阿耨多羅三藐三菩提復有八
世界微塵數衆生皆發阿耨多羅三藐三菩提
心佛說是諸菩薩摩訶薩得大法利時於虛空
中雨曼陁羅華摩訶曼陁羅華以散無量百
千萬億寶樹下師子座上諸佛幷散七寶塔
中師子座上釋迦牟尼佛及久滅度多寶如
來亦散一切諸大菩薩及四部衆又雨細末栴

BD00884　妙法蓮華經卷五

中師子座上釋迦牟尼佛及久滅度多寶如
來亦散一切諸大菩薩及四部衆又雨細末栴
檀沉水香等於虗空中天鼓自鳴妙聲深遠又
雨千種天衣垂諸瓔珞真珠瓔珞摩尼珠瓔
珞如意珠瓔珞遍於九方衆寶香爐燒無價
香自然周至供養大會一一佛上有諸菩薩
執持幡蓋次第而上至于梵天是諸菩薩以
妙音聲歌無量頌讚歎諸佛尒時弥勒菩薩
從座而起偏袒右肩合掌向佛而說偈言

佛說希有法　昔所未曾聞　世尊有大力　壽命不可量
無數諸佛子　聞世尊分別　說得法利者　歡喜充遍身
或住不退地　或得陁羅尼　或無礙樂說　萬億旋揔持
或有大千界　微塵數菩薩　各各皆能轉　不退之法輪
或有中千界　微塵數菩薩　各各皆能轉　清淨之法輪
復有小千界　微塵數菩薩　餘各八生在　當得成佛道

或一四天下　微塵數菩薩　餘有一生在　當成一切智
如是等衆生　聞佛壽長遠　得無量無漏　清淨之果報
復有八世界　微塵數衆生　聞佛說壽命　皆發無上心
世尊說無量　不可思議法　多有所饒益　如虛空無邊
雨天曼陀羅　摩訶曼陀羅　釋梵如恒沙　無數佛土來
雨栴檀沉水　繽紛而亂墜　如鳥飛空下　供散於諸佛
天鼓虛空中　自然出妙聲　天衣千万種　旋轉而來下
衆寶妙香爐　燒無價之香　自然悉周遍　供養諸世尊
其大菩薩衆　執七寶幡蓋　高妙万億種　次第至梵天
一一諸佛前　寶幢懸勝幡　亦以千万偈　歌詠諸如來
如是種種事　昔所未曾有　聞佛壽無量　一切皆歡喜
佛名聞十方　廣饒益衆生　一切具善根　以助無上心
尒時佛告弥勒菩薩摩訶薩阿逸多其有衆
生聞佛壽命長遠如是乃至能生一念信解

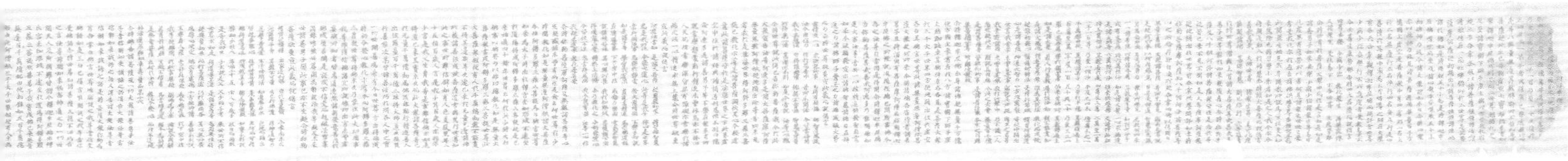

尒時佛告彌勒菩薩摩訶薩阿逸多其有衆
生聞佛壽命長遠如是乃至能生一念信解
所得功德無有限量若有善男子善女人為
阿耨多羅三藐三菩提於八十萬億那由他
劫行五波羅蜜檀波羅蜜尸羅波羅蜜羼提
波羅蜜毗梨耶波羅蜜禪波羅蜜除般若波
羅蜜以是功德比前功德百分千分百千萬
億分不及其一乃至筭數譬喻所不能知若
善男子有如是功德於阿耨多羅三藐三菩
提退者无有是處尒時世尊欲重宣此義而
說偈言

若人求佛慧　於八十万億　那由他劫數　行五波羅蜜
於是諸劫中　布施供養佛　及緣覺弟子　并諸菩薩衆
珍異之飲食　上服與卧具　栴檀立精舍　以園林莊嚴
如是等布施　種種皆微妙　盡此諸劫數　以迴向佛道

若復持禁戒　清淨無缺漏　求於无上道　諸佛之所歎
若復行忍辱　住於調柔地　設衆惡來加　其心不傾動
諸有得法者　懷於增上慢　為此所輕惱　如是亦能忍
若復勤精進　志念常堅固　於无量億劫　一心不懈息
又於无數劫　住於空閑處　若坐若經行　除睡常攝心
以是因緣故　能生諸禪定　八十億萬劫　安住心不亂
持此一心福　願求无上道　我得一切智　盡諸禪定際
是人於百千　萬億劫數中　行此諸功德　如上之所說
有善男女等　聞我說壽命　乃至一念信　其福過於彼
若人悉無有　一切諸疑悔　深心須臾信　其福為如此
其有諸菩薩　无量劫行道　聞我說壽命　是則能信受
如是諸人等　頂受此經典　願我於未來　長壽度衆生
如今日世尊　諸釋中之王　道場師子吼　說法無所畏
我等未來世　一切所尊敬　坐於道場時　說壽亦如是
若有深心者　清淨而質直　多聞能總持　隨義解佛語

我等未來世　一切所尊敬　坐於道場時　說壽亦如是
若有深心者　清淨而質直　多聞能總持　隨義解佛語
如是諸人等　於此無有疑
又阿逸多若有聞佛壽命長遠解其言趣是
人所得功德無有限量能起如來無上之慧何
況廣聞是經若教人聞若自持若教人持若
自書若教人書若以華香瓔珞幢幡繒蓋
香油蘇燈供養經卷是人功德無量無邊能
生一切種智阿逸多若善男子善女人聞我
說壽命長遠深心信解則為見佛常在耆闍
崛山共大菩薩諸聲聞衆圍繞說法又見此
娑婆世界其地琉璃坦然平正閻浮檀金以
界八道寶樹行列諸臺樓觀皆悉寶成其
菩薩衆咸處其中若有能如是觀者當知是為
深信解相又復如來滅後若聞是經而不毀

受持之者斯人則為頂戴如来阿逸多是善
男子善女人不須為我復起塔寺及作僧坊
以四事供養衆僧所以者何是善男子善女
人受持讀誦是經典者為已起塔造立僧坊
供養衆僧則為以佛舍利起七寶塔高廣漸
小至于梵天懸諸幡蓋及衆寶鈴華香瓔珞
末香塗香燒香衆鼓樂簫笛箜篌種種舞
戲以妙音聲歌唄讚頌則為於無量千萬億
劫作是供養已阿逸多若我滅後聞是經典
有能受持若自書若教人書則為起立僧坊
以赤栴檀作諸殿堂三十有二高八多羅樹高
廣嚴好百千比丘於其中止園林浴池經行
禪窟衣服飲食牀褥湯藥一切樂具充滿其
其中如是僧坊堂閣若干百千万億其數无量

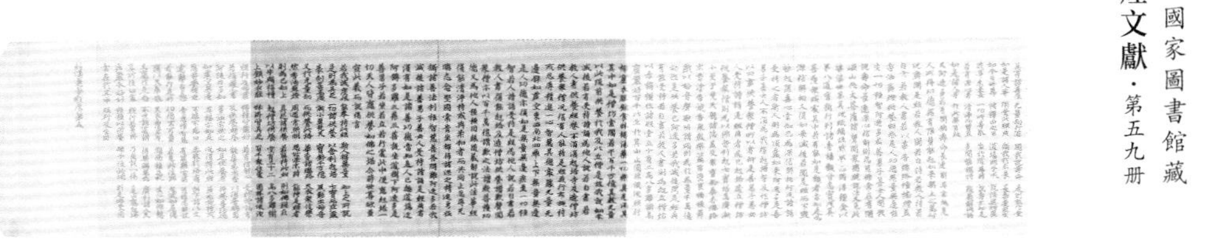

禪窟衣服飲食牀褥湯藥一切樂具充滿其
其中如是僧坊堂閣若干百千万億其數无量
以此現前供養於我及比丘僧是故我說如來
滅後若有受持讀誦為他人說若自書若
教人書供養經卷不須復起塔寺及造僧坊
供養衆僧況復有人能持是經兼行布施持
戒忍辱精進一心智慧其德最勝无量无
邊譬如虛空東西南北四維上下無量無邊
是人功德亦復如是無量無邊疾至一切種
智若人讀誦受持是經為他人說若自書若
教人書復能起塔及造僧坊供養讚歎聲聞
衆僧亦以百千萬億讚歎之法讚歎菩薩功
德又為他人種種因緣隨義解說此法華經
復能清淨持戒與柔和者而共同止忍辱无
瞋志念堅固常貴坐禪得諸深定精進勇猛

滅後諸善男子善女人受持讀誦是經典者
復有如是諸善功德當知是人已趣道場近
阿耨多羅三藐三菩提坐道樹下阿逸多是
善男子若坐若立若行處此中便應起塔一
切天人皆應供養如佛之塔尒時世尊欲重
宣此義而說偈言

若我滅度後　能奉持此經　斯人福無量　如上之所說
是則為具足　一切諸供養　以舍利起塔　七寶而莊嚴
表剎甚高廣　漸小至梵天　寶鈴千萬億　風動出妙音
又於无量劫　而供養此塔　華香諸瓔珞　天衣眾伎樂
然香油蘇燈　周匝常照明　惡世法末時　能持是經者
則為已如上　具足諸供養　若能持此經　則如佛現在
以牛頭栴檀　起僧坊供養　堂有三十二　高八多羅樹
上饌妙衣服　牀臥皆具足　百千眾住處　園林諸浴池

以牛頭栴檀　起僧坊供養　堂有三十二　高八多羅樹
上饌妙衣服　牀臥皆具足　百千衆住處　園林諸流池
經行及禪窟　種種皆嚴好　若有信解心　受持讀誦書
若復教人書　及供養經卷　散華香末香　以須曼瞻蔔
阿提目多伽　薰油常然之　如是供養者　得無量功德
如虛空無邊　其福亦如是　況復持此經　兼布施持戒
忍辱樂禪定　不瞋不惡口　恭敬於塔廟　謙下諸比丘
遠離自高心　常思惟智慧　有問難不瞋　隨順為解說
若能行是行　功德不可量　若見此法師　成就如是德
應以天華散　天衣覆其身　頭面接足禮　生心如佛想
又應作是念　不久詣道樹　得無漏無為　廣利諸人天
其所住止處　經行若坐臥　乃至說一偈　是中應起塔
莊嚴令妙好　種種以供養　佛子住此地　則是佛受用
常在於其中　經行及坐臥

妙法蓮華經卷五

BD00885 金光明最勝王經卷二

（唐）義淨 譯

BD00885v 雜寫

556.7cm×25.6cm

一切諸佛說
身說無餘涅槃何以故一
依此三身一切諸佛說无
故不住涅槃離於法身無
不住涅槃二身假名不齊
住故數數出現以不定故法
身不住涅槃法身不二是
三身說無住涅槃
善男子一切凡夫為三相
三身不至三身何者為三
二者依他起相三者成就
解故不能滅故不能淨故是故不得至於三
身如是三相能解能滅能淨故是故諸佛具

事心二者依根本心三者根本心諸伏道起
事心盡依法斷道依根本心盡依最勝道根
本心盡起事心滅故得現化身依根本心滅
故得顯應身根本心滅故得至法身是故一
切如來具是三身
善男子一切諸佛於第一身與諸佛同事於
第二身與諸佛同意於第三身與諸佛同
體善男子是初佛身隨衆生意有多種故
現種種相是故說多第二佛身弟子一意故
現一相是故說一第三佛身過一切種相非
執相境界故說名不一不二善男子是第一
身依於應身得顯現故是第二身依於法身
得顯現故是法身者是真實有无依
處故善男子如是三身以有義故而說於常以

處故善男子如是三身以有義故而說於常以
有義故說於無常化身者恒轉法輪處處隨緣
方便相續不斷絶故是故說常非是本故具
足大用不顯現故說爲无常應身者從无始來
相續不斷一切諸佛不共之法能攝持故衆生
無盡用亦无盡是故說常非是本故以具足
用不顯現故說爲无常法身者非是行法无
有異相是根本故猶如虛空是故說常善男
子離无分別智更無勝智離法如如无勝境
界是法如如是慧如如是二種如如如如不
一不異是故法身慧清淨故滅清淨故是二
清淨是故法身具足清淨
復次善男子分別三身有四種異有化身非
應身有應身非化身有化身亦應身有非化

者應身非化身是地前身何者化身亦應身
謂住有餘涅槃之身何者非化身非應身謂
是法身善男子是法身者二無所有所顯現
故何者名為二無所有於此法身相及相處
二皆是无非有非无非一非異非數非非數
非明非闇如是如如智不見相及相處不見
非有非無不見非一非異不見非數非非數
不見非明非闇是故當知境界清淨智慧清
淨不可分別无有中間為滅道本故於此法
身能顯如來種種事業
善男子是身因緣境界處所果依於本難
思議故若了此義是身即是大乘是如來
性是如來藏依於此身得發初心脩行地心而得
顯現不退地心亦皆得現一生補處心金剛

顯現不退地心亦皆得現一生補處心金剛
之心如來之心而悉顯現无量无邊如來妙法
皆悉顯現依此法身不可思議摩訶三昧而
得顯現依此法身得現一切大智是故二身
依於三昧依於智慧而得顯現如此法身依
於自體說常說我依大三昧故說於樂依於
大智故說清淨是故如來常住自在安樂清
淨依大三昧一切禪定首楞嚴等一切念處
大法念等大慈大悲一切陁羅尼一切神通
一切自在一切法平等攝如是佛法悉皆出
現依此大智十力四無所畏四无礙辯一百
八十不共之法一切希有不可思議法悉皆
顯現譬如依如意寶珠无量无邊種種珎寶
悉皆得現如是依大三昧寶依大智慧寶

法身三昧智慧過一切相不著於相不可分
別非常非斷是名中道雖有分別體无分別
雖有三數而無三體不增不減猶如夢幻亦
无所執亦无能執法體如如是解脫處過死
王境越生死闇一切衆生不能脩行所不能
至一切諸佛菩薩之所住處善男子譬如
有人願欲得金處處求覓遂得金礦既
得礦已即便碎之擇取精者爐中銷鍊得清
淨金隨意迴轉作諸鐶釧種種嚴具雖有諸用
金性不改
復次善男子善善男子善女人求勝解脫脩
行世善得見如來及弟子衆得親近已白佛
言世尊何者為善何者不善何者正脩得清
淨行諸佛如來及弟子衆見彼問時如是思
惟是善男子善女人欲求清淨欲聽正法即

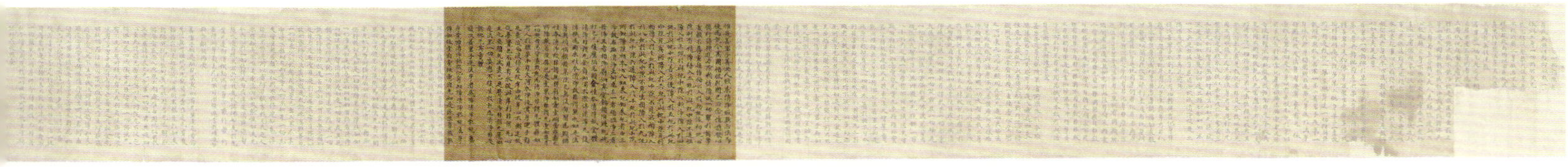

惟是善男子善女人欲求清淨欲聽正法郎
便為說令其開悟彼既聞已正念憶持發心
脩行得精進力除懶墮障滅一切罪於諸學
處離不尊重息悼悔心入於初地依初地心
除利有情障得入二地於此地中除不逼惱
障入於三地於此地中除心軟淨障入於四
地於此地中除善方便障入於五地於此地
中除見真俗障入於六地於此地中除見行
相障入於七地於此地中除不見滅相障入
於八地於此地中除不見生相障入於九地
於此地中除六通障入於十地於此地中除
所知障除根本心入如來地如來地者由三
淨故名極清淨云何為三一者煩惱淨二者
苦淨三者相淨譬如真金鎔鎖治鍊既燒

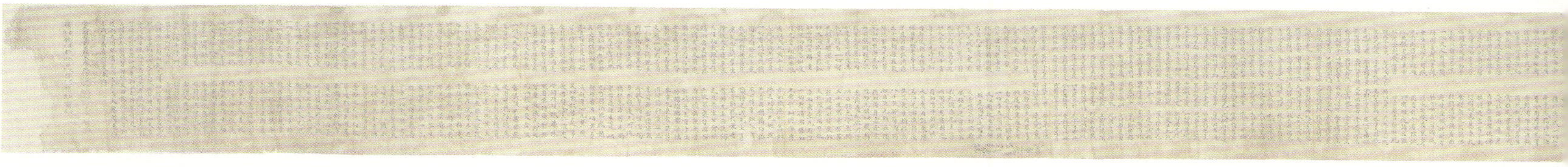

渟穢為顯水性本清淨故非謂無水如是法
身與煩惱雜苦集除已無復餘習為顯佛
性本清淨故非謂無體譬如虛空烟雲塵霧之
所障蔽若除屏已是空界淨非謂无空如是身
一切衆苦悉皆盡故說為清淨非謂无體譬如
有人於睡夢中見大河水漂泛其身運手動
足截流而渡得至彼岸由彼身心不懈退故
従夢覺已不見有水彼此岸别非謂无心
生死妄想既滅盡已是覺清淨非謂无覺如
是法界一切妄想不復生故說為清淨非是
諸佛无其實體
復次善男子是法身者惑障清淨能現應
身業障清淨能現化身知障清淨能現法身
譬如依空出電依電出光如是依法身故能

BD00885　金光明最勝王經卷二

身業障清淨能現化身知障清淨能現法身
譬如依空出電依電出光如是依法身故能
現應身依應身故能現化身由性淨故能現
法身智慧清淨能現應身三昧清淨能現
化身此三清淨是法如如不異如如一味如如解
脫如如究竟如如是故諸佛體无有異善男
子若有善男子善女人說於如來是我大師
若作如是決定信者此人即應深心解了如
來之身无有別異善男子以是義故於諸境
界不正思惟患皆除斷即如彼法无有二相
亦无分別聖所脩行如如於彼无有二相正
脩行故如是如是一切諸障患皆除滅如如
一切障滅如是如是法如如如如智得最清淨
如如法界正智清淨如是如是一切自在具足
攝受皆得成就一切諸障患皆除滅一切

故如實得見法真如故是故諸佛悉能普見
一切如來何以故聲聞獨覺已出三界求真
實境不能知見如是聖人所不知見一切凡
夫皆生疑惑顛倒分別不能得度如兔浮
海必不能過所以者何力微劣故凡夫之人
亦復如是不能通達法如如故然諸如來无
分別心於一切法得大自在具足清淨深智
慧故是自境界不共他故是故諸佛如來於无
量无邊阿僧祇劫不惜身命難行苦行
方得此身最上无比不可思議過言說境是妙
寂靜離諸怖畏
善男子如是知見法真如者无生老死壽命
无限無有睡眠亦无飢渴心常在定无有散
動若於如來起諍論心是則不能見於如來

无[illegible]無有[illegible][illegible]无[illegible][illegible][illegible][illegible][illegible]无[illegible]
動着於如來起諍論心是則不能見於如來
諸佛所說皆能利益有聽聞者无不解脫
諸惡禽獸惡人惡鬼不相逢值由聞法故果報
無盡無諸如來无无記事一切境界無欲知
心生死涅槃无有異想如來所說无不決定
諸佛如來四威儀中无非智攝一切諸法无
有不為慈悲所攝无有不為利益安樂諸衆
生者善男子若有善男子善女人於此金光
明經聽聞信解不墮地獄餓鬼傍生阿蘇羅
道常處人天不生下賤恒得親近諸佛如來
聽受正法常生諸佛清淨國土所以者何由
得聞此甚深法故是善男子善女人則為如
來已知已記當得不退阿耨多羅三藐三菩
提若善男子善女人於此甚深微妙之法一經
[illegible]

根令增長成熟故一切世界所有衆生皆勸
修行六波羅蜜
尒時虛空藏菩薩梵釋四王諸天衆等即從
座起偏袒右肩合掌恭敬頂礼佛足白佛
言世尊若所在處講說如是金光明王微妙
經典於其國土有四種利益何者爲四一者國
王軍衆强盛無諸怨敵離於疾病壽命延
長吉祥安樂正法興顯二者中宮妃后王子
諸臣和悅无諍離於諂佞王所愛重三者沙
門婆羅門及諸國人脩行正法无病安樂无

而說頌曰
我於昨夜中　夢見大金鼓　其形極姝妙　周遍有金光
猶如盛日輪　光明皆普耀　充滿十方界　咸見於諸佛
在於寶樹下　各處琉璃座　无量百千衆　恭敬而圍繞

BD00885　金光明最勝王經卷二

猶如盛日輪　光明皆普耀　充滿十方界　咸見於諸佛
在於寶樹下　各處琉璃座　无量百千衆　恭敬而圍繞
有一婆羅門　以杖擊金鼓　於其鼓聲内　說此妙伽他
金光明鼓出妙聲　遍至三千大千界
能滅三塗極重罪　及以人中諸苦厄
由此金鼓聲威力　永滅一切煩惱障
斷除怖畏令安隱　譬如自在牟尼尊
佛於生死大海中　積行脩成一切智
能令衆生覺品具　究竟咸歸功德海
由此金鼓出妙聲　普令聞者獲梵響
證得无上菩提果　常轉清淨妙法輪
住壽不可思議劫　隨機說法利群生
能斷煩惱衆苦流　貪瞋癡等皆除滅
若有衆生處惡趣　大火猛焰周遍身

[illegible]得正直[illegible]　[illegible]
悉皆正念牟尼尊　得聞如來甚深教
由聞金鼓勝妙音　常得親近於諸佛
悉能捨離諸惡業　純修清淨諸善品
一切天人有情類　慇重至誠祈願者
得聞金聲妙音聲　能令所求皆滿足
衆生墮在无間獄　猛火炎熾苦焚身
无有救護處輪迴　聞者能令苦除滅
人天餓鬼傍生中　所有現受諸苦難
得聞金鼓發妙響　皆蒙離苦得解脫
現在十方界　常住兩足尊　願以大悲心　哀愍憶念我
衆生无歸依　亦无有救護　為如是等類　能作大歸依
我先所作罪　極重諸惡業　今對十力前　至心皆懺悔
我不信諸佛　亦不敬尊親　不務修衆善　常造諸惡業
或自恃尊高　種姓及財位　盛年行放逸　常造諸惡業

BD00885　金光明最勝王經卷二

或自恃尊高　種姓及財位　盛年行放逸　常造諸惡業
心恒起邪念　口陳於惡言　不見於過罪　常造諸惡業
恒作愚夫行　无明闇覆心　隨順不善友　常造諸惡業
或因諸戲樂　或復懷憂惱　爲貪瞋所纏　故我造諸惡
親近不善人　及由慳嫉意　貧窮行諂曲　故我造諸惡
雖不樂衆過　由有怖畏故　及不得自在　故我造諸惡
或爲躁動心　或因瞋恚恨　及以飢渴惱　故我造諸惡
由飲食衣服　及貪愛女人　煩惱火所燒　故我造諸惡
於佛法僧衆　不生恭敬心　作如是衆罪　我今悉懺悔
於獨覺菩薩　亦无恭敬心　作如是衆罪　我今悉懺悔
无知謗正法　不孝於父母　作如是衆罪　我今悉懺悔
由愚癡憍慢　及以貪瞋力　作如是衆罪　我今悉懺悔
我於十方界　供養无數佛　當願拔衆生　令離諸苦難
願一切有情　皆令住十地　福智圓滿已　成佛道群迷

若人百千劫　造諸極重罪　暫時能發露　衆惡盡消除
依此金光明　作如是懺悔　由斯能速盡　一切諸苦業
勝定百千種　不思議揔持　根力覺道支　修習常无倦
我當至十地　具足珍寶處　圓滿佛功德　濟度生死流
我於諸佛海　甚深功德藏　妙智難思議　皆令得具足
唯願十方佛　觀察護念我　皆以大悲心　哀受我懺悔
我於多劫中　所造諸惡業　由斯生苦惱　哀愍願消除
我造諸惡業　常生憂怖心　於四威儀中　曾无歡樂想
諸佛具大悲　能除衆生怖　願受我懺悔　令得離憂苦
我有煩惱障　及以諸報業　願以大悲水　洗濯令清淨
我先作諸罪　及現造惡業　至心皆發露　咸願得蠲除
未來諸惡業　防護令不起　設令有違者　終不敢覆藏
身三語四種　意業復有三　繫縛諸有情　无始恒相續
由斯三種行　造作十惡業　如是衆多罪　我今皆懺悔

由斯三種行　造作十惡業　如是衆多罪　我今皆懺悔
我造諸惡業　苦報當自受　今於諸佛前　至誠皆懺悔
於此贍部洲　及他方世界　所有諸善業　今我皆隨喜
願離十惡業　脩行十善道　安住十地中　常見十方佛
我以身語意　所脩福智業　願以此善根　速成无上慧
我今親對十力前　發露衆多苦難事
凡愚迷惑三有難　恒造極重惡業難
我所積集欲邪難　常起貪愛流轉難
於此世間耽著難　一切愚夫煩惱難
狂心散動顛倒難　及以親近惡友難
於生死中貪染難　頑癡闇鈍造罪難
生八无暇惡處難　未曾積集功德難
我今皆於冣勝前　懺悔无邊罪惡業
我今歸依諸善逝　我礼德海无上尊

吉祥威德名稱尊　大悲慧日除衆闇
佛日光明常普遍　善淨无垢離諸塵
牟尼月照極清涼　能除衆生煩惱熱
三十二相遍莊嚴　八十隨好皆圓滿
福德難思无與等　如日流光照世間
色如琉璃淨无垢　猶如滿月處虛空
妙頗梨網映金軀　種種光明以嚴飾
於生死苦暴流內　老病憂愁水所漂
如是苦海難堪忍　佛日舒光令永竭
我今稽首一切智　三千世界希有尊
光明晃曜紫金身　種種妙好皆嚴飾
如大海水量難知　大地微塵不可數
如妙高山叵稱量　亦如虛空无有際
諸佛功德亦如是　一切有情不能知

諸佛功德亦如是　一切有情不能知
於无量劫諦思惟　无有能知德海岸
盡此大地諸山岳　折如微塵能算知
毛端滴海尚可量　佛之功德无能數
一切有情皆共讚　世尊名稱諸功德
清淨相好妙莊嚴　不可稱量知分齊
我之所有衆善業　願得速成无上尊
廣說正法利群生　悉令解脫於衆苦
降伏大力魔軍衆　當轉无上正法輪
久住劫數難思議　充足衆生甘露味
猶如過去諸最勝　六波羅蜜皆圓滿
滅諸貪欲及瞋癡　降伏煩惱除衆苦
願我常得宿命智　能憶過去百千生
亦常憶念牟尼尊　得聞諸佛甚深法
[illegible]

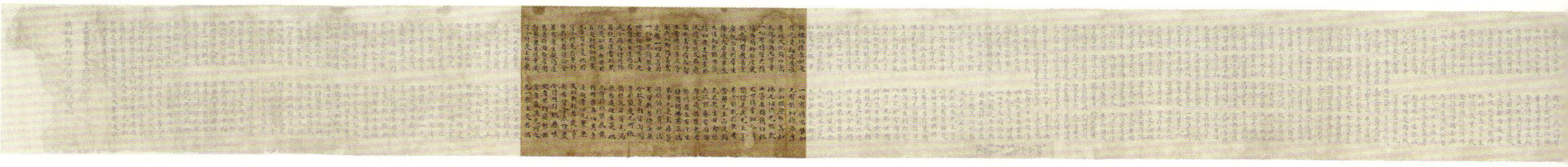

一切世界諸衆生　悉皆離苦得安樂
所有諸根不具足　令彼身相皆圓滿
若有衆生遭病苦　身形羸瘦无所依
咸令病苦得消除　諸根色力皆充滿
若犯王法當刑戮　衆苦逼迫生憂惱
彼受如斯極苦時　无有歸依能救護
若受鞭杖枷鎖繫　種種苦具切其身
无量百千憂惱時　逼迫身心无蹔樂
皆令得免於繫縛　及以鞭杖苦楚事
將臨刑者得命全　衆苦皆令永除盡
若有衆生飢渴逼　令得種種殊勝味
盲者得視聾者聞　跛者能行瘂能語
貧窮衆生獲寶藏　倉庫盈溢无所乏
皆令得受上妙樂　无一衆生受苦惱

BD00885　金光明最勝王經卷二

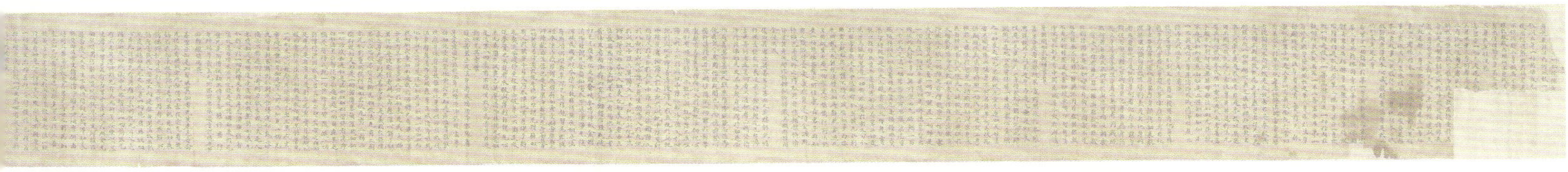

皆令得受上妙樂　无一衆生受苦惱
一切人天皆樂見　容儀温雅甚端嚴
悉皆現受无量樂　受用豐饒福德具
隨彼衆生念伎樂　衆妙音聲皆現前
念水即現清涼池　金色蓮花汎其上
隨彼衆生心所念　飲食衣服及牀敷
金銀珎寶妙琉璃　瓔珞莊嚴皆具足
勿令衆生聞惡響　亦復不見有相違
所受容貌悉端嚴　各各慈心相愛樂
世間資生諸樂具　隨心念時皆滿足
所得珎財无悋惜　分布施與諸衆生
燒香末香及塗香　衆妙雜花非一色
每日三時從樹墮　隨心受用生歡喜
普願衆生咸供養　十方一切最勝尊

[illegible]
生在有暇人中尊　恒得親承十方佛
願得常生富貴家　財寶倉庫皆盈滿
顏貌名稱无與等　壽命延長經劫數
悉願女人變為男　勇健聰明多智慧
一切常行菩薩道　勤脩六度到彼岸
常見十方无量佛　寶王樹下而安處
處妙琉璃師子座　恒得親承轉法輪
若於過去及現在　輪迴三有造諸業
能招可猒不善趣　願得消滅永无餘
一切衆生於有海　生死羂網堅牢縛
願以智劔為斷除　離苦速證菩提處
衆生於此贍部內　或於他方世界中
所作種種勝福因　我今皆悉生隨喜
以此隨喜福德事　及身語意造衆善

以此隨喜福德事　及身語意造衆善
願此勝業常增長　速證无上大菩提
所有礼讚佛功德　深心清淨无瑕穢
迴向發願福無邊　當超惡趣六十劫
若有男子及女人　婆羅門等諸勝族
合掌一心讚歎佛　生生常憶宿世事
諸根清淨身圓滿　殊勝功德皆成就
願於未來所生處　常得人天共瞻仰
非於一佛十佛所　脩諸善根今得聞
百千佛所種善根　方得聞斯懺悔法
尒時世尊聞此說已讚妙幢菩薩言善哉善
哉善男子如汝所夢金鼓出聲讚歎如來真
實功德并懺悔法若有聞者獲福甚多廣利
有情滅除罪障汝今應知此之勝業皆是過

說此之因緣時[illegible]

已咸皆歡喜信受奉行

金光明最勝王經卷第二

礦古猛 鍊蓮見 鎔欲鍾 渟大丁 桴芳無 鎖蘇果 羂古縣

BD00885v　雜寫

BD00887 大般若波羅蜜多經卷一一〇

（唐）玄奘 譯

615.9cm × 25cm

定無二爲方便
所爲方便迴向一切智智
相智一切相智慶喜當知以四
無二爲方便無生爲方便無所得爲方
迴向一切智智脩習一切陁羅尼門一切
三摩地門以四無量四無色定無二爲方便
無生爲方便無所得爲方便迴向一切智智
脩習一切陁羅尼門一切三摩地門慶喜當
知以四靜慮無二爲方便無生爲方便無所
得爲方便迴向一切智智脩習菩薩摩訶薩
行以四無量四無色定無二爲方便無生爲
方便無所得爲方便迴向一切智智脩習菩
薩摩訶薩行慶喜當知以四靜慮無二爲方
便無生爲方便無所得爲方便迴向一切智

無二為方便無生為方便無所得方便迴
向一切智智脩習無上正等菩提
慶喜當知以八解脫無二為方便無生為方
便無所得為方便迴向一切智智脩習布施
淨戒安忍精進靜慮般若波羅蜜多以八勝
處九次第定十遍處無二為方便無生為方
便無所得為方便迴向一切智智脩習布施
淨戒安忍精進靜慮般若波羅蜜多慶喜當
知以八解脫無二為方便無生為方便無所
得為方便迴向一切智智安住內空外空內
外空空空大空勝義空有為空無為空畢竟空
無際空散空無變異空本性空自相空共相
空一切法空不可得空無性空自性空無性

空一切法空不可得空無性空自性空無性
自性空以八勝處九次第定十遍處無二為
方便無生為方便無所得為方便迴向一切
智智安住內空乃至無性自性空慶喜當
知以八解脫無二為方便無生為方便無所
得為方便迴向一切智智安住真如法界法
性不虛妄性不變異性平等性離生性法定
法住實際虛空界不思議界以八勝處九次
第定十遍處無二為方便無生為方便無所
得為方便迴向一切智智安住真如乃至不
思議界慶喜當知以八解脫無二為方便無
生為方便無所得為方便迴向一切智智安
住苦集滅道聖諦以八勝處九次第定十遍

知以八解脫無二為方便無生為方便無所
得為方便迴向一切智智脩習四靜慮四無
量四無色定以八勝處九次第定十遍處無
二為方便無生為方便無所得為方便迴向
一切智智脩習四靜慮四無量四無色定慶
喜當知以八解脫無二為方便無生為方便
無所得為方便迴向一切智智脩習八解脫
八勝處九次第定十遍處以八勝處九次第
定十遍處無二為方便無生為方便無所得
為方便迴向一切智智脩習八解脫八勝處
九次第定十遍處慶喜當知以八解脫無二
為方便無生為方便無所得為方便迴向一
切智智脩習四念住四正斷四神足五根五

切智智脩習四念住四正斷四神足五根五
力七等覺支八聖道支以八勝處九次第定
十遍處無二爲方便無生爲方便無所得爲
方便迴向一切智智脩習四念住四正斷四
神足五根五力七等覺支八聖道支慶喜當
知以八解脫無二爲方便無生爲方便無所
得爲方便迴向一切智智脩習空解脫門無
相解脫門無願解脫門以八勝處九次第定
十遍處無二爲方便無生爲方便無所得爲
方便迴向一切智智脩習空解脫門無相解
脫門無願解脫門慶喜當知以八解脫無二
爲方便無生爲方便無所得爲方便迴向一
切智智脩習五眼六神通以八勝處九次第

喜當知以八解脫無二爲方便無生爲方便
無所得爲方便迴向一切智智脩習佛十力
四無所畏四無礙解大慈大悲大喜大捨十
八佛不共法以八勝處九次第定十遍處無
二爲方便無生爲方便無所得爲方便迴向
一切智智脩習佛十力四無所畏四無礙解
大慈大悲大喜大捨十八佛不共法慶喜當
知以八解脫無二爲方便無生爲方便無所
得爲方便迴向一切智智脩習無忘失法恒
住捨性以八勝處九次第定十遍處無二爲
方便無生爲方便無所得爲方便迴向一切
智智脩習無忘失法恒住捨性
慶喜當知以八解脫無二爲方便無生爲方

智智脩習無

慶喜當知以八解脱無二爲方便無生爲方
便無所得爲方便迴向一切智智脩習一切
智道相智一切相智以八勝處九次第定十
遍處無二爲方便無生爲方便無所得爲方
便迴向一切智智脩習一切智道相智一切相
智慶喜當知以八解脱無二爲方便無生爲
方便無所得爲方便迴向一切智智脩習一
切陁羅尼門一切三摩地門以八勝處九次
第定十遍處無二爲方便無生爲方便無所
得爲方便迴向一切智智脩習一切陁羅尼
門一切三摩地門慶喜當知以八解脱無二
爲方便無生爲方便無所得爲方便迴向一
切智智脩習菩薩摩訶薩行以八勝處九次

行慶喜當知以八解脫無二為方便無生為
方便無所得為方便迴向一切智智脩習
無上正等菩提以八勝處九次第定十遍處
無二為方便無生為方便無所得為方便迴
向一切智智脩習無上正等菩提
慶喜當知以四念住無二為方便無生為方
便無所得為方便迴向一切智智脩習布施
淨戒安忍精進靜慮般若波羅蜜多以四正
斷四神足五根五力七等覺支八聖道支無
二為方便無生為方便無所得為方便迴向
一切智智脩習布施淨戒安忍精進靜慮般
若波羅蜜多慶喜當知以四念住無二為方
便無生為方便無所得為方便迴向一切智
智安住內空外空內外空空空大空勝義空

便無生為方便無所得為方便迴向一切智
智安住内空外空内外空空空大空勝義空
有為空無為空畢竟空無際空散空無變異
空本性空自相空共相空一切法空不可得
空無性空自性空無性自性空以四正斷四
神足五根五力七等覺支八聖道支無二為
方便無生為方便無所得為方便迴向一切
智智安住内空乃至無性自性空慶喜當知
以四念住無二為方便無生為方便無所得
為方便迴向一切智智安住真如法界法性
不虛妄性不變異性平等性離生性法定法
住實際虛空界不思議界以四正斷四神足
五根五力七等覺支八聖道支無二為方便
無生為方便無所得為方便

住無二爲方便無生爲方便無所得爲方便
迴向一切智智安住苦集滅道聖諦以四正
斷四神足五根五力七等覺支八聖道支無
二爲方便無生爲方便無所得爲方便迴向
一切智智安住苦集滅道聖諦慶喜當知以
四念住無二爲方便無生爲方便無所得爲
方便迴向一切智智脩習四靜慮四無量四
無色定以四正斷四神足五根五力七等覺
支八聖道支無二爲方便無生爲方便無所
得爲方便迴向一切智智脩習四靜慮四無
量四無色定慶喜當知以四念住無二爲方
便無生爲方便無所得爲方便迴向一切智
智脩習八解脫八勝處九次第定十遍處以
四正斷四神足五根五力七等覺支八聖道

智脩習八解脫八勝處九次第定十遍處以
四正斷四神足五根五力七等覺支八聖道
支無二爲方便無生爲方便無所得爲方便
迴向一切智智脩習八解脫八勝處九次第
定十遍處慶喜當知以四念住無二爲方便
無生爲方便無所得爲方便迴向一切智智
脩習四念住四正斷四神足五根五力七等
覺支八聖道支以四正斷四神足五根五力
七等覺支八聖道支無二爲方便無生爲方
便無所得爲方便迴向一切智智脩習四念
住四正斷四神足五根五力七等覺支八聖
道支慶喜當知以四念住無二爲方便無生
爲方便無所得爲方便迴向一切智智脩習

斷四神足五根五力七等覺支八聖道支無
二為方便無生為方便無所得為方便迴向
一切智智脩習空解脫門無相解脫門無願
解脫門慶喜當知以四念住無二為方便無
生為方便無所得為方便迴向一切智智脩
習五眼六神通以四正斷四神足五根五力
七等覺支八聖道支無二為方便無生為方
便無所得為方便迴向一切智智脩習五眼
六神通慶喜當知以四念住無二為方便無
生為方便無所得為方便迴向一切智智脩
習佛十力四無所畏四無礙解大慈大悲大
喜大捨十八佛不共法以四正斷四神足五
根五力七等覺支八聖道支無二為方便無
生為方便無所得為方便迴向一切智智脩
習佛十力四無所畏四無礙解大慈大悲大

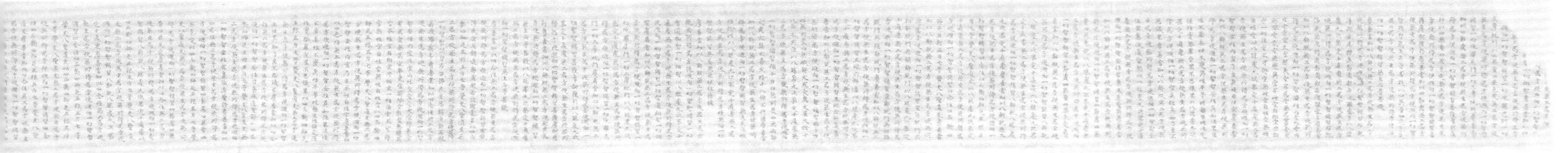

生爲方便無所得爲方便迴向一切智智脩
習佛十力四無所畏四無礙解大慈大悲大
喜大捨十八佛不共法慶喜當知以四念住
無二爲方便無生爲方便無所得爲方便迴
向一切智智脩習無忘失法恒住捨性以四
正斷四神足五根五力七等覺支八聖道支
無二爲方便無生爲方便無所得爲方便迴
向一切智智脩習無忘失法恒住捨性慶喜
當知以四念住無二爲方便無生爲方便無
所得爲方便迴向一切智智脩習一切智道
相智一切相智以四正斷四神足五根五力
七等覺支八聖道支無二爲方便無生爲方
便無所得爲方便迴向一切智智脩習一切

一切智智脩習一切陁羅尼門一切三摩地
門以四正斷四神足五根五力七等覺支八
聖道支無二為方便無生為方便無所得為
方便迴向一切智智脩習一切陁羅尼門一
切三摩地門慶喜當知以四念住無二為方
便無生為方便無所得為方便迴向一切智
智脩習菩薩摩訶薩行以四正斷四神足五
根五力七等覺支八聖道支無二為方便無
生為方便無所得為方便迴向一切智智脩
習菩薩摩訶薩行慶喜當知以四念住無二
為方便無生為方便無所得為方便迴向一
切智智脩習無上正等菩提以四正斷四神
足五根五力七等覺支八聖道支無二為方

足五根五力七等覺支八聖道支無二為方
便無生為方便無所得為方便迴向一切智
智脩習無上正等菩提
慶喜當知以空解脫門無二為方便無生為
方便無所得為方便迴向一切智智脩習布
施淨戒安忍精進靜慮般若波羅蜜多以無
相無願解脫門無二為方便無生為方便無
所得為方便迴向一切智智脩習布施淨戒
安忍精進靜慮般若波羅蜜多慶喜當知以
空解脫門無二為方便無生為方便無所得
為方便迴向一切智智安住內空外空內外
空空空大空勝義空有為空無為空畢竟空
無際空散空無變異空本性空自相空共相

自性空以無相無願解脫門無二為方便無
生為方便無所得為方便迴向一切智智安
住內空乃至無性自性空慶喜當知以空解
脫門無二為方便無生為方便無所得為方
便迴向一切智智安住真如法界法性不虛
妄性不變異性平等性離生性法定法住實
際虛空界不思議界以無相無願解脫門無
二為方便無生為方便無所得為方便迴向
一切智智安住真如乃至不思議界慶喜當
知以空解脫門無二為方便無生為方便無
所得為方便迴向一切智智安住苦集滅道
聖諦以無相無願解脫門無二為方便無生
為方便無所得為方便迴向一切智智安住
苦集滅道聖諦慶喜當知以空解脫門無二
為方便無生為方便無所得為方便迴向一

爲方便無生爲方便無所得爲方便迴向一
切智智脩習四静慮四無量四無色定以無
相無願解脫門無二爲方便無生爲方便無
所得爲方便迴向一切智智脩習四静慮四
無量四無色定慶喜當知以空解脫門無二
爲方便無生爲方便無所得爲方便迴向一
切智智脩習八解脫八勝處九次第定十遍
處以無相無願解脫門無二爲方便無生爲
方便無所得爲方便迴向一切智智脩習八
解脫八勝處九次第定十遍處慶喜當知以
空解脫門無二爲方便無生爲方便無所得
爲方便迴向一切智智脩習四念住四正斷
四神足五根五力七等覺支八聖道支以無

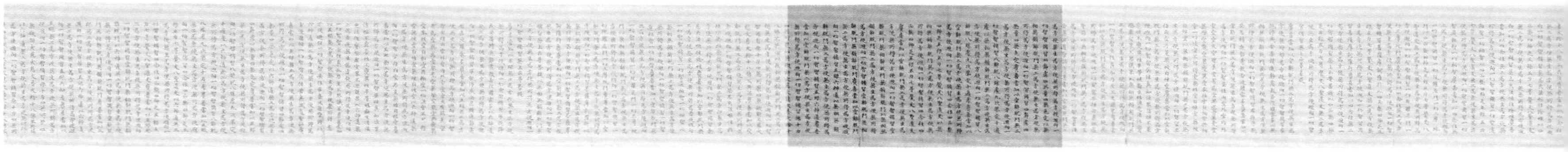

正斷四神足五根五力七等覺支八聖道支
慶喜當知以空解脫門無二為方便無生為
方便無所得為方便迴向一切智智脩習空
解脫門無相解脫門無願解脫門以無相無
願解脫門無二為方便無生為方便無所得
為方便迴向一切智智脩習空解脫門無相
解脫門無願解脫門慶喜當知以空解脫門
無二為方便無生為方便無所得為方便迴
向一切智智脩習五眼六神通以無相無願
解脫門無二為方便無生為方便無所得為
方便迴向一切智智脩習五眼六神通慶喜
當知以空解脫門無二為方便無生為方便
無所得為方便迴向一切智智脩習佛十力

無所得為方便迴向一切智智脩習佛十力
四無所畏四無礙解大慈大悲大喜大捨十
八佛不共法以無相無願解脫門無二為方
便無生為方便無所得為方便迴向一切智
智脩習佛十力四無所畏四無礙解大慈大
悲大喜大捨十八佛不共法慶喜當知以空
解脫門無二為方便無生為方便無所得為
方便迴向一切智智脩習無忘失法恒住捨
性以無相無願解脫門無二為方便無生為
方便無所得為方便迴向一切智智脩習無
忘失法恒住捨性慶喜當知以空解脫門無
二為方便無生為方便無所得為方便迴向
一切智智脩習一切智道相智一切相智以
無相無願解脫門無二為方便無生為方便

道相智一切相智慶喜當知以空解脫門無
二為方便無生為方便無所得為方便迴向
一切智智脩習一切陁羅尼門一切三摩地
門以無相無願解脫門無二為方便無生為
方便無所得為方便迴向一切智智脩習一
切陁羅尼門一切三摩地門慶喜當知以空
解脫門無二為方便無生為方便無所得為
方便迴向一切智智脩習菩薩摩訶薩行以
無相無願解脫門無二為方便無生為方便
無所得為方便迴向一切智智脩習菩薩摩
訶薩行慶喜當知以空解脫門無二為方便
無生為方便無所得為方便迴向一切智智
脩習無上正等菩提以無相無願解脫門無
二為方便無生為方便無所得為方便迴向一

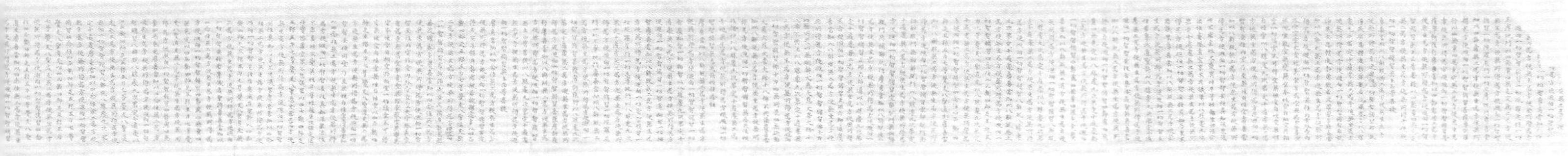

二為方便無生為方便無所得為方便迴向一
切智智脩習無上正等菩提
慶喜當知以五眼無二為方便無生為方便
無所得為方便迴向一切智智脩習布施淨
戒安忍精進靜慮般若波羅蜜多以六神通
無二為方便無生為方便無所得為方便迴
向一切智智脩習布施淨戒安忍精進靜慮
般若波羅蜜多慶喜當知以五眼無二為方
便無生為方便無所得為方便迴向一切智
智安住內空外空內外空空空大空勝義空
有為空無為空畢竟空無際空散空無變異
空本性空自相空共相空一切法空不可得
空無性空自性空無性自性空以六神通無

善當知以五眼無二為方便無生為方便無
所得為方便迴向一切智智安住真如法界
法性不虛妄性不變異性平等性離生性法
定法住實際虛空界不思議界以六神通無
二為方便無生為方便無所得為方便迴向
一切智智安住真如乃至不思議界慶喜當知
以五眼無二為方便無生為方便無所得為
方便迴向一切智智安住苦集滅道聖諦以
六神通無二為方便無生為方便無所得為
方便迴向一切智智安住苦集滅道聖諦慶
喜當知以五眼無二為方便無生為方便無
所得為方便迴向一切智智脩習四靜慮四
無量四無色定以六神通無二為方便無生
為方便無所得為方便迴向一切智智脩習

無量四無色定以六神通無二為方便無生
為方便無所得為方便迴向一切智智脩習
四靜慮四無量四無色定慶喜當知以五眼
無二為方便無生為方便無所得為方便迴
向一切智智脩習八解脫八勝處九次第定
十遍處以六神通無二為方便無生為方便
無所得為方便迴向一切智智脩習八解脫
八勝處九次第定十遍處慶喜當知以五眼
無二為方便無生為方便無所得為方便迴
向一切智智脩習四念住四正斷四神足五
根五力七等覺支八聖道支以六神通無二
為方便無生為方便無所得為方便迴向一
切智智脩習四念住四正斷四神足五根五

一切智智脩習空解脫門無相解脫門無願
解脫門以六神通無二爲方便無生爲方便
無所得爲方便迴向一切智智脩習空解脫
門無相解脫門無願解脫門慶喜當知以五
眼無二爲方便無生爲方便無所得爲方便
迴向一切智智脩習五眼六神通以六神通
無二爲方便無生爲方便無所得爲方便迴
向一切智智脩習五眼六神通慶喜當知以
五眼無二爲方便無生爲方便無所得爲方
便迴向一切智智脩習佛十力四無所畏四
無礙解大慈大悲大喜大捨十八佛不共法
以六神通無二爲方便無生爲方便無所得
爲方便迴向一切智智脩習佛十力四無所

為方便迴向一切智智脩習佛十力四無所
畏四無礙解大慈大悲大喜大捨十八佛不
共法慶喜當知以五眼無二為方便無生為
方便無所得為方便迴向一切智智脩習無
忘失法恒住捨性以六神通無二為方便無
生為方便無所得為方便迴向一切智智脩
習無忘失法恒住捨性慶喜當知以五眼無
二為方便無生為方便無所得為方便迴向
一切智智脩習一切智道相智一切相智以
六神通無二為方便無生為方便無所得為
方便迴向一切智智脩習一切智道相智一
切相智慶喜當知以五眼無二為方便無生
為方便無所得為方便迴向一切智智脩習

二為方便無生為方便無所得為方便迴向
一切智智脩習一切陁羅尼門一切三摩地
門應當知以五眼無二為方便無生為方
便無所得為方便迴向一切智智脩習菩薩
摩訶薩行以六神通無二為方便無生為方
便無所得為方便迴向一切智智脩習菩薩
摩訶薩行應當知以五眼無二為方便無
生為方便無所得為方便迴向一切智智
脩習無上正等菩提以六神通無二為方便無
生為方便無所得為方便迴向一切智智脩
習無上正等菩提

大般若波羅蜜多經卷第一百一十

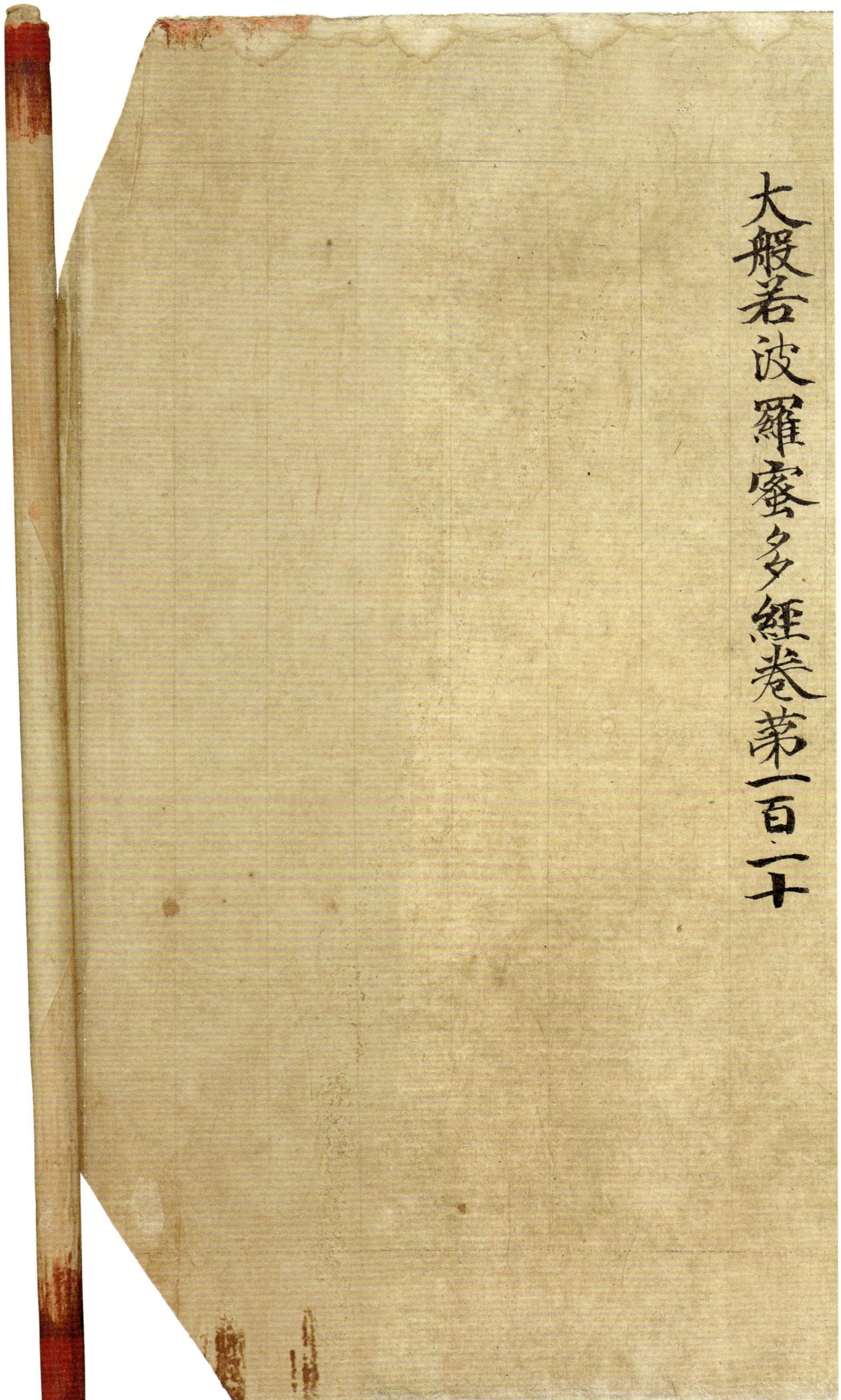

大般若波羅蜜多經卷第一百一十

BD00888

妙法蓮華經卷三

（後秦）鳩摩羅什 譯

327.5cm × 24.1cm

震動其國中間幽瞑之處日月威光所不能
照而皆大明其中衆生各得相見咸作是言
此中云何忽生衆生又其國界諸天宮殿乃
至梵宮六種震動大光普照遍滿世界勝諸
天光尒時東方五百万億諸國土中梵天宮
殿光明照曜倍於常明諸梵天王各作是念
今者宮殿光明昔所未有以何因緣而現此
相是時諸梵天王即各相詣共議此事而彼
衆中有一大梵天王名救一切為諸梵衆而
說偈言

我等諸宮殿　光明昔未有　此是何因緣　宜各共求之
為大德天生　為佛出世間　而此大光明　遍照於十方

通智勝如來處于道場菩提樹下坐師子座
諸天龍王乾闥婆緊那羅摩睺羅伽人非人
等恭敬圍繞及見十六王子請佛轉法輪即
時諸梵天王頭面礼佛繞百千帀即以天華
而散佛上其所散華如須弥山并以供養佛
菩提樹其菩提樹高十由旬華供養已各以
宮殿奉上彼佛而作是言唯見哀愍饒益我
等所獻宮殿願垂納處時諸梵天王即於佛
前一心同聲以偈頌曰

世尊甚希有　難可得值遇　具无量功德　能救護一切
天人之大師　哀愍於世間　十方諸衆生　普皆蒙饒益
我等所從來　五百万億國　捨深禪定樂　為供養佛故
我等先世福　宮殿甚嚴飾　今以奉世尊　唯願哀納受

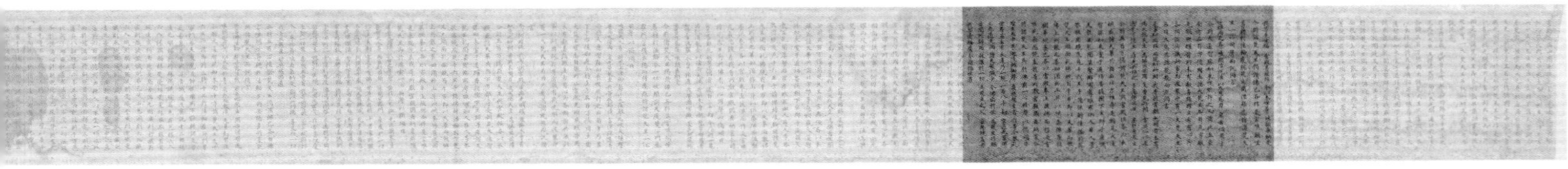

我等先世福　宮殿甚嚴飾　今以奉世尊　唯願哀納受
尒時諸梵天王偈讚佛已各作是言唯願世
尊轉於法輪度脫衆生開涅槃道時諸梵天
王一心同聲而說偈言
世雄兩足尊　唯願演說法　以大慈悲力　度苦惱衆生
尒時大通智勝如來嘿然許之又諸比丘東
南方五百万億國土諸大梵王各自見宮殿
光明照曜昔所未有歡喜踊躍生希有心即
各相詣共議此事而彼衆中有一大梵天王
名曰大悲為諸梵衆而說偈言
是事何因緣　而現如此相　我等諸宮殿　光明昔未有
為大德天生　為佛出世間　未曾見此相　當共一心求
過千万億土　尋光共推之　多是佛出世　度脫苦衆生

智勝如來處于道場菩提樹下坐師子座諸
天龍王乾闥婆緊那羅摩睺羅伽人非人等
恭敬圍繞及見十六王子請佛轉法輪時諸
梵天王頭面礼佛繞百千帀即以天華而散
佛上所散之華如須弥山并以供養佛菩提
樹華供養已各以宮殿奉上彼佛而作是言
唯見哀愍饒益我等所獻宮殿願垂納處尒
時諸梵天王即於佛前一心同聲以偈頌曰
聖主天中王　迦陵頻伽聲　哀愍衆生者　我等今敬礼
世尊甚希有　久遠乃一現　一百八十劫　空過无有佛
三惡道充滿　諸天衆減少　今佛出於世　為衆生作眼
世間所歸趣　救護於一切　為衆生之父　哀愍饒益者
我等宿福慶　今得值世尊

世間所歸趣 救護於一切
我等宿福慶 今得值世尊
尒時諸梵天王偈讚佛已各作是言唯願世
尊哀愍一切轉於法輪度脫眾生時諸梵天
王一心同聲而說偈言
大聖轉法輪 顯示諸法相 度苦惱眾生 令得大歡喜
眾生聞此法 得道若生天 諸惡道減少 忍善者增益
尒時大通智勝如來嘿然許之又諸比丘南
方五百万億國土諸大梵王各自見宮殿光
明照曜昔所未有歡喜踊躍生希有心即各
相詣共議此事以何因緣我等宮殿有此光
曜而彼眾中有一大梵天王名曰妙法為諸
梵眾而說偈言
我等諸宮殿 光明甚威曜 此非无因緣 是相宜求之

裓盛諸天華共詣北方推尋是相見大通智
勝如來處于道場菩提樹下坐師子座諸天
龍王乾闥婆緊那羅摩睺羅伽人非人等恭
敬圍繞及見十六王子請佛轉法輪時諸梵
天王頭面礼佛繞百千帀即以天華而散佛
上所散之華如須彌山并以供養佛菩提樹
華供養已各以宮殿奉上彼佛而作是言唯
見哀愍饒益我等所獻宮殿願垂納處尒時
諸梵天王即於佛前一心同聲以偈頌曰
世尊甚難見　破諸煩惱者　過百三十劫　今乃得一見
諸飢渴衆生　以法雨充滿　昔所未曾覩　無量智慧者
如優曇波羅　今日乃值遇　我等諸宮殿　蒙光故嚴飾
世尊大慈愍　唯願垂納受

BD00888　妙法蓮華經卷三

世尊大慈愍　唯願垂納受
尒時諸梵天王偈讚佛已各作是言唯願世
尊轉於法輪令一切世間諸天魔梵沙門婆
羅門皆獲安隱而得度脫時諸梵天王一心
同聲以偈頌曰
唯願天人尊　轉无上法輪　擊于大法鼓　而吹大法螺
普雨大法雨　度无量衆生　我等咸歸請　當演深遠音
尒時大通智勝如來黙然許之西南方乃至
下方亦復如是尒時上方五百万億國土諸
大梵王皆悉自覩所止宮殿光明威曜昔所
未有歡喜踊躍生希有心即各相詣共議此
事以何因緣我等宮殿有斯光明而彼衆中
有一大梵天王名曰尸棄為諸梵衆而說偈

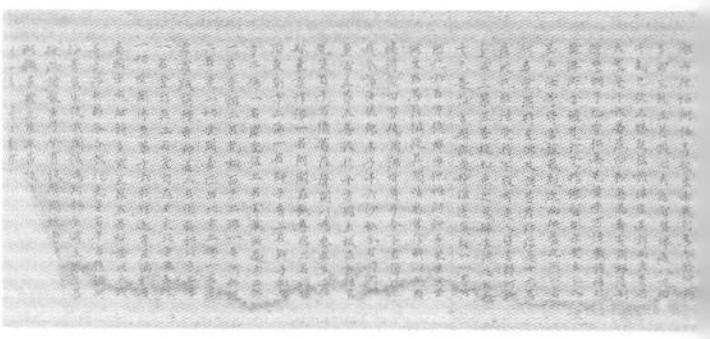

如是之妙相　昔所未聞見　為大德天生　為佛出世間
尒時五百万億諸梵天王與宮殿俱各以衣
裓盛諸天華共詣下方推尋是相見大通智
勝如来處于道場菩提樹下坐師子座諸天
龍王乾闥婆緊那羅摩睺羅伽人非人等恭
敬圍繞及見十六王子請佛轉法輪時諸梵
天王頭面礼佛繞百千帀即以天華而散佛
上所散之華如須弥山并以供養佛菩提樹
華供養已各以宮殿奉上彼佛而作是言唯
見哀愍饒益我等所獻宮殿願垂納處時諸
梵天王即於佛前一心同聲以偈頌曰
善哉見諸佛　救世之聖尊　能於三界獄　免出諸衆生
普智天人尊　愍哀群萌類　能開甘露門　廣度於一切

BD00888　妙法蓮華經卷三

普智天人尊　愍哀群萌類　能開甘露門　廣度於一切
於昔无量劫　空過无有佛　世尊未出時　十方常暗瞑
三悪道增長　阿脩羅亦盛　諸天衆轉減　死多墮悪道
不從佛聞法　常行不善事　色力及智慧　斯等皆減少
罪業因緣故　失樂及樂想　住於耶見法　不識善儀則
不蒙佛所化　常墮於悪道　佛為世間眼　久遠時乃出
哀愍諸衆生　故現於世間　超出成正覺　我等甚欣慶
及餘一切衆　喜歎未曾有　我等諸宮殿　蒙光故嚴飾
今以奉世尊　唯垂哀納受　願以此功德　普及於一切
我等與衆生　皆共成佛道
尒時五百万億諸梵天王偈讚佛已各白佛
言唯願世尊轉於法輪多所安隱多所度脫
時諸梵天王而說偈言

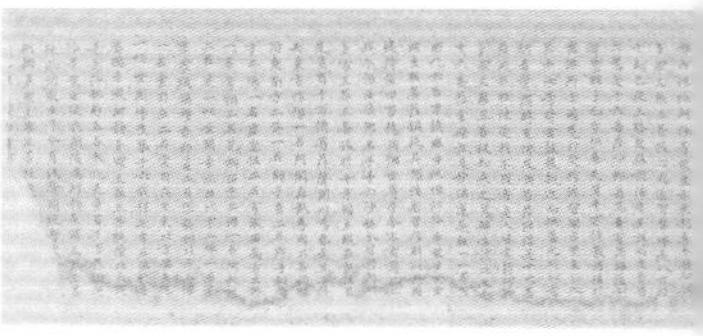

尒時大通智勝如來受十方諸梵天王及十
六王子請即時三轉十二行法輪若沙門婆
羅門若天魔梵及餘世間所不能轉謂是苦
是苦集是苦滅是苦滅道及廣說十二因緣
法无明緣行行緣識識緣名色名色緣六入
六入緣觸觸緣受受緣愛愛緣取取緣有有
緣生生緣老死憂悲苦惱无明滅則行滅行
滅則識滅識滅則名色滅名色滅則六入滅
六入滅則觸滅觸滅則受滅受滅則愛滅愛
滅則取滅取滅則有滅有滅則生滅生滅則
老死憂悲苦惱滅佛於天人大衆之中說是
法時六百万億那由他人以不受一切法故
而於諸漏心得解脫皆得深妙禪定三明六

而於諸漏心得解脫皆得深妙禪定三明六
通具八解脫第二第三第四說法時千万億
恒河沙那由他等衆生亦以不受一切法故
而於諸漏心得解脫從是已後諸聲聞衆无
量无邊不可稱數尒時十六王子皆以童子
出家而為沙弥諸根通利智慧明了已曾供
養百千万億諸佛淨脩梵行求阿耨多羅三
藐三菩提俱白佛言世尊是諸无量千万億
大德聲聞皆已成就世尊亦當為我等說阿
耨多羅三藐三菩提法我等聞已皆共脩學
世尊我等志願如来知見深心所念佛自證
知尒時轉輪聖王所將衆中八万億人見十
六王子出家亦求出家王即聽許尒時彼佛

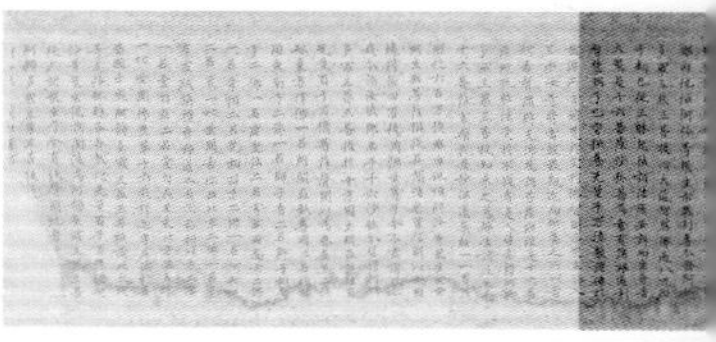

是經已十六沙弥為阿耨多羅三藐三菩提
故皆共受持諷誦通利說是經時十六菩薩
沙弥皆悉信受聲聞衆中亦有信解其餘衆
生千万億種皆生疑惑佛說是經於八千劫
未曾休癈說此經已即入靜室住於禪定八
万四千劫是時十六菩薩沙弥知佛入室寂
然禪定各昇法座亦於八万四千劫為四部
衆廣說分別妙法華經一一皆度六百万億
那由他恒河沙等衆生示教利喜令發阿耨
多羅三藐三菩提心大通智勝佛過八万四
千劫已從三昧起往詣法座安詳而坐普告
大衆是十六菩薩沙弥甚為希有諸根通利
智慧明了已曾供養无量千万億數諸佛於

智慧明了已曾供養无量千万億數諸佛於
諸佛所常脩梵行受持佛智開示衆生令入
其中汝等皆當數數親近而供養之所以者
何若聲聞辟支佛及諸菩薩能信是十六菩
薩所說經法受持不毀者是人皆當得阿耨
多羅三藐三菩提如來之慧佛告諸比丘是
十六菩薩常樂說是妙法蓮華經一一菩薩
所化六百万億那由他恒河沙等衆生世世
所生與菩薩俱從其聞法悉皆信解以此因
緣得值四万億諸佛世尊于今不盡諸比丘
我今語汝彼佛弟子十六沙弥今皆得阿耨
多羅三藐三菩提於十方國土現在說法有
无量百千万億菩薩聲聞以為眷屬其二沙
弥東方作佛一名阿閦在歡喜國二名須弥

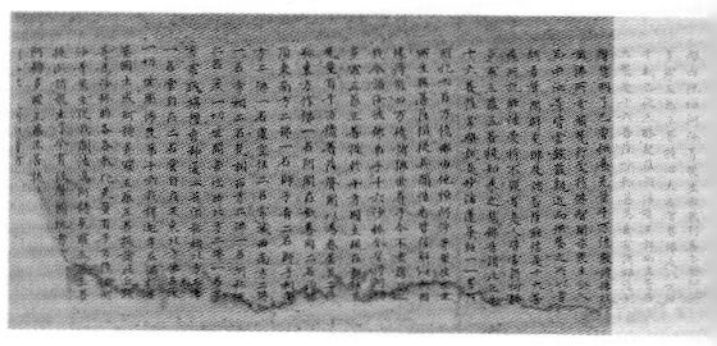

[illegible]
方二佛一名虚空住二名常滅西南方二佛
一名帝相二名梵相西方二佛一名阿弥陁
二名度一切世間苦惱西北方二佛一名多
摩羅跋栴檀香神通二名須弥相北方二佛
一名雲自在二名雲自在王東北方佛名壞
一切世間怖畏第十六我釋迦牟尼佛於娑
婆國土成阿耨多羅三藐三菩提諸比丘我
等為沙弥時各各教化无量百千万億恒河
沙等衆生從我聞法為阿耨多羅三藐三菩
提此諸衆生于今有住聲聞地者我
阿耨多羅三藐三菩提[illegible]
[illegible]

BD00889 大般若波羅蜜多經卷二三四

（唐）玄奘 譯

BD00889v 勘記

356.9cm × 26cm

智清淨無二無二分無
淨故耳鼻舌身意處清
淨故一切智智清淨何以
耳鼻舌身意處清淨若
無二分無別無斷故善現道
處清淨色處清淨故一切智
若道聖諦清淨若色處清淨若一切智智清
淨無二無二分無別無斷故道聖諦清淨故
聲香味觸法處清淨聲香味觸法處清淨故一
切智智清淨何以故若道聖諦清淨若聲
香味觸法處清淨若一切智智清淨無二無二
分無別無斷故善現道聖諦清淨故眼界清
淨眼界清淨故一切智智清

無二無二分無別無斷故道聖諦清淨故
色界眼識界及眼觸眼觸為緣所生諸受清
淨色界乃至眼觸為緣所生諸受清淨故一切
智智清淨何以故若道聖諦清淨若色界
乃至眼觸為緣所生諸受清淨若一切智智清
淨無二無二分無別無斷故善現道聖諦清
淨故耳界清淨耳界清淨故一切智智清淨
何以故若道聖諦清淨若耳界清淨若一切
智智清淨無二無二分無別無斷故道聖諦
清淨故聲界耳識界及耳觸耳觸為緣所生
諸受清淨聲界乃至耳觸為緣所生諸受清
淨故一切智智清淨何以故若道聖諦清淨
若聲界乃至耳觸為緣所生諸受清淨若一

若聲界乃至耳觸爲緣所生諸受清淨若一
切智智清淨無二無二分無別無斷故善現
道聖諦清淨故鼻界清淨鼻界清淨故一切
智智清淨何以故若道聖諦清淨若鼻界清
淨若一切智智清淨無二無二分無別無斷
故道聖諦清淨故香界鼻識界及鼻觸鼻
觸爲緣所生諸受清淨香界乃至鼻觸爲緣所
生諸受清淨故一切智智清淨何以故若道
聖諦清淨若香界乃至鼻觸爲緣所生諸受
清淨若一切智智清淨無二無二分無別無斷
故善現道聖諦清淨故舌界清淨舌界清
淨故一切智智清淨何以故若道聖諦清淨
若舌界清淨若一切智智清淨無二無二分
[illegible]

觸為緣所生諸受清淨故一切智智清淨何
以故若道聖諦清淨若味界乃至舌觸為緣
所生諸受清淨若一切智智清淨無二無二
分無別無斷故善現道聖諦清淨故身界清
淨身界清淨故一切智智清淨何以故若道
聖諦清淨若身界清淨若一切智智清淨無
二無二分無別無斷故道聖諦清淨故觸界
身識界及身觸身觸為緣所生諸受清淨觸
界乃至身觸為緣所生諸受清淨故一切智智
清淨何以故若道聖諦清淨若觸界乃至
身觸為緣所生諸受清淨若一切智智清淨
無二無二分無別無斷故善現道聖諦清淨
故意界清淨意界清淨故一切智智清淨何

無二無二分無別無斷故善現道聖諦清淨
故意界清淨意界清淨故一切智智清淨何
以故若道聖諦清淨若意界清淨若一切智
智清淨無二無二分無別無斷故道聖諦清
淨故法界意識界及意觸意觸為緣所生諸
受清淨法界乃至意觸為緣所生諸受清淨
故一切智智清淨何以故若道聖諦清淨若
法界乃至意觸為緣所生諸受清淨若一切
智智清淨無二無二分無別無斷故善現道
聖諦清淨故地界清淨地界清淨故一切智
智清淨何以故若道聖諦清淨若地界清淨
若一切智智清淨無二無二分無別無斷故道
聖諦清淨故水火風空識界清淨水火風空
識界清淨故一切智智清淨何以故若

清淨無二無二分無別無斷故善現道聖
諦清淨故無明清淨無明清淨故一切智智
清淨何以故若道聖諦清淨若無明清淨若
一切智智清淨無二無二分無別無斷故道聖
諦清淨故行識名色六處觸受愛取有生
老死愁歎苦憂惱清淨行乃至老死愁歎苦
憂惱清淨故一切智智清淨何以故若道聖
諦清淨若行乃至老死愁歎苦憂惱清淨若
一切智智清淨無二無二分無別無斷故
善現道聖諦清淨故布施波羅蜜多清淨
布施波羅蜜多清淨故一切智智清淨何以故
若道聖諦清淨若布施波羅蜜多清淨若一切
智智清淨無二無二分無別無斷故道聖諦

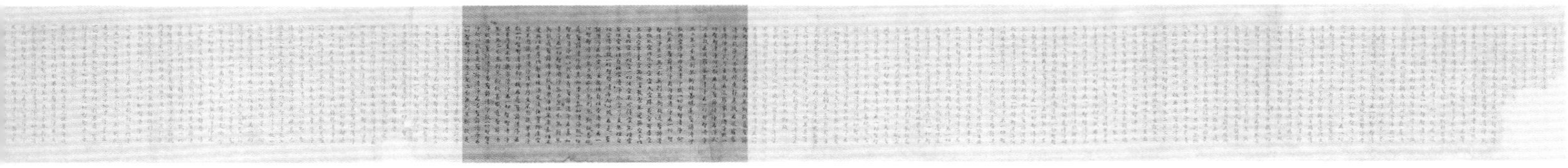

智智清淨無二無二分無別無斷故道聖諦
清淨故淨戒安忍精進靜慮般若波羅蜜
多清淨淨戒乃至般若波羅蜜多清淨故一
切智智清淨何以故若道聖諦清淨若淨戒
乃至般若波羅蜜多清淨若一切智智清淨
無二無二分無別無斷故善現道聖諦清淨
故內空清淨內空清淨故一切智智清淨何
以故若道聖諦清淨若內空清淨若一切智
智清淨無二無二分無別無斷故道聖諦清
淨故外空內外空空空大空勝義空有為空
無為空畢竟空無際空散空無變異空本性
空自相空共相空一切法空不可得空無性空
自性空無性自性空清淨外空乃至無性自
性空清淨故一切智智清淨何以故若

切智智清淨無二無二分無別無斷故善現
道聖諦清淨故真如清淨真如清淨故一切
智智清淨何以故若道聖諦清淨若真如
清淨若一切智智清淨無二無二分無別無
斷故道聖諦清淨故法界法性不虛妄性不
變異性平等性離生性法定法住實際虛空
界不思議界清淨法界乃至不思議界清淨
故一切智智清淨何以故若道聖諦清淨若
法界乃至不思議界清淨若一切智智清淨
無二無二分無別無斷故善現道聖諦清
淨故苦聖諦清淨苦聖諦清淨故一切智智清
淨何以故若道聖諦清淨若苦聖諦清淨若
一切智智清淨無二無二分無別無斷故道

一切智智清淨無二無二分無別無斷故道
聖諦清淨故集滅聖諦清淨集滅聖諦清
淨故一切智智清淨何以故若道聖諦清　淨
若集滅聖諦清淨若一切智智清淨無二無二
分無別無斷故善現道聖諦清淨故四靜慮
清淨四靜慮清淨故一切智智清淨何以故
道聖諦清淨若四靜慮清淨若一切智智
淨無二無二分無別無斷故道聖諦清
故四無量四無色定清淨四無量四無色定
淨故一切智智清淨何以故若道聖諦清淨若
四無量四無色定清淨若一切智智清淨無
二無二分無別無斷故善現道聖諦清淨
故八解脫清淨八解脫清淨故一切智智清

諦清淨故八勝處九次第定十遍處清淨
八勝處九次第定十遍處清淨故一切智智
清淨何以故若道聖諦清淨若八勝處九
次第定十遍處清淨若一切智智清淨無二
無二分無別無斷故善現道聖諦清淨故四
念住清淨四念住清淨故一切智智清淨何
以故若道聖諦清淨若四念住清淨若一切
智智清淨無二無二分無別無斷故道聖諦
清淨故四正斷四神足五根五力七等覺支
八聖道支清淨四正斷乃至八聖道支清淨
故一切智智清淨何以故若道聖諦清淨若
四正斷乃至八聖道支清淨若一切智智清
淨無二無二分無別無斷故善現道聖諦清

BD00889　大般若波羅蜜多經卷二二四

淨無二無二分無別無斷故善現道聖諦清
淨故空解脫門清淨空解脫門清淨故一切
智智清淨何以故若道聖諦清淨若空解脫
門清淨若一切智智清淨無二無二分無別無
斷故道聖諦清淨故無相無願解脫門清淨
無相無願解脫門清淨故一切智智清淨何
以故若道聖諦清淨若無相無願解脫門清
淨若一切智智清淨無二無二分無別無斷故
善現道聖諦清淨故菩薩十地清淨菩薩
十地清淨故一切智智清淨何以故若道聖
諦清淨若菩薩十地清淨若一切智智清淨
無二無二分無別無斷故
善現道聖諦清淨故五眼清淨五眼清淨故

斷故道聖諦清淨故六神通清淨六神通清
淨故一切智智清淨何以故若道聖諦清淨
若六神通清淨若一切智智清淨無二無二分
無別無斷故善現道聖諦清淨故佛十力清
淨佛十力清淨故一切智智清淨何以故若道
聖諦清淨若佛十力清淨若一切智智清淨
無二無二分無別無斷故道聖諦清淨故四
無所畏四無礙解大慈大悲大喜大捨十八佛
不共法清淨四無所畏乃至十八佛不共法清
淨故一切智智清淨何以故若道聖諦清淨若
四無所畏乃至十八佛不共法清淨若一切智智
無二無二分無別無斷故善現道聖諦清淨故
無忘失法清淨無忘失法清淨故一切智智清淨

無忘失法清淨無忘失法清淨故一切智智清淨
何以故若道聖諦清淨若無忘失法清淨若一切智
智清淨無二無二分無別無斷故道聖諦清
淨故恒住捨性清淨恒住捨性清淨故一切
智智清淨何以故若道聖諦清淨若恒住捨性
清淨若一切智智清淨無二無二分無別無斷
故善現道聖諦清淨故一切智　清淨一切智
清淨故一切智智清淨何以故若道聖諦
清淨若一切智清淨若一切智智清淨無二
無二分無別無斷故道聖諦清淨故道相智
一切相智清淨道相智一切相智清淨故一切
智智清淨何以故若道聖諦清淨若道相
智一切相智清淨若一切智智清淨無二無
斷故善現道聖諦清淨故一切

智清淨何以故若道聖諦清淨若一切陀羅
尼門清淨若一切智智清淨無二無二分無
別無斷故道聖諦清淨一切三摩地門清淨
一切三摩地門清淨故一切智智清淨何以
故若道聖諦清淨若一切三摩地門清淨若
一切智智清淨無二無二分無別無斷故
善現道聖諦清淨故預流果清淨預流果清
淨故一切智智清淨何以故若道聖諦清淨若
預流果清淨若一切智智清淨無二無二分無
別無斷故道聖諦清淨故一來不還阿羅
漢果清淨一來不還阿羅漢果清淨故一切
智智清淨何以故若道聖諦清淨若一來不
還阿羅漢果清淨若一切智智清淨無二

還阿羅漢果清淨若一切智智清淨無二
無二分無別無斷故善現道聖諦清淨故獨
覺菩提清淨獨覺菩提清淨故一切智智清
淨何以故若道聖諦清淨若獨覺菩提清淨
若一切智智清淨無二無二分無別無斷故善
現道聖諦清淨故一切菩薩摩訶薩行清淨一
切菩薩摩訶薩行清淨故一切智智清淨何以
故若道聖諦清淨若一切菩薩摩訶薩行清
淨若一切智智清淨無二無二分無別無斷故
善現道聖諦清淨故諸佛無上正等菩提清
淨諸佛無上正等菩提清淨故一切智智清淨
何以故若道聖諦清淨若諸佛無上正等菩提
清淨若一切智智清淨無二無二分無別無斷故

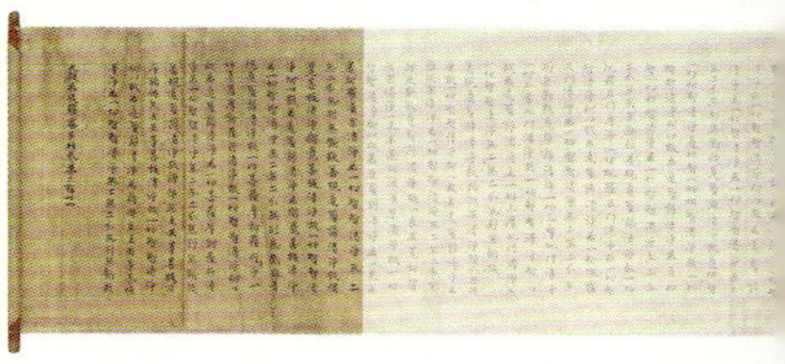

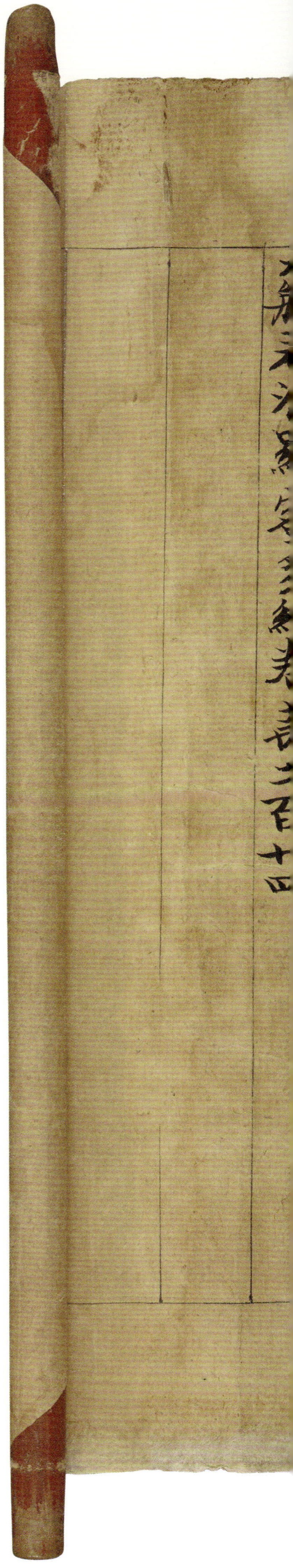

BD00889　大般若波羅蜜多經卷二二四

BD00889v　勘記

BD00890　四分比丘尼戒本

（後秦）佛陀耶舍　譯

（唐）懷素　集

1216cm × 26cm

若比丘尼知比丘僧爲作舉知法知律知佛所
教不順從不懺[illegible]與作共住而順從諸
比丘尼語言大姉此比丘尼爲僧所舉知法
知律知佛所教不順從不懺悔僧未與作共
住汝莫順從知是比丘尼諫彼比丘尼時是
事堅持不捨彼比丘尼應乃至第二第三諫令
捨此事故若乃至三諫捨者善若不捨者是
比丘尼波羅夷不共住犯隨舉
諸大姉我已說八波羅夷法若比丘尼犯一
波羅夷法不得與諸比丘尼共住如前後亦
如是是比丘尼得波羅夷不應共住今問諸大
姉是中清淨不 如是 至三
諸大姉是中清淨默然故是事如是持
諸大姉[illegible]

語男若為成婦事若為私通事乃至須臾是
比丘尼犯初法應捨僧伽婆尸沙
若比丘尼瞋恚不喜以無根波羅夷法謗欲
破彼清淨行後於異時若問若不問知是
事無根說我瞋恚故作是語是比丘尼犯初法
應捨僧伽婆尸沙
若比丘尼瞋恚不喜於異分事中取片非波羅
夷比丘尼以無根波羅夷法謗欲破彼人梵行
後於異時若問若不問知是異分事中取片
彼比丘尼住瞋恚法作如是說是比丘尼犯初
法應捨僧伽婆尸沙
若比丘尼詣官言人若居士居士兒若奴若客
作人若晝若夜若一念須若彈指須若須臾
須是比丘尼犯初法應捨僧伽婆尸沙

須是比丘尼犯初法應捨僧伽婆尸沙
若比丘尼知是賊女罪應死多人所知不問王大
臣不問種姓便度出家受具足戒是比丘尼
犯初法應捨僧伽婆尸沙
若比丘尼知比丘尼為僧所舉如法如律如佛所
教不順從未懺悔僧未與作共住羯磨為愛故
不問僧僧不約勑出界外作羯磨與解罪是
比丘尼犯初法應捨僧伽婆尸沙　若比丘尼獨度水獨入村
獨宿獨在後行是比丘尼犯初法應捨僧伽婆尸沙
若比丘尼染汙心知染汙心男子從彼受可食
者及食并餘物是比丘尼犯初法應捨僧伽婆尸沙
若比丘尼教比丘尼作如是語大姊彼有染汙心
無染汙心能那汝何汝自無染汙心於彼若得食
以時清淨受取此比丘尼犯初法應捨僧伽婆尸沙
若比丘尼欲壞和合僧方便受破僧法堅持不捨

不捨大姊應與僧和合與僧和合歡喜不諍同一
師學如水乳合於佛法中有增益安樂住是
比丘尼諫彼比丘尼時堅持不捨是比丘尼應三
諫捨此事故乃至三諫捨者善不捨者是比丘
尼犯三法應捨僧伽婆尸沙
若比丘尼有餘比丘尼群黨若一若二若三乃至
無數彼比丘尼語是比丘尼言大姊汝莫諫此比丘
尼此比丘尼法語比丘尼律語比丘尼此比丘尼所
說我等心喜樂此比丘尼所說我等忍可是
比丘尼語彼比丘尼言大姊莫作是說言此
比丘尼是法語比丘尼律語比丘尼此比丘尼
所說我等喜樂此比丘尼所說我等忍可何
以故此比丘尼所說非法語非律語大姊莫欲
破壞和合僧當樂欲和合僧大姊與僧和合歡喜

以故此比丘尼所説非法語非律語大姊莫欲
破壞和合僧當樂欲和合僧大姊與僧和合歡喜
不諍同一師學如水乳合於佛法中有增益安
樂住是比丘尼諫彼比丘尼時堅持不捨是
比丘尼應三諫捨此事故乃至三諫捨者善不
捨者是比丘尼犯三法應捨僧伽婆尸沙
若比丘尼依城邑若村落住汙家行惡行
惡行亦見亦聞汙他家亦見亦聞是比丘尼
諫比丘尼言大姊汝汙他家行惡行行惡行亦
見亦聞汙他家亦見聞大姊汙汝他家行惡
行今可離此村落去不須住此彼比丘尼語此
比丘尼作如是言大姊諸比丘尼有愛有恚
有怖有癡有如是同罪比丘尼駈者有不駈
者是諸比丘尼語彼比丘尼言大姊莫作是語
有愛有恚

不喜不怖不癡有如是同罪比丘尼有駈者
有不駈者大姊汙他家行惡行 行惡行亦見
亦聞汙他家亦見亦聞是比丘尼諫彼比丘尼
時堅持不捨是比丘尼應三諫捨此事故乃至
三諫捨者善不捨者是比丘尼犯三法
應捨僧伽婆尸沙
若比丘尼惡性不受人語於戒法中諸比丘
尼如法諫已自身不受諫語言大姊汝莫
向我說若好若惡我亦不向汝說若好若惡
諸大姊且止莫諫我是比丘尼當諫彼比丘
尼言大姊汝莫自身不受諫語大姊自身
當受諫語大姊如法諫諸比丘尼諸比丘尼亦當
如法諫大姊如是佛弟子衆得增益展
轉相諫展轉相教展轉懺悔是比丘尼知是

轉相諫展轉相教展轉懺悔是比丘尼如是
諫時堅持不捨是比丘尼應三諫捨此事故乃
至三諫捨者善不捨者是比丘尼犯三法應捨
僧伽婆尸沙
若比丘尼相親近住共作惡行惡聲流布展
轉共相覆罪是比丘尼當諫彼比丘尼言大姊
汝等莫相親近共作惡行惡聲流布共相
覆罪汝等若不相親近於佛法中得增益安
樂住是比丘尼諫彼比丘尼時堅持不捨是比丘
尼應三諫捨此事故乃至三諫捨者善不捨
者是比丘尼犯三法應捨僧伽婆尸沙
若比丘尼比丘尼僧為作呵諫時餘比丘尼教
作如是言汝等莫別住當共住我亦見餘比
丘尼不別住共作惡行惡聲流布共相覆

住我亦見餘比丘尼共住共作惡行惡聲流
布共相覆罪僧以恚故教汝別住今正有此
二比丘尼共住共作惡行惡聲流布共相覆
罪更無有餘若此比丘尼別住於佛法中有
增益安樂住是比丘尼諫彼比丘尼時堅持不
捨是比丘尼應三諫令捨此事故乃至三諫捨
者善不捨者是比丘尼犯三法應捨僧伽婆
尸沙
若比丘尼趣以一小事瞋恚不憙便作是語我
捨佛捨法捨僧不獨有此沙門釋子亦更有
餘沙門婆羅門修梵行者我等亦可於彼修
梵行是比丘尼當諫彼比丘尼言大姊汝莫
趣以一小事瞋恚不憙便作是語我捨佛捨法
捨僧不獨有此沙門釋子亦更有沙門婆羅

捨僧不獨有此沙門釋子亦更有沙門婆羅
門修梵行者我等亦可於彼修梵行若是
比丘尼諫彼比丘尼時堅持不捨彼比丘尼應
三諫捨此事故乃至三諫捨者善不捨者是比
丘尼犯三法應捨僧伽婆尸沙
若比丘尼喜闘諍不善憶持諍事後瞋恚作是語
僧有愛有恚有怖有癡是比丘尼應諫彼比丘
尼言妹汝莫喜闘諍不善憶持諍事後瞋
恚作是語僧有愛有恚有怖有癡而僧不愛
不恚不怖不癡汝自有愛有恚有怖有癡
是比丘尼諫彼比丘尼時堅持不捨彼比丘
尼應三諫捨此事故乃至三諫捨者善不捨者
是比丘尼犯三法應捨僧伽婆尸沙
諸大姊我已説十七僧伽婆尸沙法九初犯罪

僧行摩那埵行摩那埵已餘有出罪應

部四十人僧中出是比丘尼罪若少一人不滿

四十衆出是比丘尼罪是比丘尼罪不得除諸比

丘尼亦可呵此是時今問諸大姊是中清淨不 如是 至三

諸大姊是中清淨默然故是事如是持

諸大姊是三十尼薩耆波逸提法半月半月說

戒經中來

若比丘尼衣已竟迦絺那衣已捨畜長衣經十

日不淨施得畜若過者尼薩耆波逸提

若比丘尼衣已竟迦絺那衣已捨五衣中若離

一一衣異處宿經一夜除僧羯磨尼薩耆波逸提

若比丘尼衣已竟迦絺那衣已捨若得非時衣欲

須便受受已疾成衣若足者善若不足者得

畜一月為滿足故若過畜者尼薩耆波逸提

若比丘尼從非親里居士居士婦乞衣除餘時

若比丘尼從非親里居士居士婦乞衣除除時
尼薩耆波逸提餘時者若比丘尼奪衣失衣
燒衣漂衣是名時
若比丘尼奪衣失衣燒衣漂衣若非親里居
士若居士婦自恣請多與衣是比丘尼當知足
受衣若過受尼薩耆波逸提
若比丘尼居士居士婦為比丘尼辦衣價具
如是衣價與某甲比丘尼是比丘尼先不受自恣
請到居士家作如是說善哉居士為我辦如是
如是衣價與我為好故若得衣者尼薩耆
波逸提
若比丘尼二居士居士婦與比丘尼辦衣價
我曹如是衣價與某甲比丘尼是比丘尼先
不受自恣請到二居士家作如是言善哉居
[illegible]

若比丘尼若王若大臣若婆羅門若居士居
士婦遣使爲比丘尼送衣價持如是衣價
與某甲比丘尼彼使至比丘尼所語言阿姨
爲汝送衣價受取是比丘尼語彼使如是言我
不應受此衣價我若須衣合時清淨當受彼使語
比丘尼言阿姨有執事人不須衣比丘尼應言有
若僧伽藍民若優婆塞此是比丘尼執事人
常爲比丘尼執事彼使至執事人所與衣價已還
到比丘尼所如是言阿姨所示某甲執事人
我已與衣價大姊知時往彼當得衣比丘尼
若須衣者當往執事人所二反三反語言我
須衣若二反三反爲作憶念得衣者善若
不得衣四反五反六反在前默然立令彼憶念若
四反五反六反在前默然住得衣者善若不

BD00890　四分比丘尼戒本

四反五反六反在前默然住得衣者善若不
得衣過是求得衣者尼薩耆波逸提若不
得衣隨彼使所來處若自往若遣使往語言
汝先遣使持衣價與某甲比丘尼是比丘尼
竟不得衣汝還取莫使失此是時
若比丘尼自取金銀若錢若教人取若口可受
者尼薩耆波逸提
若比丘尼 種種買賣寶物者尼
薩耆波逸提
若比丘尼種種販賣者尼薩耆波逸提
若比丘尼鉢減五綴不漏更求新鉢為好故
尼薩耆波逸提是比丘尼當持此鉢於尼衆中
捨從次第貿至下坐以下坐鉢與比丘尼言妹
持此鉢乃至破此是時

尼薩耆波逸提

若比丘尼居士居士婦使織師為比丘尼織作衣彼比丘尼先不受自恣請便往到彼所語織師言此衣為我織極好織令廣長堅緻齊整好我當少多與汝價若比丘尼與價乃至一食直得衣者尼薩耆波逸提

若比丘尼與比丘尼衣已後瞋恚若自奪若教人奪取還我衣來不與汝是比丘尼應還衣彼取衣者尼薩耆波逸提

若比丘尼有病畜藥蘇油生蘇蜜石蜜得食殘宿乃至七日得服若過七日服尼薩耆者波逸提

若比丘尼十日未滿夏三月若有急施衣比丘尼知是急施衣應受受已乃至衣時應畜若過畜者尼薩耆波逸提

畜若過畜者尼薩耆波逸提
若比丘尼知物向僧自求入已者尼薩耆波逸提
若比丘尼欲索是更索彼者尼薩耆波逸提
若比丘尼知檀越所爲僧施異迴作餘用者尼
薩耆波逸提
若比丘尼所爲施物異自求爲僧迴作餘用者
尼薩耆波逸提
若比丘尼檀越所施物異迴作餘用者尼薩耆
波逸提
若比丘尼檀越所爲施物異自求爲僧迴作
餘用者尼薩耆波逸提
若比丘尼畜長鉢者尼薩耆波逸提
若比丘尼多畜好色器者尼薩耆波逸提
若比丘尼許他比丘尼病衣後不與者尼薩耆

若比丘尼以非時衣受作時衣者尼薩耆波逸提
若比丘尼與比丘尼貿易衣後瞋恚還自奪取
若使人奪妹還我衣來我不與汝汝衣屬汝
我衣還我者尼薩耆波逸提
若比丘尼乞重衣齊價直四張氎過者尼薩
耆波逸提
若比丘尼欲乞輕衣極重價直兩張半過者尼
薩耆波逸提
諸大姊我已說三十尼薩耆波逸提法今問諸
大姊是中清淨不 如是至三
諸大姊是中清淨默然故是事如是持
諸大姊是一百七十八波逸提法半月半月說戒
經中來 若比丘尼故妄語者波逸提
若比丘尼毀呰語者波逸提
若比丘尼兩舌語者波逸提

若比丘尼毀呰語者波逸提
若比丘尼兩舌語者波逸提
若比丘尼與男子同室宿者波逸提
若比丘尼共未受大戒女人同一室宿若過三
宿波逸提
若比丘尼與未受具戒人共誦者波逸提
若比丘尼知他有麁惡罪向未受大戒人說除
僧羯磨波逸提
若比丘尼向未受大戒人說過人法言我知是
我見是實者波逸提
若比丘尼與男子說法過五六語除有知女人
波逸提
若比丘尼自掘地若教人掘波逸提
若比丘尼壞鬼神村波逸提

若比丘尼處置作者波逸提

若比丘尼取僧繩床若木床若臥具坐褥露地自敷若教人敷捨去不自舉不教人舉波逸提

若比丘尼於僧房中取僧臥具自敷若教人敷在中若坐若臥從彼處捨去不自舉不教人舉者波逸提

若比丘尼知比丘尼住處後來於中間敷臥具止宿念言彼若嫌迮者自當避我去作如是因緣非餘非威儀波逸提

若比丘尼瞋他比丘尼不喜眾僧房中自牽出若教人牽出者波逸提

若比丘尼若在重閣上脫腳繩床若木床若坐若臥波逸提

若比丘尼知水有蟲自用澆泥若草若教人

若比丘尼知水有虫自用洗淚若草若教人
洗者波逸提
若比丘尼作大房户扉窓牖及餘莊飾具指
授覆苫齊二三節若過者波逸提　二十
若比丘尼施一食處无病比丘尼應一食若過
受者波逸提
若比丘尼別衆食除餘時波逸提餘時者
病時作衣時施衣時道行時船上時大會時
沙門施食時此是時
若比丘尼至檀越家殷勤請與餅麨飯比
丘尼欲須者當二三鉢應受持至寺內分與
餘比丘尼食若比丘尼无病過三鉢受持至
寺中不分與餘比丘尼食者波逸提
若比丘尼非時取食者波逸提

若比丘尼不受食若藥著口中除水及楊枝波
逸提
若比丘尼先受請已若前食後食行詣餘
家不囑餘比丘尼除餘時波逸提餘時者
病時作衣時施衣時此是時
若比丘尼食家中有寶強安坐者波逸提
若比丘尼食家中有寶在屏處坐者波逸提
若比丘尼獨與男子露地一處共坐者波逸提 三十
若比丘尼語比丘尼如是語大姊共汝至聚落
當與汝食彼比丘尼竟不教與是比丘尼食
如是言大姊去我與汝一處共坐共語不樂
我獨坐獨語樂以是因緣非餘方便遣去波
逸提
若比丘尼請比丘尼四月與藥無病比丘尼應受
若過受除常請更請分請盡壽請

若比丘尼請比丘尼四月與藥無病比丘尼應受
若過受除常請更請分請盡形請波逸提
若比丘尼往觀軍陣除時因緣波逸提
若比丘尼有因緣至軍中若二宿三宿過者
波逸提
若比丘尼軍中住若二宿三宿或時觀軍陣
鬪戰若觀遊軍象馬力勢波逸提
若比丘尼飲酒者波逸提
若比丘尼水中戲者波逸提
若比丘尼以指相擊攊者波逸提
若比丘尼不受諫者波逸提
若比丘尼恐怖他比丘尼者波逸提 四十
若比丘尼半月洗浴無病比丘尼應受若過
受除餘時波逸提餘時者熱時病時作時風
雨時遠行時此是時

若比丘尼無病為炙身故露地然火若教人然

除餘時波逸提

若比丘尼藏他比丘尼若鉢若衣若坐具針筒

若自藏教人藏下至戲笑者波逸提

若比丘尼淨施比丘比丘尼式叉摩那沙弥

沙弥尼衣後不問主取着者波逸提

若比丘尼得新衣當作三種染壞色青黑木

蘭若比丘尼得衣不作三種染壞色青黑

木蘭新衣持者波逸提

若比丘尼故斷畜生命者波逸提

若比丘尼知水有蟲飲者波逸提

若比丘尼故惱他比丘尼乃至少時不樂波逸提

若比丘尼知比丘尼有麁惡罪覆藏者波逸提

若比丘尼知僧有諍事如法懺悔已後更發

舉者波逸提 五十

舉者波逸提 五十

若比丘尼知是賊伴共期一道行乃至一聚落波逸提

若比丘尼作如是語我知佛所說法行婬欲非是障道法彼比丘尼諫此比丘尼言大姊莫作是語莫謗世尊謗世尊者不善世尊不作是語世尊無數方便說婬欲是障道法犯婬者是鄣道法彼比丘尼諫此比丘尼時堅持不捨彼比丘尼乃至三諫令捨是事乃至三諫時捨者善不捨者波逸提

若比丘尼知如是語人未作法如是邪見而不捨若畜同一羯磨同一止宿波逸提

若比丘尼知沙彌尼作如是語我知佛所說法行婬欲非障道法彼比丘尼諫此沙彌尼言汝

是鄣道法犯婬欲者是障道法彼比丘尼諫
此沙弥尼時堅持不捨彼比丘尼應乃至三呵
諫捨此事故乃至三諫時若捨者善不捨
者彼比丘尼應語是沙弥尼言汝自今已去
非佛弟子不得隨餘比丘尼行如諸沙弥
尼得與比丘尼二三宿汝今無是事汝去滅去
不須此中住若比丘尼知是被擯沙弥尼若
畜共同止宿者波逸提
若比丘尼知法諫時作如是語我今不學是戒
乃至問智慧持律者當難問波逸提若為
求解應當難問
若比丘尼說戒時作如是語大姊用是雜碎
戒為說是戒時令人惱愧懷疑輕毀戒故
波逸提

戒爲説是戒時令人惱愧懷疑輕毁戒故
波逸提
若比丘尼説戒時作如是語大姊我今始
知是戒半月半月説戒經中來餘比丘尼知
是比丘尼若二若三説戒中坐何况多彼比丘
尼無知無解若罪應如法治更重增無知
法大姊汝無利得不善汝説戒時不用心念
不一心兩耳聽法彼無知故波逸提
若比丘尼共同羯磨已後作如是説諸比丘尼隨
親厚以衆僧物與者波逸提
若比丘尼僧斷事時不與欲而起去者波逸提
若比丘尼與欲竟後更呵者波逸提 六十
若比丘尼比丘尼共鬪諍後聽此語已欲向彼説者
波逸提

若比丘尼瞋恚故不喜以無根[illegible]比丘尼者波逸提

若比丘尼瞋恚故不喜以無根僧伽婆尸沙法謗者
波逸提

若比丘尼剎利水澆頭王未出未藏寶若入
宮過門閾者波逸提

若比丘尼若寶及寶莊飾具自捉若教人捉
除僧伽藍中及寄宿處波逸提若僧伽
藍中若寄宿處若寶若以寶莊飾具自
捉若教人捉若識者當取知是因緣非餘

若比丘尼非時入聚落不囑比丘尼者波逸提

若比丘尼作繩牀若木牀足應高如來八指
除入梐孔上若截竟過者波逸提

若比丘尼持兜羅綿貯作繩牀木牀若臥具
坐具波逸提

若比丘尼噉蒜者波逸提 七十

若比丘尼噉蒜者波逸提 七十
若比丘尼剃三處毛者波逸提
若比丘尼以水作淨應齊兩指各一節若過
者波逸提
若比丘尼以胡膠作男根者波逸提
若比丘尼共相拍者波逸提
若比丘尼比丘無病時供給水以扇扇者波
逸提
若比丘尼乞生穀者波逸提
若比丘尼在生草上大小便者波逸提
若比丘尼夜大小便器中晝不看牆外弃
者波逸提
若比丘尼往觀看伎樂者波逸提
若比丘尼入村內與男子在屏處共立共
語者波逸提 八十

若比丘尼與男子共入屏覆處者波逸提

若比丘尼入村內巷陌中遣伴遠去在屏處

與男子共立耳語者波逸提

若比丘尼入白衣家中坐不語主人捨去者波逸

提若比丘尼入白衣家內不語主人輒自敷坐

宿者波逸提

若比丘尼與男子共入闇室中者波逸提

若比丘尼不審諦受師語便向人說者波逸提

若比丘尼有小因緣事便呪詛墮三惡道不生佛

法中若汝有如是事亦墮三惡道不生

佛法中波逸提

若比丘尼共鬪諍不善憶持諍事推胸啼

者波逸提

若比丘尼無病二人共林臥者波逸提

若比丘尼共同一褥一被臥除時者波逸提

若比丘尼共同一褥一被卧陰時者波逸提
若比丘尼知先住後至知後至先住為惱故
在前誦經問義教授者波逸提
若比丘尼同活比丘尼病不瞻視者波逸提
若比丘尼安居初聽餘比丘尼在房中安牀
後瞋恚駈出者波逸提
若比丘尼春夏冬一切時人間遊行除餘因
緣者波逸提
若比丘尼夏安居訖不去者波逸提
若比丘尼邊界有疑恐怖處人間遊行者
波逸提
若比丘尼於界內有疑恐怖處在人間遊行
波逸提
若比丘尼親近居士居士兒共住作不隨順

士兒士兒共作不隨順行大姊可別住若
別住於佛法中有增益安樂住彼比丘尼諫
此比丘尼時堅持不捨彼比丘尼應三諫捨此事
故乃至三諫捨此事者善若不捨者波逸提
若比丘尼往觀王宮文飾畫堂園林浴池者
波逸提一百
若比丘尼露身形在河水流水池水中浴者
波逸提
若比丘尼作浴衣應量作應量作者長佛六
磔手廣二磔手半若過者波逸提
若比丘尼縫僧伽梨過五日者波逸提
若比丘尼過五日不看僧伽梨波逸提
若比丘尼與衆僧衣作留難者波逸提
若比丘尼不問主便著他衣者波逸提
若比丘尼持沙門衣施與外道白衣者波逸提

若比丘尼不問主便著他衣者波逸提
若比丘尼持沙門衣施與外道白衣者波逸提
若比丘尼作如是意衆僧如法分衣遮令不分
恐弟子不得者波逸提
若比丘尼作如是意令衆僧令不得出迦絺
那衣後當出欲令五事久得放捨者波逸提
若比丘尼作如是意遮比丘尼僧不出迦絺那衣
欲令久得五事放捨者波逸提 一百十
若比丘尼餘比丘尼語言爲我滅此諍事而不
與作方便令滅者波逸提
若比丘尼自手持食與白衣入外道食者波
逸提
若比丘尼爲白衣作使者波逸提
若比丘尼自手紡縷者波逸提

者波逸提
若比丘尼至白衣舍語主人敷座止宿明日不辭
主人而去者波逸提
若比丘尼自誦習世俗呪術者波逸提
若比丘尼教人誦習世俗呪術者波逸提
若比丘尼知女人任身度與受具足戒者波逸提
若比丘尼知婦女乳兒與受具足戒者波逸提
若比丘尼知年不滿二十與受具足戒者波逸提
若比丘尼年十八童女不與二歲學戒年二十便
與受具足戒者波逸提
若比丘尼年十八童女與二歲學戒不與六法滿
二十便與受具足戒者波逸提
若比丘尼年十八童女與二歲學戒與六法滿二十
衆僧不聽便與受具足戒者波逸提
若比丘尼度曾嫁婦女年十歲與二歲學

衆僧不聽便與受具足戒者波逸提
若比丘尼度曾嫁婦女年十歲與二歲學
戒年滿十二聽與受具足戒若減十二與受
具足戒者波逸提
若比丘尼度他小年曾嫁婦女與二歲學
戒年滿十二不白衆僧便與受具足戒波逸提
若比丘尼知如是人與受具足戒者波逸提
若比丘尼多度弟子不教二歲學戒不以二法
攝取者波逸提
若比丘尼不二歲隨和上尼者波逸提
若比丘尼僧不聽而授人具足戒者波逸提
若比丘尼年未滿十二歲授人具足戒者波逸提
若比丘尼年滿十二歲衆僧不聽便授人具足戒
者波逸提
若比丘尼僧不聽授人具足戒

取不若取者作不取如是語者波逸提
若比丘尼父母夫主不聽與受具足戒者波逸提
若比丘尼知女人與童男男子相敬愛愁憂
瞋恚女人度令出家授具足戒者波逸提
若比丘尼語式叉摩那言汝妹捨是學當與
汝受具足戒若不方便與受具足戒者波
逸提
若比丘尼語式叉摩那言持衣來與我我
當與汝受具足戒而不方便與受具足戒
者波逸提若比丘尼不滿一歲授人具足戒者波逸提
若比丘尼與人受具足戒已經宿方往比丘僧中
與受具足戒者波逸提
若比丘尼不病不往受教授者波逸提 一百四十
若比丘尼半月應往比丘僧中求教授若不求者波
逸提
若比丘尼僧夏安居竟應往比丘僧中說

若比丘尼半月應往比丘僧中求教授若不求者波
逸提　若比丘尼僧夏安居竟應往比丘僧中說
三事自恣見聞疑若不往者波逸提
若比丘尼在無比丘處夏安居者波逸提
若比丘尼知有比丘僧伽藍不白而入者波逸提
若比丘尼罵比丘者波逸提
若比丘尼喜鬪諍不善憶持諍事後瞋恚不
喜罵比丘尼眾者波逸提
若比丘尼身生癰及種種瘡不白眾及餘人
輒使男子破若裹者波逸提
若比丘尼先受請若足食已後食飯麨乾飯魚
及肉者波逸提
若比丘尼於家生嫉心者波逸提
若比丘以香塗摩身者波逸提　一百五十
若比丘尼以胡麻滓塗摩身者波逸提

若比丘尼使比丘尼塗摩者波逸提
若比丘尼使式叉摩那塗摩身者波逸提
若比丘尼使沙弥尼塗摩身者波逸提
若比丘尼使白衣婦女塗摩身者波逸提
若比丘尼著貯䙱衣者波逸提
若比丘尼畜婦女莊嚴身具除時因緣波
逸提　若比丘尼著革屣持蓋行除時因緣波逸提
若比丘尼無病乘乘行除時因緣波逸提
若比丘尼不著僧祇支入村者波逸提一百卆
若比丘尼向暮至白衣家先不被喚者波逸提
若比丘尼向暮開僧伽藍門不囑授餘比丘尼而
出者波逸提
若比丘尼日沒開僧伽藍門不囑授而出者波逸提
若比丘尼不前安居不後安居者波逸提
若比丘尼知女人常漏大小便涕唾常出與受

若比丘尼不前安居不後安居者波逸提
若比丘尼知女人常漏大小便涕唾常出者與具足
戒者波逸提
若比丘尼知二形人與受具足戒者波逸提
若比丘尼知二道合者與受具足戒波逸提
若比丘尼知有負債難者病難者與受具足戒波
逸提　若比丘尼學世俗伎術以自活命者波逸提
若比丘尼以世俗伎術教授白衣者波逸提
若比丘尼被擯不去者波逸提
若比丘尼欲問比丘義先不求而問者波逸提
若比丘尼知先住後至後至先住欲惱彼故在前
經行若立若坐若臥者波逸提
若比丘尼在有比丘僧伽藍內起塔者波逸提
若比丘尼見新受戒比丘應起迎送恭敬禮拜問

若比丘尼[illegible]波逸提
若比丘尼作婦女莊嚴香塗摩身者波逸提
若比丘尼使外道女香塗摩身者波逸提
諸大姊我已說一百七十八波逸提今問諸大
姊是中清淨不 如是至三
諸大姊是中清淨默然故是事如是持
諸大姊是八波羅提提舍尼法半月半月
說戒經中來
若比丘尼無病乞蘇而食者犯應懺悔可呵
法應向餘比丘尼說言大姊我犯可呵法所
不應為我今向大姊懺悔是名悔過法
若比丘尼不病乞油而食者犯應懺悔可呵
法應向餘比丘尼說言大姊我犯可呵法所不
應為我今向大姊懺悔是名悔過法
若比丘尼不病乞蜜食者犯應懺悔可呵法應

若比丘尼不病乞蜜食者犯應懺悔可呵法應
向餘比丘尼説言大姊我犯可呵法所不應爲
我今向大姊懺悔是名悔過法
若比丘尼不病乞黑石蜜食者犯應懺悔可呵
法應向餘比丘尼説言大姊我犯可呵法所不
應爲我今向大姊懺悔是名悔過法
若比丘尼不病乞乳而食者犯應懺悔可呵
法應向餘比丘尼説言大姊我犯可呵法所不
應爲我今向大姊懺悔是名悔過法
若比丘尼不病乞酪而食者犯應懺悔可呵法應
向餘比丘尼説言大姊我犯可呵法所不應爲
我今向大姊懺悔是名悔過法
若比丘尼不病乞魚食者犯應懺悔可呵法應向
餘比丘尼説言大姊我犯可呵法所不應爲今我
[illegible]懺悔是名悔過法

餘比丘尼說大姊我犯可呵法所不應爲我
今向大姊懺悔是名悔過法
諸大姊我已說八波羅提提舍尼法今問諸大
姊是中清淨不如是至三
諸大姊是中清淨默然故是事如是持
諸大姊是衆學戒法半月半月說戒經中來
當齊整著涅槃僧應當學
當齊整著三衣應當學
不得反抄衣入白衣舍應當學
不得反抄衣入白衣舍坐應當學
不得衣纏頸入白衣舍應當學
不得衣纏頸入白衣舍坐應當學
不得覆頭入白衣舍應當學
不得覆頭入白衣舍坐應當學

不得覆頭入白衣舍坐應當學
不得跳行入白衣舍應當學
不得跳行入白衣舍坐應當學 十
不得白衣舍內蹲坐應當學
不得叉腰行入白衣舍應當學
不得叉腰行入白衣舍坐應當學
不得搖身行入白衣舍應當學
不得搖身行入白衣舍坐應當學
不得掉臂行入白衣舍應當學
不得掉臂行入白衣舍坐應當學
好覆身入白衣舍應當學
好覆身入白衣舍坐應當學
不得左右顧視行入白衣舍坐應當學 二十
不得左右顧視行入白衣舍坐應當學

靜默入白衣舍坐應當學
不得戲笑行入白衣舍當學
不得戲笑行入白衣舍坐應當學
用意受食應當學
平鉢受食應當學
平鉢受羹應當學
羹飯等食應當學
以次食應當學 三十
不得挑鉢中而食應當學
不得自為己索羹飯當學
不得以飯覆羹更望得應當學
不得視比坐鉢中食當應學
當繫鉢想食應當學
不得大摶飯食應當學
不得大張口待飯食應當學

不得大搏飯食應當學
不得大張口待飯食應當學
不得含飯語應當學
不得摶飯遥擲口中應當學
不得遺落飯食應當學 卌
不得頰食食應當學
不得嚼飯作聲食應當學
不得大噏飯食應當學
不得舌舐食應當學
不得振手食應當學
不得手把散飯食應當學
不得污手捉飲器應當學
不得洗鉢水弃白衣舍內應當學
不得生草菜上大小便涕唾除病應當學
不得淨水中大小便涕唾除病應當學 五十

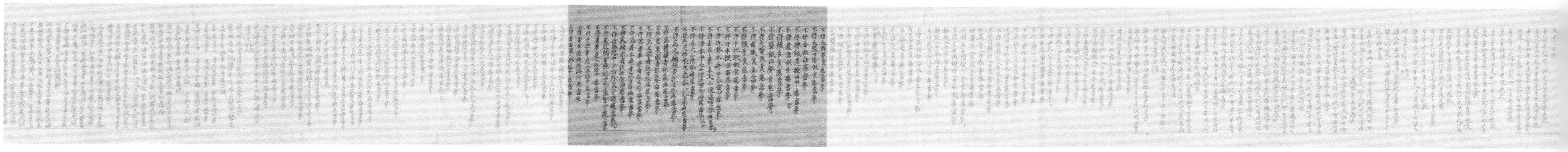

不得立大小便除病應當學
不得與反抄衣不恭敬人說法除病應當學
不得為衣纏頸者說法除病應當學
不得為覆頭者說法除病應當學
不得為裹頭者說法除病應當學
不得為叉腰者說法除病應當學
不得為著革屣者說法除病應當學
不得為著木屐者說法除病應當學
不得為騎乘者說法除病應當學
不得在佛塔中止宿除為守護應當學六十
不得藏財物置佛塔中除為堅牢應當學
不得著革屣入佛塔中應當學
不得手捉革屣入佛塔中應當學
不得著革屣繞佛塔行應當學
不得著富羅入佛塔中應當學

不得著富羅入佛塔中應當學
不得手捉富羅入佛塔中應當學
不得塔下坐食留草及食汙地應當學
不得擔死屍從塔下過應當學
不得塔下埋死屍應當學
不得在塔下燒死屍應當學 七十
不得向塔燒死屍應當學
不得佛塔四邊燒死屍臭氣來入應當學
不得持死人衣及牀從塔下過除浣染香熏應當學
不得佛塔下大小便應當學
不得向佛塔大小便應當學
不得遶佛塔四邊大小便臭氣來入應當學
不得持佛像至大小便處應當學
不得在佛塔下嚼楊枝應當學

不得佛塔四邊[illegible]應當學

不得在佛塔下涕唾應當學

不得向佛塔涕唾應當學

不得塔四邊涕唾應當學

不得向塔舒脚坐應當學

不得安佛塔在下房已在上房住應當學

人坐已立不得爲說法除病應當學

人臥已坐不得爲說法除病應當學

人在坐已在非坐不得爲說法除病應當學

人在高坐已在下坐不得爲說法除病應當學

人在前行已在後行不得爲說法除病應當學

人在高經行處已在下經行處不應爲說法除病應當學

人在道已在非道不應爲說法除病應當學

不得携手在道行應當學

不得上樹過人頭除時因緣應當學

不得上樹過人頭除時因緣應當學
不得絡囊盛鉢貫杖頭著肩上而行應當學
人持杖不恭敬不應爲說法除病應當學
人持劒不應爲說法除病應當學
人持鉾不應爲說法除病應當學
人持刀不應爲說法除病應當學
人持蓋不應爲說法除病應當學
諸大姉我已說衆學戒法今問諸大姉是中
清淨不 如是至三
諸大姉是中清淨默然故是事如是持
諸大姉是七滅諍法半月半月說戒經中來
若比丘尼有諍事起即應除滅
應與現前毗尼　當與現前毗尼　當與憶念毗尼
當與憶念毗尼　應與不癡毗尼　當與不癡毗尼
應與自言治　當與自言治　[illegible]

當與覓罪相　應與多人語　當與多人語
應與如草覆地　當與如草覆地
諸大姊我已說七滅諍法今問諸大姊是中清淨不
諸大姊是中清淨默然故是事如是持
諸大姊我已說戒經序已說八波羅夷法已說
十七僧伽婆尸沙法已說三十尼薩耆波
逸提法已說一百七十八波逸提法已說八波
羅提提舍尼法已說眾學戒法已說七滅諍法此
是佛所說戒經半月半月說戒經中來若更有
餘佛法是中皆共和合應當學
忍辱第一道　佛說無為最　出家惱他人　不名為沙門
此是毗婆尸如來無所著等正覺說是戒經
譬如明眼人　能避險惡道　世有聰明人　能遠離諸惡
此是尸棄如來無所著等正覺說是戒經
不謗亦不嫉　當奉行於戒　飲食知止足　常樂在空閑

不謗亦不嫉 當奉行於戒 飲食知止足 常樂在空閑
心定樂精進 是名諸佛教
此是毗葉羅如來無所著等正覺說是戒經
譬如蜂採花 不壞色與香 但取其味去 比丘入聚落
不違戾他事 不觀作不作 但自觀身行 若正若不正
此是拘樓孫如來無所著等正覺說是戒經
心莫作放逸 聖法當勤學 如是無憂愁 心定入涅槃
此是拘那含牟尼如來無所著等正覺說是戒經
一切惡莫作 當奉行諸善 自淨其志意 是則諸佛教
此是迦葉如來無所著等正覺說是戒經
善護於口言 自淨其志意 身莫作諸惡 此三業道淨
能得如是行 是大仙人道
此是釋迦牟尼如來無所著等正覺於十二年中
為無事僧說是戒經 從是已後廣分別說諸比丘
其中有樂法樂沙門者有慚有愧樂學

戒者當於中學

明人能護戒 能得三種樂 名譽及利養 死得生天上

當觀如是處 有智勤護戒 戒淨有智慧 便得第一道

如過去諸佛 及以未來者 現在諸世尊 能勝一切憂

皆共尊敬戒 此是諸佛法 若有自為身 欲求於佛道

當尊重正法 此是諸佛教 七佛為世尊 滅除諸結使

說是七戒經 諸縛得解脫 已入於涅槃 諸戲永滅盡

尊行大仙說 聖賢稱譽戒 弟子之所行 入寂滅涅槃

世尊涅槃時 興起於大悲 集諸比丘眾 與如是教誡

莫謂我涅槃 淨行者無護 我今說戒經 亦善說毗尼

我雖般涅槃 當視如世尊 此經久住世 佛法得熾盛

以是熾盛故 得入於涅槃 若不持此戒 如所應布薩

喻如日沒時 世界皆闇冥 當護持是戒 如犛牛愛尾

和合一處坐 如佛之所說 我已說戒經 眾僧布薩竟

我今說戒經 所說諸功德 施一切眾生 皆共成佛道

我今說戒經所說諸功德施一切衆生皆共成佛道

四分尼戒本

本書係「敦煌文獻系統性保護整理出版工程」項目成果

二〇二一—二〇三五年國家古籍工作規劃重點出版項目

「十四五」國家重點出版物出版規劃項目

國家古籍整理出版專項經費資助項目

中國國家圖書館藏敦煌文獻

中國國家圖書館 編

第四七册

BD00687 ~ BD00705

國家圖書館出版社

DUNHUANG MANUSCRIPTS IN THE NATIONAL LIBRARY OF CHINA

047

BD00687 ~ BD00705

compiled by the

National Library of China

National Library of China Publishing House

顧問 方廣錩 郝春文 榮新江 李際寧

編纂出版 張志清 魏崇 陳紅彦 殷夢霞 薩仁高娃
謝冬榮 劉波 林世田 廖生訓

編纂 林世田 薩仁高娃 常蓋心 于瑞 劉毅超
劉波 劉炳梅 周升川 劉婷 程佳羽
沈艷麗 高雅

編輯 潘竹 程魯潔 黄鑫 苗文葉

審稿 孫彦 宋志英 鄧咏秋

凡　例

一　本書刊布中國國家圖書館藏敦煌文獻，以館藏編號爲序編排。

二　館藏編號采用「BD+流水號」格式，如 BD00001, BD16579 等。背面在編號後加 v 表示。一個編號包含多件文獻者，編號後分别綴以字母 A, B, C 等。一件文獻含有多個内容者，以數字 -1, -2, -3 等標明順序。

三　圖版有縮印或放大處另加説明，尺寸超出本書幅面的以摺葉形式呈現。

四　卷軸裝、梵夾裝、經摺裝等裝幀形制的敦煌文獻，各附外觀圖像。

五　每件文獻依次呈現外觀、正面、背面等。背面僅刊布有文字、圖像或其他要素的圖版，而略去素紙部分，背面圖版同樣以從右到左順序編排。凡有外題者，遵從以上原則。

六　除個别特殊情况外，爲保證閲讀連貫、流暢，圖版儘量通欄呈現。

七　各葉上方附該件文獻全圖，以高亮形式顯示本葉大圖在全卷中的位置。部分長卷文獻全圖衹能分多段呈現時，在上段末以❮符標示下段接續。卷尾内容不足一葉時，文獻全圖使用該圖卷尾部分，亦以❮符標示。背面圖版文字與正面文字方向相反時，文獻全圖按原貌顯示，正文翻轉呈現，以便閲讀研究，用⟳符標示。

八　文獻題名大體沿用中國國家圖書館此前所編多部敦煌文獻目録的考證，部分吸收學界最新研究成果略作調整和完善。文獻題名綜合參考原卷首題、尾題、外題確定，如原卷題名與該文獻正式名稱不同，則采用正式名稱；無題名者，或比定題名，或擬定新名。非漢文文獻在題名前標注語種。有分卷不同等其他情况者，括注於文獻名稱後。

九　本書著録使用通行繁體字，涉及原文中的人名、地名等，必要時保留原字形。

About this publication

1. The documents are presented in shelfmark order.
2. The shelfmarks are in the form BD plus a running number, eg. BD00001, BD16579, &c. If a given shelfmark contains multiple documents, these are distinguished by the letters A, B, C, &c. If a document has multiple contents, they are distinguished by the numbering 1, 2, 3, &c. The verso side of an item is indicated by the letter v.
3. If it has been necessary to reduce or enlarge the size of an illustration, the dimensions are indicated. If the size of an illustration exceeds the size of the book, a folding sheet is used.
4. If the document is a scroll, a folded sutra, or has a stitched binding, a picture of the whole object is provided to show its external appearance.
5. The cover, front, and back of each document are reproduced in sequence. The back of a document is only reproduced if it contains text, illustrations, or other markings, and it is oriented from right to left. If it is blank it is not reproduced.
6. Except in a few special cases, the lines of text are reproduced unbroken to make them coherent and easier to read.
7. An illustration of the complete document is reproduced at the top of each page, and the section where the main illustration appears is highlighted in order to indicate its position. If it has only been possible to reproduce a long scroll in sections, the direction symbol ❮ has been used to indicate where one illustration ends and the next one begins. If the end of the scroll occupies less than one page, the direction symbol ❮ is used to indicate its position in the illustration of the complete document. If the text on the back of the document has a different orientation from the text on the front, it is reproduced as it is, but is also rotated (indicated with the rotation symbol ◉) so that it can be read easily.
8. The titles of the documents generally conform with those already established by the Library, but in some cases have been amended by drawing on the most recent scholarly research. The titles are derived firstly from the beginning of the text, then from the end of the text, and lastly from the cover. If the title of a document differs from its authoritative form, the authoritative form is used; and if a document has no title, one is either supplied by comparison with similar documents, or a new one is devised. If the document is not in Chinese, its language is indicated before the title. If the number of juan is different from that of the authoritative version, or if there are other irregularities, this is noted.
9. The documents in the book are in traditional Chinese characters. Where the title contains personal or place names, the original characters used for these names are retained.

(Translated by David Helliwell)

第四七冊目錄

BD00687 首羅比丘見月光童子經

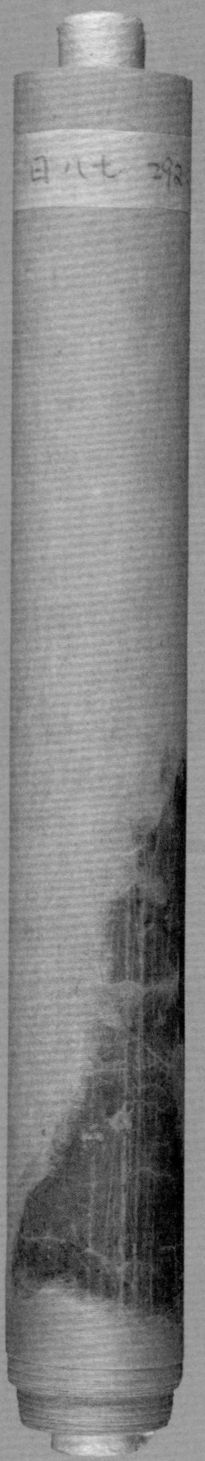

528cm × 26cm

一日
過三七日中不復
大仙日月光出世王
在漢境首羅聞此歡喜
我今云何如盲如聾如
不知此事我今聞之故往
首羅比丘復問大仙曰漢境
其所在大仙答曰弱水以南
聞出現於世度脫万性首
出時可見以不大仙答曰故
禁者盡得見之首羅聞曰奉持
云何厲齋戒一心念佛念法口詠
又摩丘沙弥沙弥丘亦復如是首羅問
口七丘尺有丘維連首得見月君以不旦

（12–1）

汝一切衆生天龍八部諸鬼神等從今以往
更別作心莫如常意月光臨出大災將至无
有疑也當來大水災至兼有疾病流行百姓
飢餓英雄競起百姓无有安寧受吾勅者可
得免災難難首羅告曰一切諸比丘及以比丘
尼從今以往坐禪執心好縛煩惱賊者皆度
惡世能誦大乘經者捨離高心及以我慢如
此之人亦得度世除此以下勸化興福柔和
忍辱捨嫉妬心如此之人亦得度世優婆塞
優婆夷受持三歸五戒行十善者歲三月六
齋如此之人亦得度世受吾勅者皆得度世
比丘僧比丘尼從今以往不聽犯五逆及以
第一徧不聽飲酒食宍无度飲食時節不聽

比丘僧比丘尼從今以往不聽犯五逆及以
第一徧不聽飲酒食宍无度飲食時節不聽
非時受吾教者必得度世優婆塞優婆夷從
今以往堅持五戒奉持齋法歲三長齋月六
齋食莫非時如此之人亦得度世吾復告四
部衆曰受吾勑者皆得度世除不至心及以
壽盡首羅比丘稽首問曰明君出世法則云
何土境何以壇場闊硤大仙荅曰世六國壇
場如是首羅問曰當化之時万民有百調之
名次復輸之太平治化當用幾載大仙荅曰
當五十二載爲欲顯釋迦朽故之法首羅問
大仙日月光出世當用何時古月末後時出
境陽普告諸賢者天台山引路遊觀至介斧
山又到閔子崟列魯薄一号太上二号真君
一[illegible]東[illegible]首羅[illegible]吾時教[illegible]羅也

分也首羅問大仙日月光大衆爲有幾數大
仙告曰不可稱計大仙日當出之時二十億菩
薩三万六千億天人諸天童子百千億不可
稱數皇天黑馬嘔嘔伊伊康護道劉神暉阿
難舍利弗大目犍連等三十六龍王四十九扵
四十八鳥七十兩師迦陵頻伽鳥騏驎鳳
凰及三足神鳥一切應瑞盡皆出矣一鳴龍
馬數千億万不可稱計男乘天龍馬女乘百
福金銀車男得金銀蓋女乘瑠璃軒花城南
門入道遥北門出信都土地海東流乘舩沉
氿置神州孟毋曲中涌高樓月光童子在中
遊千百國王四方來感唱法鼓朗然鳴龍幡
建道場及有五逢者速從无人鄉首羅問曰

遊千百國至四方來感唱法鼓朗然鳴龍幡
建道場及有五逢者速從无人鄉首羅問曰
閻浮里地頗有得道者大仙荅曰閻浮里地
亦有少分得者首羅問曰可有幾數大仙曰
有八万四千恒河沙首羅問曰當來水灾何
處得勉恒山五岳盡皆勉水灾勃海雍盧庭
亦得勉水灾甘晨山亦得免水灾霞舟山亦
得免水灾頗資山亦得免水灾乳羅山亦得
免水灾如此大灾皆得免之受吾勅者當将
老小令往就之首羅問曰更何方計得免水
難大仙荅曰更有一方亦得免之首羅歡喜
更問之日願說其意大仙荅曰敬信三寶礼
佛念法敬比丘僧持齋礼拜敬信不懈專念
不煞如此之人得免大水之難首羅復問大

皆使清潔男女大小能行知語皆應受戒如
吾所勑莫如常意可得度脫首羅曰復作
何方計得免妖耶之灾大仙告曰妖耶乃至
多種受吾勑者慎莫信之月光出世唯有善
者盡得見之五逆大惡衆生終不見世首羅
問曰城池巷陌其事云何大仙荅曰城池巷
陌縱廣七百餘里高千尺下基千尺潡城五
百餘尺開七十二門城作紫磨金色中有兜
率城高千尺下基千尺潡城亦五百尺亦作
紫磨金色明中五百餘里亦開七十二門中
有八城各三十餘里亦作紫磨金色各有千
巷巷巷相當門門相望出見法王如此城墎
并男女皆悉充滿首羅聞之歡喜踊躍无量

等男女皆悉充滿首羅聞之歡喜踊躍无量
善哉善哉大願將果首羅告四衆言大寶將
至莫作常意決定脩善莫作狐疑吾見大仙
以來消息審之无有疑惑但從吾意脩善奉
道精懃苦行莫如常意思之念之必至无為
首羅問大仙曰受樂之時亦有琴樂以不大仙
荅日月光出世琴有多種首羅曰願説其
意大仙荅曰琴瑟吹詠无量竅上音聲逍遥
无極振大法鼓嚾大法雷振動三千大千世界
種留爵而著琴瑟畫暢三十六鼓音聲當尒
之時諸天龍宮嵬嵬而動首羅比丘問大仙
日向者妓耶我不畏之除此小耶更有大耶以
不大仙日月光出世之時必有大魔而出首

三天有一童子名曰赫天乘天龍馬從空而
来捉波梨弓渌沆箭唯有此人能却此大魔
首羅比丘問大仙曰有何方能却唯有此一
人能却餘人不能大仙荅曰如此大魔三十
六人各乘龍馬要帶四十二金杖左手捉金
剮杵右手捉波梨斧走来攖去踏石没踝起
達永階但言唱煞无有當者首羅問大仙曰
除此大魔更有何灾大仙荅曰月光臨出
觚有灾也首羅問曰灾復云何大仙荅曰當
有七日闇當尒之時有夜叉羅刹毗舍闍鬼鳩
槃荼鬼飛行羅刹食人无量唯有受持三歸
五戒奉行齋法如此之人皆得度脫首羅問
日月光出世古月末後乃當出現奉善脩
善皆得見之首羅曰更復何處得免衆灾大

善皆得見之首羅曰更復何處得免衆灾大
仙荅曰唯有陽州次有玄免國都赫城柳城
破資陽河潤於此之城亦是爲良三相大灾皆
起血流城河白骨如山唯有東南乃得无爲
大仙荅曰首羅言好勑衆僧及以白衣坐禪
誦經懃脩三業莫如常意明王大聖今在漢
境未見之間脩嚴福德莫如常意汝信脩善
奉善月光出世時前惡後善惡世難度好自
勑厲更別作心莫如不信大仙荅曰吾當虛
言者不令者使我當來之世金剛力士手捉
金杵碎我身體猶如微塵我若虛言誑汝衆
生當來之世身當如是首羅問大仙曰而今
世間頗有仙人賢聖以不大仙荅曰賢聖仙

（12–5）

之人名号是誰大仙荅曰我説其名首羅曰
唯願説之大仙告曰石賢得嚴賢明孫賢奇范
賢德吴賢使鄭賢當觀賢寶趙賢思此是八
賢名字汝今可往就之真汝導師能運生死首
羅曰今在何處大仙荅曰今當出世何復問也
但當嚴心時至有之首羅復稽首除此八人更有
賢不大仙荅曰彌更有之何人是也大仙荅曰
秦趙世潘道成盧惠顏板國興狀男陽劉道
貴王延壽趙顯宗張道板故世安李羅剎如
諸賢士皆遊巡世間汝今宍眼不能別之得聞
吾經常行平等何以故大賢諸賢難分別故
受吾勑者宜應平等十六疋士七十二賢三
千人俱如是大士在人間也不可識別或見
顛狂或復愚癡或復闇鈍寒貧下賤或飲

顛狂或復愚癡或復闇鈍寒貧下賤或飲
酒食宍或復夜食破齋如此示現何能識之
示衆生有三毒有見相随順世法難可了知
唯有平等得值賢聖也首羅比丘告諸四衆
比丘尼優婆塞優婆夷大灾将至莫如常意
其有本師父母國主檀越朋友知識因緣親戚
等得吾經者皆示之莫問近遠得吾經者懃
行流布使一切聞之不聽隱匿吾經者當来
之世必随悪道首羅比丘曰設有一人捨三
千大千國土象馬七珎及國内人民穀帛財
物以用布施不如有人流通吾經諸比丘前
功德倍加百分首羅日若得吾經者懃行流
布城邑聚落男女大小皆使聞之其有匿吾

信一切衆生宜應奉行歡喜信樂此經如海
多有潤澤尒時君子國王大臣宰相一切士
官三千餘人各聞太寧寺上有五百仙人歡
喜踊躍各各嚴駕詣太寧寺中仙人所稽首
問曰大仙從何所來欲至何許願說其意大
仙曰我聞月光童子出世是故我來欲到彼
處王及大臣聞是語時歡喜踊躍傾心西望
而不可見西國真人脩何功德得值入善作
何善業得見月光出世而我國人遠而不見大
仙荅曰月光出世人皆普見王令云何生懊
歎心也王聞普見并大臣及諸人民皆大歡
喜各持嚴駕今當去來王問大仙日月光童
子今在何許大仙荅曰善哉善哉大王善聽
吾說月光明王今三千大衆在蓬萊山中海

吾詺月光明王今三千大衆在蓬萊山中海
陵山下閔子窟所以思惟時至現也君子國
大臣宰相一切士官并及國内人民各白大
仙日今隨從大仙至月光所聽見以不大仙
日月光明王辟如大海亦如大地終不生疑
作留難也王及大臣并及人民隨從大仙有
五万七千人去君子國七千餘里到蓬萊山
中海陵山下閔子窟所見月光童子三千徒
衆諸賢聖等皆集於所月光童子問諸大仙
并及大王今從何所來欲何所至此中嶮難
无人行步汝今云何能來至此王曰聞世尊
今欲出世故來奉問月光童子曰但當脩善
懃行精進莫如常意吾今已竟何須復現問

當爲説之月光曰善聽復當善念善思念之
内著心中莫如常意吾見説之當來之年必
有水災高於平地四十餘里當水來時從西
北角出東南而流大水陽波叫聲雷電霹靂
不得爲喻汝復涌出運波叫聲當尒之時人
皆惶怖迫死者多唯有持戒淨潔求懃度世
月光童子使大龍王大引人博著浮山設復
有人造觀世音經一卷設復有人禪思一心
設復有人於惡世懃行勸化設復有人流通
是經不令隱匿章句文字懃行勸樂如此人
等皆得度世不爲水災之所殁沒復除不至
心及壽命盡月光復告大王言當來三災疾
病流行十傷九亡種種異患皆當殁命王當
言之各勅國内一識人上張行如語應受三

病流行十傷九亡種種異患皆當殀命王當
信之各勑國内一歲以上能行知語應受三
歸五戒若老若少皆應勸盡使受三歸五戒
奉行善法如是之人皆得度世除不善不至
心及命壽吾今密教語汝使知惡世流行善
法後致殀衰莫生悔心吾告汝等世將欲末
漸令惡起來年難過好作向善莫如常意吾
當出世灾亦不善但當努力懃行善法莫如
常意嫉耶不詳英雄竟起自然磨滅終不見
吾出見於世汝等善哉莫如常意受吾教者
誦觀世音千遍防身度世擒獲善果又復有
人各受三歸五戒令當行之莫如常意懃行
此經若老若少皆使聞之得度惡世設復有

[illegible]
經典者我於千劫中筭計是人福報終不能
盡設復有人生疑不信我於千劫中筭是人
罪報終不能盡燕復隱文字章句一玷一畫
不令人聞覆人慧眼故世世常盲无所復見
乃至羅漢常不離盲爲覆慧眼故斷鄣法路
乃獲是殃受吾勑者城邑聚落國王大臣一
切人民皆得聞之能有信心崇奉此經莫問
遠近應往通流使人聞之千城百國皆使聞
之吾當出世黄河以北弱水以南於其中聞王
於漢境大王曰明王言此經從何所出月
光告大王言海陵大聖三千餘人参議所造
月光告大王言等大衆各各分散順化天下
不須復迴尒時大王受教奉行歡喜而去月

不須復迴尒時大王受教奉行歡喜而去月
光童子曰向者所說汝若不信但看迦葉石像
是吾出世記耳善哉索斷合絲作乃有善衆
生順莫驚怖吾當出時盡皆得无爲王及
大衆歡喜奉行近化不懈吾告汝等今歲難
到汝宜精進莫如常意各各發願過度惡世
大仙國王并及臣民歡喜奉行作礼而去五
百仙人在太寧山中并見月光童子經一卷
金龍城中見一菩薩龍華樹下見一道人下
此經時爲一衆生成一切衆生心王曰爲汝
分別解說法王欲待聖君欲下爲一切童男
童女持百二十賢君申酉年爲衆生說法成
我童男童女成道讀此經時善思取此語男
受[illegible]意[illegible]受[illegible]不[illegible]受歸月光童子教

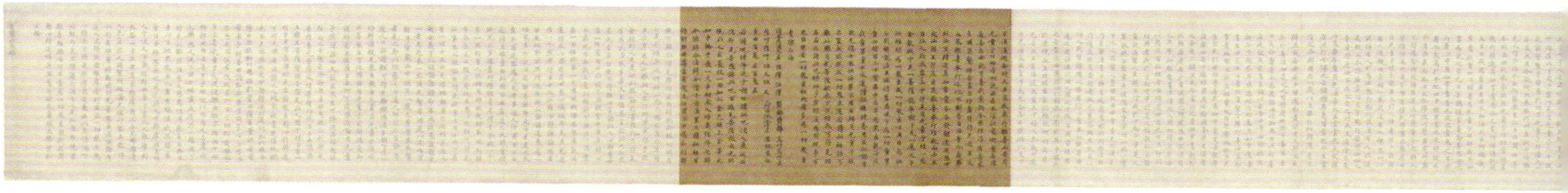

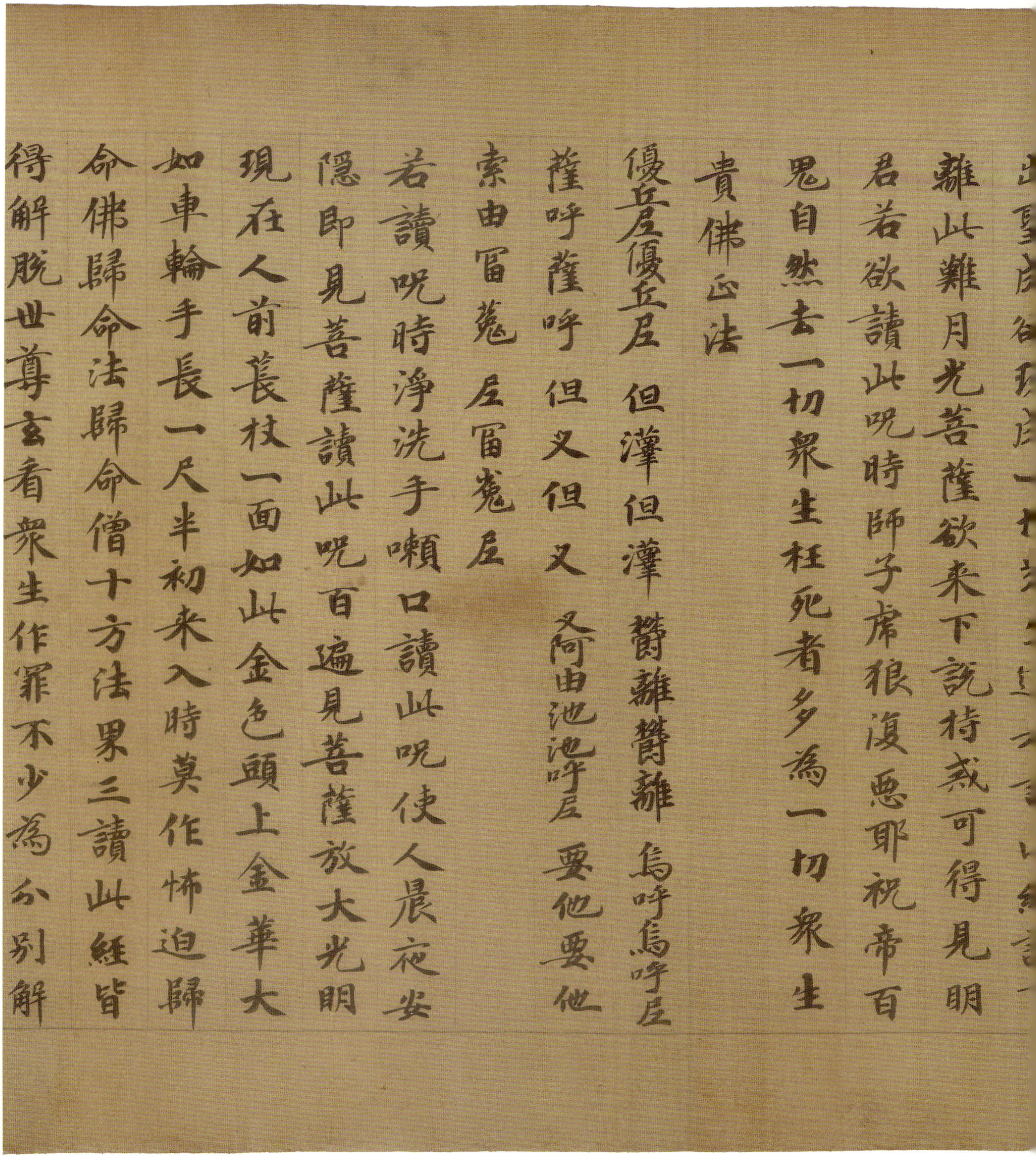

難此難月光菩薩欲来下説持戒可得見明
君若欲讀此呪時師子虎狼復惡耶祝帝百
鬼自然去一切衆生枉死者多為一切衆生
貴佛正法
優丘尼優丘尼　但瀁但瀁　欝雞欝雞　烏呼烏呼尼
薩呼薩呼　但叉但叉　又阿由池池呼尼　要他要他
索由冨㲉　丘冨㲉丘
若讀呪時淨洗手嗽口讀此呪使人晨夜安
隱即見菩薩讀此呪百遍見菩薩放大光明
現在人前蔓枝一面如此金色頭上金華大
如車輪手長一尺半初来入時莫作怖迫歸
命佛歸命法歸命僧十方法界三讀此經皆
得解脱世尊去看衆生作罪不少為分别解

命佛歸命法歸命僧十方法界三說此經皆
得解脫世尊玄看衆生作罪不少爲分別解
脫可離令得免難明君出時把此經向明君
必見我慎莫迫怖好正念正想正意正身得
見我身有人必難此人或作師子虎狼手捉
金杖打人无度依此經語行菩薩行可得見
菩薩說法現身著天衣慎莫言語此人即成
道見香華自然不得動心言語此人必離惡世
第一用意百日在時不用癡貪申酉年時公
不識兒母不識女意此經語可得改心改意
第一不婬欲第一不惡眼視佛爲衆生說法
還得本心佛欲出世懃心懺悔即見月光菩
薩一个賢者得活十人此經不得誹謗闇君

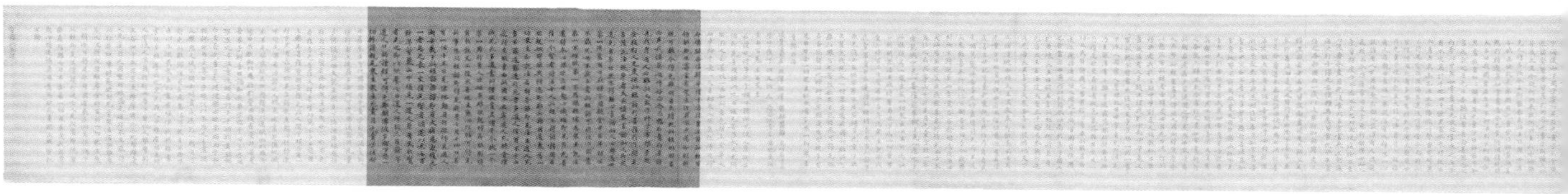

盡不罷道罷道行死者多道人作罪不少由
是持生敗責由此國不安寧道人死時會橫
賊兒死多道意師僧欲貴君僧千个伏一个
第一用行聖人欲始英雄欲起時節欲到時
黄衣長丈二粳米普地生懃心作福可得見
此事思此經語即得見我身七月十四日其
有一怙十五日見佛地動莫作迫怖見道人
漸安義下此經語誹謗即有大病患起復見
一老烏是長一丈復見賢者脩道以來七百
餘年紫巖山中復見一道人身著天衣賢
者見之即以供養七日道人師從三百餘年
道人口語讀經可得免難顚佛波多樹下為一
切轉讀視見衆生衆生死盡月光童子復啓

道人口語讀經可得免難覿佛波多档丁思一
切轉讀視見衆生衆生死盡月光童子復啓
世尊衆生可化佛語月光童子前頭隨意即
復辞罷五逆甚多云何可度佛復語月光童
子佛復語四天龍王衆生可憐随因緣起復
驗百二十賢君除却衆生好悪欲分别佛光
菩薩普光菩薩咸𤦲普賢功德不少由諸國
上藥王菩薩賢固菩薩見在人間千村正有一
村万里有長佛欲見出語衆生懃心作精進
可得見佛若誹謗之人魂家滅盡定堕地獄
永不見佛佛欲出世懃精進比道欲知比難洛
陽口西欲知比悪在於瑩西復有瑩北若有
吾弟子解吾口語即我弟子怕手心上乃思
惟思之不旦看後須有千十手日旨邊赫赫

柏穆然自去善男子耶快以不悪人去盡欲
大樂悪人後不問女婦盡成道乃一精進可
得免此難佛復有大慈悲快憐衆生不捨衆
生心不迴畏衆生死盡有緣値我無緣索
索自去維摩共之定光在人中維摩羽妻婦
人中使人不識作行世帝下香化人維摩利
大各四十五里直東維摩有三个兒維摩度
人无崖詐人間望行婬湓无婬行衆生敢得
此行看維摩時節欲到无量衆生悔與維摩
度人決得成佛維摩貪財盜語一切衆生懃
心精進可得見維摩諸道義區此島傍海下
此經即見王僧慶行徒七人見此島即燒香
歡喜踊躍七日不食若一切衆生聞我語聲

歡喜踊躍七日不食若一切衆生聞我語聲
懃心精進慎莫異意惡欲死盡欲大樂貴和
不輸

首羅比丘經

BD00688　大般若波羅蜜多經卷五七九

（唐）玄奘　譯

46.6cm × 26.1cm

提頗同證得一切智智尒時尒時善根轉感
若時若時善根轉感尒時尒時展轉隣近一
切智智
又滿慈子如有女人磨瑩鏡面若時若時加
功磨瑩尒時尒時鏡轉明淨若時若時鏡轉
明淨尒時尒時鏡面无垢衆像皆現如是菩
薩若時若時以所作福及所作善决定迴向
一切智智尒時尒時能普施與十方世界一
切有情令永解脫惡趣生死未發无上菩提
心者令速發心已發无上菩提心者令永不
退若於无上正等菩提已不退者令速圓滿
一切智智此諸菩薩若時若時捨己善根施有
情類尒時尒時善根轉感若時若時善根

允

漸增長疾證无上正等菩提能盡未來饒益
一切
又滿慈子云何菩薩多行布施攝受少福云
何菩薩少行布施攝受多福云何菩薩少行
布施攝受少福云何菩薩多行布施攝受多
福若諸菩薩雖經殑伽沙數大劫恒捨无量
无數珎財普施十方諸有情類而不迴向无
上菩提願與有情皆同證得一切智智如是
菩薩多行布施攝受少福若諸菩薩雖經少
時施有情類少分財物而能迴向无上菩提
願與有情皆同證得一切智智如是菩薩少
行布施攝受多福若諸菩薩經於少時施有
情類少分財物不能迴向无上菩提願與有
情類少分圓證得一切智智如是菩薩少行布施攝

BD00689 妙法蓮華經卷二

（後秦）鳩摩羅什 譯

BD00689v 藏文雜寫

589.2cm × 25.8cm

譬如長者　有一大宅　其宅久故　而復頓弊
堂舍高危　柱根摧朽　梁棟傾斜　基陛隤毀
墻壁圮坼　泥塗褫落　覆苫亂墜　椽梠差脫
周鄣屈曲　雜穢充遍　有五百人　止住其中
鵄梟鵰鷲　烏鵲鳩鴿　蚖蛇蝮蝎　蜈蚣蚰蜒
守宮百足　狖狸鼷鼠　諸惡虫輩　交横馳走
屎尿臭處　不淨流溢　蜣蜋諸虫　而集其上
狐狼野干　咀嚼踐蹋　嚌齧死屍　骨肉狼藉
由是群狗　競来搏撮　飢羸慞惶　處處求食
鬪諍齟掣　啀喍嗥吠　其舍恐怖　變狀如是
處處皆有　魑魅魍魎　夜叉惡鬼　食噉人肉
毒虫之屬　諸惡禽獸　孚乳產生　各自藏護
夜叉競来　爭取食之　食之既飽　惡心轉熾
鬪諍之聲　甚可怖畏　鳩槃荼鬼　蹲踞土埵
或時離地　一尺二尺　往返遊行　縱逸嬉戲

復有諸鬼　其身長大　裸形黑瘦　常住其中
發大惡聲　叫呼求食　復有諸鬼　其咽如針
復有諸鬼　首如牛頭　或食人肉　或復噉狗
頭髮蓬亂　殘害凶險　飢渴所逼　叫喚馳走
夜叉餓鬼　諸惡鳥獸　飢急四向　窺看窓牖
如是諸難　恐畏無量　是朽故宅　屬于一人
其人近出　未久之間　於後宅舍　忽然火起
四面一時　其焰俱熾　棟梁椽柱　爆聲震裂
摧折墮落　墻壁崩倒　諸鬼神等　揚聲大叫
鵰鷲諸鳥　鳩槃荼等　周障惶怖　不能自出
惡獸毒虫　藏竄孔穴　毗舍闍鬼　亦住其中
薄福德故　為火所逼　共相殘害　飲血噉肉
野干之屬　並已前死　諸大惡獸　竟來食噉
臭烟熢㶿　四面充塞　蜈蚣蚰蜒　毒虵之類

野干之屬　並已前死　諸大惡獸　競來食噉
臭烟熢㶿　四面充塞　蜈蚣蚰蜒　毒虵之類
為火所燒　爭走出穴　鳩槃荼鬼　隨取而食
又諸餓鬼　頭上火然　飢渴熱惱　周章悶走
其宅如是　甚可怖畏　毒害火災　衆難非一
是時宅主　在門外立　聞有人言　汝諸子等
先因遊戲　來入此宅　稚小無知　歡娛樂着
長者聞已　驚入火宅　方宜救濟　令無燒害
告喻諸子　說衆患難　惡鬼毒虫　災火蔓莛
衆苦次第　相續不絶　毒虵蚖蝮　及諸夜叉
鳩槃荼鬼　野干狐狗　鵰鷲鵄梟　百足之屬
飢渴惱急　甚可怖畏　此苦難處　況復大火
諸子無知　雖聞父誨　猶故樂着　嬉戲不已
是時長者　而作是念　諸子如此　益我愁惱
今此舍宅　無一可樂　而諸子等　耽湎嬉戲
不受我教　將為火害　即便思惟　設諸方便

告諸子等　我有種種　珍玩之具　妙寶好車
羊車鹿車　大牛之車　今在門外　汝等出來
吾為汝等　造作此車　隨意所樂　可以遊戲
諸子聞說　如此諸車　即時奔競　馳走而去
到於空地　離諸苦難　長者見子　得出火宅
住於四衢　坐師子座　而自慶言　我今快樂
此諸子等　生育甚難　愚小無知　而入險宅
多諸毒蟲　魑魅可畏　大火猛焰　四面俱起
而此諸子　貪樂嬉戲　我已救之　令得脫難
是故諸人　我今快樂
爾時諸子　知父安坐　皆詣父所　而白父言
願賜我等　三種寶車　如前所許　諸子出來
當以三車　隨汝所欲　今正是時　唯垂給與
長者大富　庫藏眾多　金銀琉璃　車璖馬瑙
以眾寶物　造諸大車　莊校嚴飾　周匝欄楯

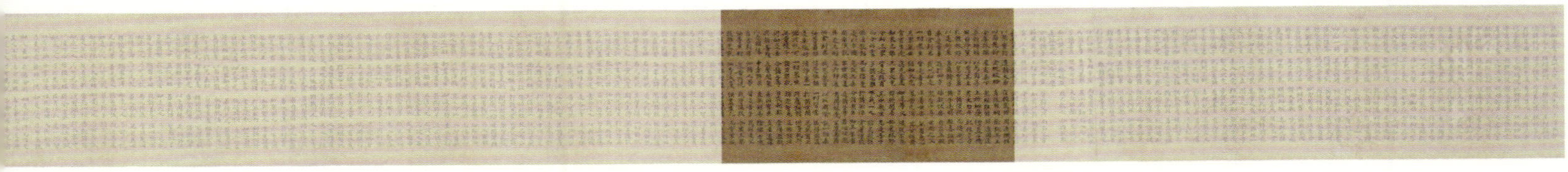

以衆寶物 造諸大車 莊校嚴飾 周匝欄楯
四面懸鈴 金繩絞絡 真珠羅網 張施其上
金華珠瓔 處處垂下 衆綵雜飾 周匝圍遶
柔軟繒纊 以爲茵蓐 上妙細㲲 價直千億
鮮白淨潔 以覆其上 有大白牛 肥壯多力
形體姝好 以駕寶車 多諸儐從 而侍衛之
以是妙車 等賜諸子 諸子是時 歡喜踊躍
乘是寶車 遊於四方 嬉戲快樂 自在無礙
告舍利弗 我亦如是 衆聖中尊 世間之父
一切衆生 皆是吾子 深著世樂 無有慧心
三界無安 猶如火宅 衆苦充滿 甚可怖畏
常有生老 病死憂患 如是等火 熾然不息
如來已離 三界火宅 寂然閑居 安處林野
今此三界 皆是我有 其中衆生 悉是吾子
而今此處 多諸患難 唯我一人 能爲救護

雖復教詔　而不信受　於諸欲染　貪著深故
是以方便　為說三乘　令諸衆生　知三界苦
開示演說　出世間道　是諸子等　若心決定
具足三明　及六神通　有得緣覺　不退菩薩
汝舍利弗　我為衆生　以此譬喻　說一佛乘
汝等若能　信受佛語　一切皆當　成得佛道
是乘微妙　清淨第一　於諸世間　為無有上
佛所悅可　一切衆生　所應稱讚　供養礼拜
無量億千　諸力解脫　禪定智惠　及佛餘法
得如是乘　令諸子等　日夜劫數　常得遊戲
與諸菩薩　及聲聞衆　乘此寶乘　直至道場
以是因緣　十方諦求　更無餘乘　除佛方便
告舍利弗　汝諸人等　皆是吾子　我則是父
汝等累劫　衆苦所燒　我皆濟拔　令出三界
我雖先說　汝等滅度　但盡生死　而實不滅
今所應作　唯佛智惠　若有菩薩　於是衆中

我雖先說　汝等滅度　但盡生死　而實不滅
今所應作　唯佛智慧　若有菩薩　於是衆中
能一心聽　諸佛實法　諸佛世尊　雖以方便
所化衆生　皆是菩薩　若人小智　深著愛欲
為此等故　說於苦諦　衆生心喜　得未曾有
佛說苦諦　真實無異　若有衆生　不知苦本
深著苦因　不能暫捨　為是等故　方便說道
諸苦所因　貪欲為本　若滅貪欲　無所依止
滅盡諸苦　名第三諦　為滅諦故　脩行於道
離諸苦縛　名得解脫　是人於何　而得解脫
但離虛妄　名為解脫　其實未得　一切解脫
佛說是人　未實滅度　斯人未得　無上道故
我意不欲　令至滅度　我為法王　於法自在
安隱衆生　故現於世　汝舍利弗　我此法印

若有信受　此經法者　是人已曾　見過去佛
恭敬供養　亦聞是法　若人有能　信汝所說
則為見我　亦見於汝　及比丘僧　并諸菩薩
斯法華經　為深智說　淺識聞之　迷惑不解
一切聲聞　及辟支佛　於此經中　力所不及
汝舍利弗　尚於此經　以信得入　況餘聲聞
其餘聲聞　信佛語故　隨順此經　非己智分
又舍利弗　憍慢懈怠　計我見者　莫說此經
凡夫淺識　深著五欲　聞不能解　亦勿為說
若人不信　毀謗此經　則斷一切　世間佛種
或復顰蹙　而懷疑惑　汝當聽說　此人罪報
若佛在世　若滅度後　其有誹謗　如斯經典
見有讀誦　書持經者　輕賤憎嫉　而懷結恨
此人罪報　汝今復聽　其人命終　入阿鼻獄

見有讀誦　書持經者　輕賤憎嫉　而懷結恨
此人罪報　汝今復聽　其人命終　入阿鼻獄
具足一劫　劫盡更生　如是展轉　至無數劫
從地獄出　當墮畜生　若狗野干　其形頟瘦
梨黮疥癩　人所觸嬈　又復為人　之所惡賤
常困飢渴　骨肉枯竭　生受楚毒　死被瓦石
斷佛種故　受斯罪報　若作駱駝　或生驢中
身常負重　加諸杖捶　但念水草　餘無所知
謗斯經故　獲罪如是　有作野干　來入聚落
身體疥癩　又無一目　為諸童子　之所打擲
受諸苦痛　或時致死　於此死已　更受蟒身
其形長大　五百由旬　聾騃無足　蜿轉腹行
為諸小虫　之所唼食　晝夜受苦　無有休息
謗斯經故　獲罪如是　若得為人　諸根闇鈍
矬陋攣躄　盲聾背傴　有所言說　人不信受

若有所得　尋復忘失　若脩醫道　順方治病
更增他疾　或復致死　若自有病　無人救療
設服良藥　而復增劇　若他反逆　抄劫竊盜
如是等罪　橫羅其殃　如斯罪人　永不見佛
衆聖之王　說法教化　如斯罪人　常生難處
狂聾心亂　永不聞法　於無數劫　如恒河沙
生輒聾瘂　諸根不具　常處地獄　如遊園觀
在餘惡道　如己舍宅　駝驢猪狗　是其行處
謗斯經故　獲罪如是　若得爲人　聾盲瘖瘂
貧窮諸衰　以自莊嚴　水腫乾痟　疥癩癰疽
如是等病　以爲衣服　身常臭處　垢穢不淨
深著我見　增益瞋恚　婬欲熾盛　不擇禽獸
謗斯經故　獲罪如是　告舍利弗　謗斯經者
若說其罪　窮劫不盡　以是因緣　我故語汝

若說其罪　窮劫不盡　以是因緣　我故語汝
無智人中　莫說此經　若有利根　智慧明了
多聞強識　求佛道者　如是之人　乃可為說
若人曾見　億百千佛　殖諸善本　深心堅固
如是之人　乃可為說　若人精進　常脩慈心
不惜身命　乃可為說　若人恭敬　無有異心
離諸凡愚　獨處山澤　如是之人　乃可為說
又舍利弗　若見有人　捨惡知識　親近善友
如是之人　乃可為說　若見佛子　持戒清潔
如淨明珠　求大乘經　如是之人　乃可為說
若人無瞋　質直柔軟　常愍一切　恭敬諸佛
如是之人　乃可為說　湏有佛子　於大眾中
以清淨心　種種因緣　譬喻言辭　說法無礙
如是之人　乃可為說　若有比丘　為一切智

如人至心　求佛舍利　如是求經　得已頂受
其人不復　志求餘經　亦未曾念　外道典籍
如是之人　乃可為說　告舍利弗　我說是相
求佛道者　窮劫不盡　如是等人　則能信解
汝當為說　妙法華經

妙法蓮華經信解品第四

尒時慧命須菩提摩訶迦旃延摩訶迦葉摩
訶目揵連從佛所聞未曾有法世尊授舍利
弗阿耨多羅三藐三菩提記發希有心歡喜
踊躍即從坐起整衣服偏袒右肩右膝著地
一心合掌曲躬恭敬瞻仰尊顏而白佛言我
等居僧之首年並朽邁自謂已得涅槃無所
堪任不復進求阿耨多羅三藐三菩提世尊
往昔說法既久我時在坐身體疲懈但念空

往昔說法既久我時在坐身體疲懈但念空
無相無作於菩薩法遊戲神通佛國土成
就衆生心不喜樂所以者何世尊令我等出
於三界得涅槃證又令我年已朽邁於佛教
化菩薩阿耨多羅三藐三菩提不生一念好
樂之心我等今於佛前聞授聲聞阿耨多羅
三藐三菩提記心甚歡喜得未曾有不謂於
今忽然得聞希有之法深自慶幸獲大善利
無量珎寶不求自得世尊我等今者樂說譬
喻以明斯義譬若有人年既幼稚捨父逃逝
久住他國或十廿至五十歲年既長大加復
窮困馳騁四方以求衣食漸漸遊行遇向本
國其父先來求子不得中止一城其家大富
財寶無量金銀琉璃珊瑚虎珀頗梨珠等其

客而甚衆多時貧窮子遊諸聚落經歷國邑
遂到其父所止之城父每念子與子離別五
十餘年而未曾向人說如此事但自思惟心
懷悔恨自念老朽多有財物金銀珍寶倉庫
盈溢無有子息一旦終沒財物散失無所委
付是以殷勤每憶其子復作是念我若得子
委付財物坦然快樂無復憂慮世尊爾時窮
子傭賃展轉遇到父舍住立門側遙見其父
踞師子床寶机承足諸婆羅門剎利居士皆
恭敬圍遶以真珠瓔珞價直千万莊嚴其身
吏民僮僕手執白拂侍立左右覆以寶帳垂
諸華幡香水灑地散衆名華羅列寶物出內
取與有如是等種種嚴飾威德特尊窮子見
父有大力勢即懷恐怖悔來至此竊作是念

父有大力勢即懷恐怖悔来至此竊作是念
此或是王或是王等非我傭力得物之處不
如往至貧里肆力有地衣食易得若久住此
或見逼迫強使我作是念已疾走而去時
富長者於師子座見子便識心大歡喜即作
是念我財物庫藏今有所付我常思念此子
無由見之而忽自来甚適我願我雖年朽猶
故貪惜即遣傍人急追將還尒時使者疾走
往捉窮子驚愕稱怨大喚我不相犯何為見
捉使者執之愈急強牽將還于時窮子自念
無罪而被囚執此必定死轉更惶怖悶絶躄
地父遥見之而語使言不須此人勿強將来
以冷水灑面令得醒悟莫復與語所以者何
父知其子志意下劣自知豪貴為子所難審

有從地而起往至貧里以求衣食尒時長者
將欲誘引其子而設方便密遣二人形色顦
顇無威德者汝可詣彼徐語窮子此有作處
倍與汝直窮子若許將來使作若言欲何所
作便可語之雇汝除糞我等二人亦共汝作
時二使人即求窮子既已得之具陳上事
尒時窮子先取其價尋與除糞其父見子愍
而怪之又以他日於窓牖中遥見子身羸瘦
顦顇糞土塵坌汙穢不淨即脫瓔珞細軟上
服嚴飾之具更著麁弊垢膩之衣塵土坌身
右手執持除糞之器狀有所畏語諸作人汝
等勤作勿得懈息以方便故得近其子又復
告言咄男子汝常此作勿復餘去當知汝價
諸有所須瓮器米麵塩酢之屬莫自疑難亦

諸有所須瓫器米麵塩酢之屬莫自疑難亦
有老弊使人須者相給好自安意我如汝父
勿復憂慮所以者何我年老大而汝少壯汝
常作時無有欺怠瞋恨怨言都不見汝有此
諸惡如餘作人自今已後如所生子即時長
者更與作字名之爲兒尒時窮子雖欣此遇
猶故自謂客作賤人由是之故於廿年中常
令除糞過是已後心相體信入出無難然其
所止猶在本處世尊尒時長者有疾自知將
死不久語窮子言我今多有金銀珎寶倉庫
盈溢其中多少所應取與汝悉知之我心如
是當體此意所以者何今我與汝便爲不異
宜加用心無令漏失尒時窮子即受教勑領
知衆物金銀珎寶及諸庫藏而無悕取一飡

自鄙先心臨欲終時而命其子并會親族國
王大臣刹利居士皆悉已集即自宣言諸君
當知此是我子我之所生於某城中捨吾逃
走跉跰辛苦五十餘年其本字某我名某
甲昔在本城懷憂推覓忽於是間遇會得之此
實我子我實其父今吾所有一切財物皆是
子有先所出内是子所知世尊是時窮子聞
父此言即大歡喜得未曾有而作是念我本
無心有所悕求今此寶藏自然而至世尊大
富長者則是如来我等皆似佛子如来常說
我等為子世尊我等以三苦故於生死中受
諸熱惱迷惑無知樂着小法今日世尊令我
等思惟蠲除諸法戲論之糞我等於中勤加
精進得至涅槃一日之價既得此已心大歡喜

精進得至涅槃一日之價既得此已心大歡喜
自以為足而便自謂於佛法中勤精進故所
得弘多然世尊先知我等心著弊欲樂於
小法便見縱捨不為分別汝等當有如來知
見寶藏之分世尊以方便力說如來智慧我
等從佛得涅槃一日之價以為大得於此大
乘無有志求我等又因如來智慧為諸菩薩
開示演說而自於此無有志願所以者何佛
知我等心樂小法以方便力隨我等說而我
等不知真是佛子今我等方知世尊於佛智
慧無所悋惜所以者何我等昔來真是佛子
而但樂小法若我等有樂大之心佛則為我
說大乘法於此經中唯說一乘而昔於菩薩
前毀呰聲聞樂小法者然佛實以大乘教化

（13–10）

摩訶迦葉欲重宣此義而說偈言
我等今日　聞佛音教　歡喜踊躍　得未曾有
佛說聲聞　當得作佛　無上寶聚　不求自得
譬如童子　幼稚無識　捨父逃走　遠到他土
周流諸國　五十餘年　其父憂念　四方推求
求之既疲　頓止一城　造立舍宅　五欲自娛
其家巨富　多諸金銀　車𤦲馬瑙　真珠琉璃
象馬牛羊　輦轝車乘　田業僮僕　人民衆多
出入息利　乃遍他國　商估賈人　無處不有
千万億衆　圍遶恭敬　常為王者　之所稱念
群臣豪族　皆共宗重　以諸緣故　往來者衆
豪富如是　有大力勢　而年朽邁　益憂念子
夙夜惟念　死時將至　癡子捨我　五十餘年
庫藏諸物　當如之何　尒時窮子　求索衣食

庫藏諸物　當如之何　尒時窮子　求索衣食
從邑至邑　從國至國　或有所得　或無所得
飢餓羸瘦　體生瘡癬　漸次經歷　到父住城
傭賃展轉　遂至父舍　尒時長者　於其門内
施大寶帳　處師子座　眷屬圍遶　諸人侍衛
或有計筭　金銀寶物　出内財產　注記券疏
窮子見父　豪貴尊嚴　謂是國王　若是王等
驚怖自恠　何故至此　覆自念言　我若久住
或見逼迫　強驅使作　思惟是已　馳走而去
借問貧里　欲往傭作　長者是時　在師子座
遥見其子　默而識之　即勑使者　追捉將來
窮子驚喚　迷悶躃地　是人執我　必當見殺
何用衣食　使我至此　長者知子　愚癡狹劣
不信我言　不信是父　即以方便　更遣餘人
眇目矬陋　無威德者　汝可語之　云當相雇

（13–11）

除諸糞穢

為除糞穢　淨諸房舍　長者於牖　常見其子
念子愚劣　樂為鄙事　於是長者　著弊垢衣
執除糞器　往到子所　方便附近　語令勤作
既益汝價　并塗足油　飲食充足　薦席厚煖
如是苦言　汝當勤作　又以軟語　若如我子
長者有智　漸令入出　經二十年　執作家事
示其金銀　真珠頗梨　諸物出入　皆使令知
猶處門外　止宿草菴　自念貧事　我無此物
父知子心　漸已曠大　欲與財物　即聚親族
國王大臣　剎利居士　於此大眾　說是我子
捨我他行　經五十歲　自見子來　已二十年
昔於某城　而失是子　周行求索　遂來至此
凡我所有　舍宅人民　悉以付之　恣其所用
子念昔貧　志意下劣　今於父所　大獲珍寶

子念昔貧　志意下劣　今於父所　大獲珍寶
并及舍宅　一切財物　甚大歡喜　得未曾有
佛亦如是　知我樂小　未曾說言　汝等作佛
而說我等　得諸無漏　成就小乘　聲聞弟子
佛勅我等　說最上道　脩習此者　當得成佛
我承佛教　為大菩薩　以諸因緣　種種譬喻
若干言辭　說無上道　諸佛子等　從佛聞法
日夜思惟　精勤脩習　是時諸佛　即授其記
汝於來世　當得作佛　一切諸佛　秘藏之法
但為菩薩　演其實事　而不為我　說斯真要
如彼窮子　得近其父　雖知諸物　心不悕取
我等雖說　佛法寶藏　自無志願　亦復如是
我等內滅　自謂為足　唯了此事　更無餘事
我等若聞　淨佛國土　教化眾生　都無欣樂
所以者何　一切諸法　皆悉空寂　無生無滅

我等長夜　於佛智慧　無貪無著　無復志願
而自於法　謂是究竟　我等長夜　脩習空法
得脫三界　苦惱之患　住最後身　有餘涅槃
佛所教化　得道不虛　則為已報　諸佛之恩
我等雖為　諸佛子等　說菩薩法　以求佛道
而於是法　永無願樂　導師見捨　觀我心故
初不勸進　說有實利　如富長者　知子志劣
以方便力　柔伏其心　然後乃付　一切財寶
佛亦如是　現希有事　知樂小者　以方便力
調伏其心　乃教大智　我等今日　得未曾有
非先所望　而今自得　如彼窮子　得無量寶
世尊我今　得道得果　於無漏法　得清淨眼
我等長夜　持佛淨戒　始於今日　得其果報
法王法中　久脩梵行　今得無漏　無上大果

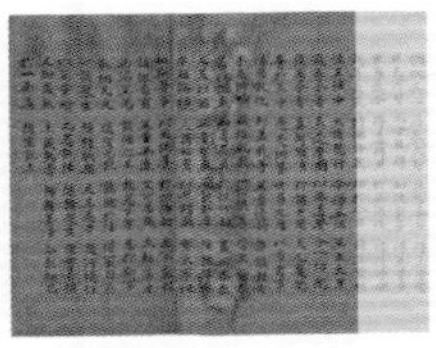

法王法中　久脩梵行　今得無漏　無上大果
我等今者　真是聲聞　以佛道聲　令一切聞
我等今者　真阿羅漢　於諸世間　天人魔梵
普於其中　應受供養　世尊大恩　以希有事
憐愍教化　利益我等　無量億劫　誰能報者
手足供給　頭頂禮敬　一切供養　皆不能報
若以頂戴　兩肩荷負　於恒沙劫　盡心恭敬
又以美饍　無量寶衣　及諸卧具　種種湯藥
牛頭栴檀　及諸珎寶　以起塔廟　寶衣布地
如斯等事　以用供養　於恒沙劫　亦不能報
諸佛希有　無量無邊　不可思議　大神通力
無漏無為　諸法之王　能為下劣　忍於斯事
取相凡夫　隨宜為說　諸佛於法　得最自在
知諸衆生　種種欲樂　及其志力　隨所堪任
以無量喻　而為說法　隨諸衆生　宿世善根

於一乘道　隨宜說三

BD00689v　藏文雜寫

BD00690 大般若波羅蜜多經卷五八二

（唐）玄奘 譯

BD00690v 勘記

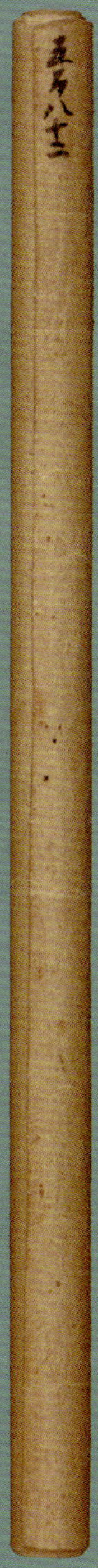

48.5cm × 26.7cm

味觸法界樂无樂相亦不可得宣說色界我無
我相不可得宣說聲香味觸法界我无我
相亦不可得宣說色界淨不淨相不可得宣說
聲香味觸法界淨不淨相亦不可得宣說色
界遠離不遠離相不可得宣說聲香味觸
法界遠離不遠離相亦不可得宣說色界寂
靜不寂靜相不可得宣說聲香味觸法界寂
聲不寂靜相亦不可得无數如来應正等覺
為諸菩薩摩訶薩衆宣說眼識界常无常
相不可得宣說耳鼻舌身意識界常无常相亦
不可得宣說眼識界樂无樂相不可得宣說耳
鼻舌身意識界樂无樂相亦不可得宣說
眼識界我无我相不可得宣說耳鼻舌身意

相亦不可得宣説眼識界遠離不遠離相不
可得宣説耳鼻舌身意識界遠離不遠離相
亦不可得宣説眼識界寂静不寂静相不可
得宣説耳鼻舌身意識界寂静不寂静相亦
不可得无數如來應正等覺為諸菩薩摩訶
薩衆宣説眼觸常无常相不可得宣説耳鼻
舌身意觸常无常相亦不可得宣説眼觸樂
无樂相不可得宣説耳鼻舌身意觸樂无樂
相亦不可得宣説眼觸我无我相不可得宣説
説耳鼻舌身意觸我无我相亦不可得宣説
眼觸淨不淨相不可得宣説耳鼻舌身意
觸淨不淨相亦不可得宣説眼觸遠離不遠離
相不可得宣説耳鼻舌身意觸遠離不遠離
相亦不可得宣説眼觸寂静不寂静相不可

BD00690v　勘記

BD00690v　勘記

BD00691　摩訶般若波羅蜜經卷二三

（後秦）鳩摩羅什　譯

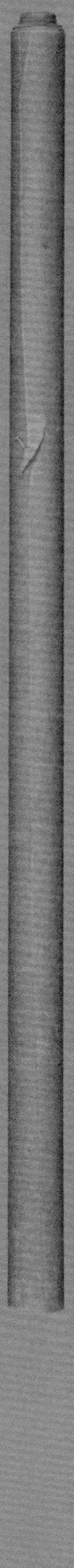

48.6cm × 25.7cm

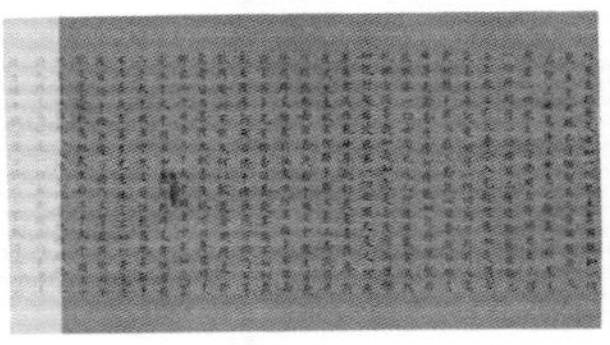

切衆生根具足亦知一切衆生業因缘知一切
衆生業因缘已得願智具足得願智具足
已淨三世慧淨三世慧已饒益一切衆生
饒益一切衆生已淨佛國土淨佛國土已得
一切種智得一切種智已轉法輪轉法輪已
安立衆生於三乘令入无餘涅槃如是須菩
提菩薩摩訶薩欲得一切切德自利利人應
發阿耨多羅三藐三菩提心須菩提白佛言
世尊是諸菩薩摩訶薩能如說行深般若
波羅蜜一切世間天及人阿脩羅應當爲作
礼佛告須菩提如是如是是菩薩摩訶薩能
如說行般若波羅蜜一切世間天及人阿脩
羅應當爲作礼世尊是初發意菩薩摩訶

所福德佛告須菩提若千國土中衆生皆發
聲聞辟支佛意於汝意云何其福多不須菩
提言甚多无量佛告須菩提其福不如初發
意菩薩摩訶薩百倍千倍巨億万倍乃至筭
數譬喻所不能及何以故發聲聞辟支佛
意者皆因菩薩出故菩薩終不因聲聞辟支
佛出二千國土三千大千國土中亦如是置
是三千大千國土中[illegible]聲聞辟支佛地者若
三千大千國土中衆生皆任乾慧地其福多
不須菩提言甚多无量佛言不如初發意菩
薩百倍千倍巨億万倍乃至筭數譬喻所不
能及置是任乾慧地衆生若三千大千國土中

能及置是住乾慧地衆生若三千大千國土中
衆生皆住性地八人地見地薄地離欲地已
辦地辟支佛地是一切福德欲比初發意菩
薩百倍千倍巨億万倍乃至筭數譬喻所不

BD00692

妙法蓮華經卷五

（後秦）鳩摩羅什 譯

1064.4cm × 25.9cm

佛
說是法華經世尊菩薩
惡世云何能說是經佛告文殊
薩摩訶薩於後惡世欲說是經當
安住四法一者安住菩薩行處親近處能為
衆生演說是經文殊師利云何名菩薩摩訶
薩行處若菩薩摩訶薩住忍辱地柔和善順
而不卒暴心亦不驚又復於法無所行而觀
諸法如實相亦不行不分別是名菩薩摩訶
薩行處云何名菩薩摩訶薩親近處菩薩摩
訶薩不親近國王王子大臣官長不親近諸
外道梵志尼揵子等及造世俗文筆讚詠外
書及路伽耶陁逆路伽耶陁者亦不親近諸
戲相扠相撲及那羅等種種變現之戲

諸惡律儀如是人等或時來者則為說法无
所悕望又不親近求聲聞比丘比丘尼優婆
塞優婆夷亦不問訊若於房中若經行處若
在講堂中不共住止或時來者隨宜說法无
所悕求文殊師利又菩薩摩訶薩不應於女
人身取能生欲想相而為說法亦不樂見若
入他家不與小女處女寡女等共語亦復不
近五種不男之人以為親厚不獨入他家若
有因緣須獨入時但一心念佛若為女人說法
不露齒笑不現胷臆乃至為法猶不親厚
況復餘事不樂畜年少弟子沙弥小兒亦不
樂與同師常好坐禪在於閑處脩攝其心文
殊師利是名初親近處復次菩薩摩訶薩觀

與同師常好坐禪在於閑處修攝其心文
殊師利是名初親近處復次菩薩摩訶薩觀
一切法空如實相不顛倒不動不退不轉如
虛空无所有性一切語言道斷不生不出不
起无名无相實无所有无量无邊无礙无障
但以因緣有從顛倒生故說常樂觀如是法
相是名菩薩摩訶薩第二親近處尒時世尊
欲重宣此義而說偈言
若有菩薩　於後惡世　无怖畏心　欲說是經
應入行處　及親近處　常離國王　及國王子
大臣官長　凶險戲者　及旃陀羅　外道梵志
亦不親近　增上慢人　貪著小乘　三藏學者
破戒比丘　名字羅漢　及比丘尼　好戲咲者
深著五欲　求現滅度　諸優婆夷　皆勿親近
若是人等　以好心來　到菩薩所　為聞佛道

寡女處女　及諸不男　皆勿親近　以為親厚
亦莫親近　屠兒魁膾　田獵魚捕　為利煞害
販肉自活　衒賣女色　如是之人　皆勿親近
凶險相撲　種種嬉戲　諸婬女等　盡勿親近
莫獨屏處　為女說法　若說法時　无得戲笑
入里乞食　將一比丘　若无比丘　一心念佛
是則名為　行處近處　以此二處　能安樂說
又復不行　上中下法　有為无為　實不實法
亦不分別　是男是女　不得諸法　不知不見
是則名為　菩薩行處　一切諸法　空无所有
无有常住　亦无起滅　是名智者　所親近處
顛倒分別　諸法有无　是實非實　是生非生
在於閑處　脩攝其心　安住不動　如須弥山
觀一切法　皆无所有　猶如虛空　无有堅固

顛倒分别　諸法有无　是實非實　是生非生
在於閑處　脩攝其心　安住不動　如須弥山
觀一切法　皆无所有　猶如虚空　无有堅固
不生不出　不動不退　常住一相　是名近處
若有比丘　於我滅後　入是行處　及親近處
說斯經時　无有怯弱　菩薩有時　入於静室
以正憶念　随義觀法　從禪定起　為諸國王
王子臣民　婆羅門等　開化演暢　說斯經典
其心安隱　无有怯弱　文殊師利　是名菩薩
安住初法　能於後世　說法華經
又文殊師利如來滅後於末法中欲說是經
應住安樂行若口宣說若讀經時不樂說人
及經典過亦不輕慢諸餘法師不說他人好
悪長短於聲聞人亦不稱名說其過悪亦不
讚歎其美又亦不生怨嫌之心善脩如

不以小乘法　荅但以大乘　而為解說　令得一
切種智　尒時世尊欲重宣此義　而說偈言
菩薩常樂　安隱說法　於清淨地　而施床座
以油塗身　澡浴塵穢　著新淨衣　內外俱淨
安處法座　隨問為說　若有比丘　及比丘尼
諸優婆塞　及優婆夷　國王王子　群臣士民
以微妙義　和顏為說　若有難問　隨義而荅
因緣譬喻　敷演分別　以是方便　皆使發心
漸漸增益　入於佛道　除嬾惰意　及懈怠想
離諸憂惱　慈心說法　晝夜常說　无上道教
以諸因緣　无量譬喻　開示眾生　咸令歡喜
衣服臥具　飲食醫藥　而於其中　无所悕望
但一心念　說法因緣　願成佛道　令眾亦尒
是則大利　安樂供養　我滅度後　若有比丘

是則大利　安樂供養　我滅度後　若有比丘
能演說斯　妙法華經　心无嫉恚　諸惱障礙
亦无憂愁　及罵詈者　又无怖畏　加刀杖等
亦无擯出　安住忍故　智者如是　善脩其心
能住安樂　如我上說　其人功德　千万億劫
筭數譬喻　說不能盡
又文殊師利菩薩摩訶薩於後末世法欲滅
時受持讀誦斯經典者无懷嫉妬諂誑之心
亦勿輕罵學佛道者求其長短若比丘比丘
尼優婆塞優婆夷求聲聞者求辟支佛者求
菩薩道者无得惱之令其疑悔語其人言汝
等去道甚遠終不能得一切種智所以者何
汝是放逸之人於道懈怠故又亦不應戲論

方諸大菩薩常應深心恭敬礼拜於一切衆
生平等說法以順法故不多不少乃至深愛
法者亦不為多說文殊師利是菩薩摩訶薩
於後末世法欲滅時有成就是第三安樂行
者說是法時无能惱亂得好同學共讀誦是
經亦得大衆而來聽受聽已能持持已能誦
誦已能說說已能書若使人書供養經卷恭敬
尊重讚歎尒時世尊欲重宣此義而說偈言
若欲說是經　當捨嫉恚慢　諂誑耶偽心　常脩質直行
不輕蔑於人　亦不戲論法　不令他疑悔　云汝不得佛
是佛子說法　常柔和能忍　慈悲於一切　不生懈怠心
十方大菩薩　愍衆故行道　應生恭敬心　是則我大師
於諸佛世尊　生无上父想　破於憍慢心　說法无障礙
第三法如是　智者應守護　一心安樂行　无量衆所敬

第三法如是　智者應守護　一心安樂行　无量衆所敬
又文殊師利菩薩摩訶薩於後末世法欲滅
時有持法華經者於在家出家人中生大慈
心於非菩薩人中生大悲心應作是念如是
之人則為大失如来方便隨宜說法不聞不
知不覺不問不信不解其人雖不問不信不
解是經我得阿耨多羅三藐三菩提時隨在
何地以神通力智慧力引之令得住是法中
文殊師利是菩薩摩訶薩於如来滅後有成
就此第四法者說是法時无有過失常為比
丘比丘尼優婆塞優婆夷國王王子大臣人
民婆羅門居士等供養恭敬尊重讚歎虛空
諸天為聽法故亦常隨侍若在聚落城邑空

此經是一切過去未來現在諸佛神力所護
故文殊師利是法華經於无量國中乃至名
字不可得聞何況得見受持讀誦文殊師利
譬如強力轉輪聖王欲以威勢降伏諸國而
諸小王不順其命時轉輪王起種種兵而往
討伐王見兵衆戰有功者即大歡喜隨功賞
賜或與田宅聚落城邑或與衣服嚴身之具
或與種種珍寶金銀瑠璃車𤦲馬瑙珊瑚虎
珀象馬車乘奴婢人民唯髻中明珠不以與
之所以者何獨王頂上有此一珠若以與之
王諸眷屬必大驚怪文殊師利如來亦復如
是以禪定智慧力得法國土王於三界而諸魔
王不肯順伏如來賢聖諸將與之共戰其
有功者心亦歡喜於四衆中為說諸經令其

有功者心亦歡喜於四衆中為說諸經令其
心悅賜以禪定解脫无漏根力諸法之財又
復賜與涅槃之城言得滅度引導其心令皆
歡喜而不為說是法華經文殊師利如轉輪
王見諸兵衆有大功者心甚歡喜以此難信
之珠久在髻中不妄與人而今與之如来亦
復如是於三界中為大法王以法教化一切
衆生見賢聖軍與五陰魔煩惱魔死魔共戰
有大功勳滅三毒出三界破魔網尒時如来
亦大歡喜此法華經能令衆生至一切智一
切世間多怨難信先所未說而今說之文殊
師利此法華經是諸如来第一之說於諸說
中最為甚深末後賜與如彼强力之王久護

不妄宣說始於今日乃與汝等而敷演之尒

時世尊欲重宣此義而說偈言

常行忍辱　哀愍一切　乃能演說　佛所讚經

後末世時　持此經者　於家出家　及非菩薩

應生慈悲　斯等不聞　不信是經　則為大失

我得佛道　以諸方便　為說此法　令住其中

譬如強力　轉輪之王　兵戰有功　賞賜諸物

象馬車乘　嚴身之具　及諸田宅　聚落城邑

或與衣服　種種珍寶　奴婢財物　歡喜賜與

如有勇健　能為難事　王解髻中　明珠賜之

如來亦尒　為諸法王　忍辱大力　智慧寶藏

以大慈悲　如法化世　見一切人　受諸苦惱

欲求解脫　與諸魔戰　為是衆生　說種種法

以大方便　說此諸經　既知衆生　得其力已

以大方便　說此諸經　旣知衆生　得其力已
末後乃爲　說是法華　如王解髻　明珠與之
此經爲尊　衆經中上　我常守護　不妄開示
今正是時　爲汝等說　我滅度後　求佛道者
欲得安隱　演說斯經　應當親近　如是四法
讀是經者　常无憂惱　又无病痛　顏色鮮白
不生貧窮　卑賤醜陋　衆生樂見　如慕賢聖
天諸童子　以爲給使　刀杖不加　毒不能害
若人惡罵　口則閉塞　遊行无畏　如師子王
智慧光明　如日之照　若於夢中　但見妙事
見諸如來　坐師子座　諸比丘衆　圍繞說法
又見龍神　阿脩羅等　數如恒沙　恭敬合掌
自見其身　而爲說法　又見諸佛　身相金色
放无量光　照於一切　以梵音聲　演說諸法

佛知其心　深入佛道　即為授記　成最正覺

汝善男子　當於來世　得无量智　佛之大道

國土嚴淨　廣大无比　亦有四衆　合掌聽法

又見自身　在山林中　脩習善法　證諸實相

深入禪定　見十方佛

諸佛身金色　百福相莊嚴　聞法為人說　常有是好夢

又夢作國王　捨宮殿眷屬　及上妙五欲　行詣於道場

在菩提樹下　而處師子座　求道過七日　得諸佛之智

成无上道已　起而轉法輪　為四衆說法　經千万億劫

說无漏妙法　度无量衆生　後當入涅槃　如烟盡火滅

若後惡世中　說是第一法　是人得大利　如上諸功德

妙法蓮華經從地踊出品第十五

尒時他方國土諸來菩薩摩訶薩過八恒河

沙數於大衆中起立合掌作礼而白佛言世尊

尒時他方國土諸来菩薩摩訶薩過八恒河
沙數於大衆中起立合掌作礼而白佛言世尊
若聽我等於佛滅後在此娑婆世界勤加精
進護持讀誦書冩供養是經典者當於此土
而廣說之尒時佛告諸菩薩摩訶薩衆止善
男子不須汝等護持此經所以者何我娑婆
世界自有六万恒河沙等菩薩摩訶薩一一
菩薩各有六万恒河沙眷屬是諸人等能於
我滅後護持讀誦廣說此經佛說是時娑婆
世界三千大千國土地皆震裂而於其中有
无量千万億菩薩摩訶薩同時踊出是諸菩
薩身皆金色三十二相无量光明先盡在此
娑婆世界之下此界虛空中住是諸菩薩聞
釋迦牟尼佛所說音聲從下發来一一菩薩

屬者況復乃至一恒河沙半恒河沙四分之
一乃至千万億那由他分之一況復千万億
那由他眷屬況復億万眷屬況復千万百万
乃至一万況復一千一百乃至一十況復將
五四三二一弟子者況復單己樂遠離行如
是等比丘无量无邊算數譬喻所不能知是諸
菩薩從地出已各詣虛空七寶妙塔多寶如
来釋迦牟尼佛所到已向二世尊頭面礼足
及至諸寶樹下師子座上佛所亦皆作礼右
繞三帀合掌恭敬以諸菩薩種種讚法而以
讚歎住在一面欣樂瞻仰於二世尊是諸菩
薩摩訶薩從初踊出以諸菩薩種種讚法而
讚於佛如是時間經五十小劫是時釋迦牟
尼佛默然而坐及諸四衆亦皆默然五十小

尼佛默然而生及諸四衆亦皆默然五十小
劫佛神力故令諸大衆謂如半日尒時四衆
亦以佛神力故見諸菩薩遍滿无量百千万
億國土虛空是菩薩衆中有四導師一名上
行二名无邊行三名淨行四名安立行是四
菩薩於其衆中最為上首唱導之師在大衆
前各共合掌觀釋迦牟尼佛而問訊言世尊
少病少惱安樂行不所應度者受教易不不
令世尊生疲勞耶尒時四大菩薩而說偈言
世尊安樂　少病少惱　教化衆生　得无疲惓
又諸衆生　受化易不　不令世尊　生疲勞耶
尒時世尊於菩薩大衆中而作是言如是如
是諸善男子如来安樂少病少惱諸衆生等
易可化度无有疲勞所以者何是諸衆生世

皆信受入如来慧除先脩習學小乘者如是
之人我今亦令得聞是經入於佛慧尒時諸
大菩薩而説偈言
善哉善哉　大雄世尊　諸衆生等　易可化度
能問諸佛　甚深智慧　聞已信行　我等隨喜
於時世尊讃歎上首諸大菩薩善哉善哉善
男子汝等能於如来發隨喜心尒時弥勒菩
薩及八千恒河沙諸菩薩衆皆作是念我等
從昔已来不見不聞如是大菩薩摩訶薩衆
從地踊出住世尊前合掌供養問訊如来時
弥勒菩薩摩訶薩知八千恒河沙諸菩薩等
心之所念并欲自決所疑合掌向佛以偈問曰
无量千万億　大衆諸菩薩　昔所未曽見　願兩足尊説
是從何所来　以何因緣集　巨身大神通　智慧叵思議

无量千万億　大衆諸菩薩　昔所未曾見　願兩足尊説
是從何所来　以何因緣集　巨身大神通　智慧叵思議
其志念堅固　有大忍辱力　衆生所樂見　為從何所来
一一諸菩薩　所將諸眷屬　其數无有量　如恒河沙等
或有大菩薩　將六万恒沙　如是諸大衆　一心求佛道
是諸大師等　六万恒河沙　俱来供養佛　及護持此經
將五万恒沙　其數過於是　四万及三万　二万至一万
一千一百等　乃至一恒沙　半及三四分　億万分之一
千万那由他　万億諸弟子　乃至於半億　其數復過上
百万至一万　一千及一百　五十與一十　乃至三二一
單巳无眷屬　樂於獨處者　俱来至佛所　其數轉過上
如是諸大衆　若人行籌數　過於恒沙劫　猶不能盡知
是諸大威德　精進菩薩衆　誰為其説法　教化而成就
從誰初發心　稱揚何佛法　受持行誰經　脩習何佛道
如是諸菩薩　神通大智力　四方地震裂　皆從中涌出

我常遊諸國　未曾見是衆　我於此衆中　乃不識一人
忽然從地出　願說其因緣　今此之大會　无量百千億
是諸菩薩等　皆欲知此事　是諸菩薩衆　本末之因緣
无量德世尊　唯願決衆疑
尒時釋迦牟尼佛分身諸佛從无量千万億
他方國土來者在於八方諸寶樹下師子座
上結跏趺坐其佛侍者各各見是菩薩大衆
於三千大千世界四方從地踊出住於虛空
各白其佛言世尊此諸无量无邊阿僧祇菩
薩大衆從何所來尒時諸佛各告侍者諸善
男子且待須臾有菩薩摩訶薩名弥勒釋迦
牟尼佛之所授記次後作佛已問斯事佛今
荅之汝等自當因是得聞尒時釋迦牟尼佛
告弥勒菩薩善哉善哉阿逸多乃能問佛如

答之汝等自當因是得聞尒時釋迦牟尼佛
告弥勒菩薩善哉善哉阿逸多乃能問佛如
是大事汝等當共一心被精進鎧發堅固意
如来今欲顯發宣示諸佛智慧諸佛自在神
通之力諸佛師子奮迅之力諸佛威猛大勢
之力尒時世尊欲重宣此義而說偈言
當精進一心　我欲說此事　勿得有疑悔　佛智叵思議
汝今出信力　住於忍善中　昔所未聞法　今皆當得聞
我今安慰汝　勿得懷疑懼　佛无不實語　智慧不可量
所得第一法　甚深叵分別　如是今當說　汝等一心聽
尒時世尊說此偈已告弥勒菩薩我今於此
大衆宣告汝等阿逸多是諸大菩薩摩訶薩
无量无數阿僧祇從地踊出汝等昔所未見
者我於是娑婆世界得阿耨多羅三藐三菩
提已教化示導是諸菩薩調伏其心令發道

空中住於諸經典讀誦通利思惟分別正憶
念阿逸多是諸善男子等不樂在衆多有所
說常樂靜處勤行精進未曾休息亦不依止
人天而住常樂深智无有障礙亦常樂於諸
佛之法一心精進求无上慧尒時世尊欲重
宣此義而說偈言
阿逸汝當知　是諸大菩薩　從无數劫來　脩習佛智慧
悉是我所化　令發大道心　此等是我子　依止是世界
常行頭陁事　志樂於靜處　捨大衆憒閙　不樂多所說
如是諸子等　學習我道法　晝夜常精進　為求佛道故
在娑婆世界　下方空中住　志念力堅固　常勤求智慧
說種種妙法　其心无所畏　我於伽耶城　菩提樹下坐
得成最正覺　轉无上法輪　尒乃教化之　令初發道心
今皆住不退　悉當得成佛　我今說實語　汝等一心信

BD00692　妙法蓮華經卷五

令皆住不退　悉當得成佛　我今說實語　汝等一心信
我從久遠來　教化是等衆
尒時彌勒菩薩摩訶薩及无數諸菩薩等心
生疑惑怪未曾有而作是念云何世尊於少
時間教化如是无量无邊阿僧祇諸大菩薩
令住阿耨多羅三藐三菩提即白佛言世尊
如来為太子時出於釋宮去伽耶城不遠坐
於道場得成阿耨多羅三藐三菩提從是已
来始過四十餘年世尊云何於此少時大作
佛事以佛勢力以佛功德教化如是无量大
菩薩衆當成阿耨多羅三藐三菩提世尊此
大菩薩衆假使有人於千万億劫數不能盡
不得其邊斯等久遠已来於无量无邊諸佛
所殖諸善根成就菩薩道常脩梵行世尊如

少言是我父生育我等是事難信佛亦如是
得道已來其實未久而此大衆諸菩薩等已
於无量千万億劫為佛道故勤行精進善入
出住无量百千万億三昧得大神通久脩梵
行善能次第習諸善法巧於問荅人中之寶
一切世間甚為希有今日世尊方云得佛道
時初令發心教示導令向阿耨多羅三藐
三菩提世尊得佛未久乃能作此大功德事
我等雖復信佛隨宜所說佛所出言未曾虛
妄佛所知事皆悉通達然諸新發意菩薩於
佛滅後若聞是語或不信受而起破法罪業
因緣唯然世尊願為解說除我等疑及未來
世諸善男子聞此事已亦不生疑尒時 弥勒
菩薩欲重宣此義而說偈言

世諸善男子聞此事已亦不生疑尒時 彌勒
菩薩欲重宣此義而説偈言
佛昔從釋種　出家近伽耶　坐於菩提樹　尒來尚未久
此諸佛子等　其數不可量　久已行佛道　住神通智力
善學菩薩道　不染世間法　如蓮華在水　從地而踊出
皆起恭敬心　住於世尊前　是事難思議　云何而可信
佛得道甚近　所成就甚多　願為除衆疑　如實分別説
譬如少壯人　年始二十五　示人百歲子　髮白而面皺
是等我所生　子亦説是父　父少而子老　舉世所不信
世尊亦如是　得道來甚近　是諸菩薩等　志固无怯弱
從无量劫來　而行菩薩道　巧於難問荅　其心无所畏
忍辱心決定　端正有威德　十方佛所讚　善能分別説
不樂在人衆　常好在禪定　為求佛道故　於下空中住
我等從佛聞　於此事无疑　願佛為未來　演説令開解

妙法蓮華經如來壽量品第十六
尒時佛告諸菩薩及一切大衆諸善男子汝
等當信解如來誠諦之語復告大衆汝等當
信解如來誠諦之語又復告諸大衆汝等當
信解如來誠諦之語是時菩薩大衆弥勒爲
首合掌白佛言世尊唯願説之我等當信受
佛語如是三白已復言唯願説之我等當信
受佛語尒時世尊知諸菩薩三請不止而告
之言汝等諦聽如來秘密神通之力一切世
間天人及阿脩羅皆謂今釋迦牟尼佛出釋
氏宮去伽耶城不遠坐於道場得阿耨多羅
三藐三菩提然善男子我實成佛已來无量
无邊百千万億那由他劫譬如五百千万億
那由他阿僧祇三千大千世界假使有人末

那由他阿僧祇三千大千世界假使有人末
爲微塵過於東方五百千万億那由他阿僧
祇國乃下一塵如是東行盡是微塵諸善男
子於意云何是諸世界可得思惟校計知其
數不彌勒菩薩等俱白佛言世尊是諸世界
无量无邊非筭數所知亦非心力所及一切
聲聞辟支佛以无漏智不能思惟知其限數
我等住阿惟越致地於是事中亦所不達世
尊如是諸世界无量无邊尒時佛告大菩薩
衆諸善男子今當分明宣語汝等是諸世界
若著微塵及不著者盡以爲塵一塵一劫我
成佛已來復過於此百千万億那由他阿僧
祇劫自從是來我常在此娑婆世界說法教
化亦於餘處百千万億那由他阿僧祇國導

善男子若有衆生來至我所我以佛眼觀其
信等諸根利鈍隨所應度處處自説名字不
同年紀大小亦復現言當入涅槃又以種種
方便説微妙法能令衆生發歡喜心諸善男
子如來見諸衆生樂於小法德薄垢重者爲
是人説我少出家得阿耨多羅三藐三菩提
然我實成佛已來久遠若斯但以方便教化
衆生令入佛道作如是説諸善男子如來所
演經典皆爲度脫衆生或説己身或説他身
或示己身或示他身或示己事或示他事諸
所言説皆實不虛所以者何如來如實知見
三界之相无有生死若退若出亦无在世及
滅度者非實非虛非如非異不如三界見於
三界如斯之事如來明見无有錯謬以諸衆

滅度者非實非虛非如非異不如三界見於
三界如斯之事如來明見无有錯謬以諸衆
生有種種性種種欲種種行種種憶想分别
故欲令生諸善根以若干因緣譬喻言辭種
種說法所作佛事未曾暫廢如是我成佛已
來甚大久遠壽命无量阿僧祇劫常住不滅
諸善男子我本行菩薩道所成壽命今猶未
盡復倍上數然今非實滅度而便唱言當取
滅度如來以是方便教化衆生所以者何若
佛久住於世薄德之人不種善根貧窮下賤
貪著五欲入於憶想妄見網中若見如來常
在不滅便起憍恣而懷猒怠不能生難遭之
想恭敬之心是故如來以方便說比丘當知
諸佛出世難可值遇所以者何諸薄德人過
量百千萬億劫或有見佛或不見者以此

生等聞如是語必當生於難遭之想心懷戀
慕渴仰於佛便種善根是故如來雖不實滅
而言滅度又善男子諸佛如來法皆如是為
度衆生皆實不虛譬如良醫智慧聰達明練
方藥善治衆病其人多諸子息若十二十乃
至百數以有事緣遠至餘國諸子於後飲他
毒藥藥發悶亂宛轉于地是時其父還來歸
家諸子飲毒或失本心或不失者遥見其父
皆大歡喜拜跪問訊善安隱歸我等愚癡誤
服毒藥願見救療更賜壽命父見子等苦惱
如是依諸經方求好藥草色香美味皆悉具
足擣篩和合與子令服而作是言此大良藥
色香美味皆悉具足汝等可服速除苦惱无
復衆患其諸子中不失心者見此良藥色香

復衆患其諸子中不失心者見此良藥色香
俱好即便服之病盡除愈餘失心者見其父
来雖亦歡喜問訊求索治病然與其藥而不
肯服所以者何毒氣深入失本心故於此好
色香藥而謂不美父作是念此子可愍爲毒
所中心皆顛倒雖見我喜求索救療如是好
藥而不肯服我今當設方便令服此藥即作
是言汝等當知我今衰老死時已至是好良
藥今留在此汝可取服勿憂不差作是教已
復至他國遣使還告汝父已死是時諸子聞
父背喪心大憂惱而作是念若父在者慈愍
我等能見救護今者捨我遠喪他國自惟孤
露无復恃怙常懷悲感心遂醒悟乃知此藥
色味香美即取服之毒病皆愈其父聞子悉

尊佛言我亦如是成佛已來无量无邊百千
万億那由他阿僧祇劫為衆生故以方便力
言當滅度亦无有能如法說我虛妄過者尒
時世尊欲重宣此義而說偈言
自我得佛來　所経諸劫數　无量百千万　億載阿僧祇
常說法教化　无數億衆生　令入於佛道　尒來无量劫
為度衆生故　方便現涅槃　而實不滅度　常住此說法
我常住於此　以諸神通力　令顛倒衆生　雖近而不見
衆見我滅度　廣供養舍利　咸皆懷戀慕　而生渴仰心
衆生既信伏　質直意柔軟　一心欲見佛　不自惜身命
時我及衆僧　俱出靈鷲山　我時語衆生　常在此不滅
以方便力故　現有滅不滅　餘國有衆生　恭敬信樂者
我復於彼中　為說无上法　汝等不聞此　但謂我滅度
我見諸衆生　没在於苦惱　故不為現身　令其生渇仰

我復於彼中　為說无上法　汝等不聞此　但謂我滅度
我見諸衆生　没在於苦惱　故不為現身　令其生渴仰
因其心戀慕　乃出為說法　神通力如是　於阿僧祇劫
常在靈鷲山　及餘諸住處　衆生見劫盡　大火所燒時
我此土安隱　天人常充滿　園林諸堂閣　種種寶莊嚴
寶樹多華菓　衆生所遊樂　諸天擊天鼓　常作衆伎樂
雨曼陁羅華　散佛及大衆　我淨土不毁　而衆見燒盡
憂怖諸苦惱　如是悉充滿　是諸罪衆生　以惡業因緣
過阿僧祇劫　不聞三寶名　諸有修功德　柔和質直者
則皆見我身　在此而說法　或時為此衆　說佛壽无量
久乃見佛者　為說佛難值　我智力如是　慧光照无量
壽命无數劫　久脩業所得　汝等有智者　勿於此生疑
當斷令永盡　佛語實不虛　如醫善方便　為治狂子故
實在而言死　无能說虛妄　我亦為世父　救諸苦患者
為凡夫顛倒　實在而言滅　以常見我故　而生憍恣心

隨應所可度　為說種種法　每自作是意　以何令衆生
得入无上道　速成就佛身

妙法蓮華經分别功德品第十七

尒時大會聞佛說壽命劫數長遠如是无量
无邊阿僧祇衆生得大饒益於時世尊告弥
勒菩薩摩訶薩阿逸多我說是如來壽命長
遠時六百八十万億那由他恒河沙衆生得
无生法忍復千倍菩薩摩訶薩得聞持陁羅
尼門復有一世界微塵數菩薩摩訶薩得樂
說无礙辯才復有一世界微塵數菩薩摩訶
薩得百千万億无量旋陁羅尼復有三千大
千世界微塵數菩薩摩訶薩能轉不退法輪
復有二千中國土微塵數菩薩摩訶薩能轉
清淨法輪復有小千國土微塵數菩薩摩訶

復有二千中國土微塵數菩薩摩訶薩能轉
清淨法輪復有小千國土微塵數菩薩摩訶
薩八生當得阿耨多羅三藐三菩提復有四
四天下微塵數菩薩摩訶薩四生當得阿耨
多羅三藐三菩提復有三四天下微塵數菩
薩摩訶薩三生當得阿耨多羅三藐三菩提
復有二四天下微塵數菩薩摩訶薩二生當
得阿耨多羅三藐三菩提復有一四天下微
塵數菩薩摩訶薩一生當得阿耨多羅三藐
三菩提復有八世界微塵數衆生皆發阿耨
多羅三藐三菩提心佛說是諸菩薩摩訶薩
得大法利時於虛空中雨曼陁羅華摩訶曼
陁羅華以散無量百千万億寶樹下師子座
上諸佛并散七寶塔中師子座上釋迦牟尼

中天皷自鳴妙聲深遠又雨千種天衣垂諸
瓔珞真珠瓔珞摩尼珠瓔珞如意珠瓔珞遍
於九方衆寶香爐燒无價香自然周至供養
大會一一佛上有諸菩薩執持幡蓋次第而
上至于梵天是諸菩薩以妙音聲歌无量頌
讚歎諸佛尒時彌勒菩薩從座而起偏袒右
肩合掌向佛而說偈言
佛說希有法　昔所未曾聞　世尊有大力　壽命不可量
无數諸佛子　聞世尊分別　說得法利者　歡喜充遍身
或住不退地　或得陁羅尼　或无礙樂說　万億旋揔持
或有大千界　微塵數菩薩　各各皆能轉　不退之法輪
或有中千界　微塵數菩薩　各各皆能轉　清淨之法輪
復有小千界　微塵數菩薩　餘各八生在　當得成佛道
復有四三二　如是四天下　微塵諸菩薩　隨數生成佛

復有小千界　微塵數菩薩　餘各八生在　當得成佛道
復有四三二　如是四天下　微塵諸菩薩　隨數生成佛
或一四天下　微塵數菩薩　餘有一生在　當成一切智
如是等衆生　聞佛壽長遠　得无量无漏　清淨之果報
復有八世界　微塵數衆生　聞佛說壽命　皆發无上心
世尊說无量　不可思議法　多有所饒益　如虛空无邊
雨天曼陁羅　摩訶曼陁羅　釋梵如恒沙　无數佛土來
雨栴檀沉水　繽紛而亂墜　如鳥飛空下　供散於諸佛
天鼓虛空中　自然出妙聲　天衣千万種　旋轉而來下
衆寶妙香爐　燒无價之香　自然悉周遍　供養諸世尊
其大菩薩衆　執七寶幡蓋　高妙万億種　次第至梵天
一一諸佛前　寶幢懸勝幡　亦以千万偈　歌詠諸如來
如是種種事　昔所未曾有　聞佛壽无量　一切皆歡喜
佛名聞十方　廣饒益衆生　一切具善根　以助无上心

所得功德无有限量若有善男子善女人爲
阿耨多羅三藐三菩提於八十万億那由他
劫行五波羅蜜檀波羅蜜尸羅波羅蜜羼提
波羅蜜毗梨耶波羅蜜禪波羅蜜除般若波
羅蜜以是功德比前功德百分千分百千万
億分不及其一乃至筭數譬喻所不能知若
善男子有如是功德於阿耨多羅三藐三菩
提退者无有是處尒時世尊欲重宣此義而
說偈言

若人求佛慧　於八十万億　那由他劫數　行五波羅蜜
於是諸劫中　布施供養佛　及緣覺弟子　并諸菩薩衆
珎異之飲食　上服與卧具　栴檀立精舍　以園林莊嚴
如是等布施　種種皆微妙　盡此諸劫數　以迴向佛道
若復持禁戒　清淨无缺漏　求於无上道　諸佛之所歎

若復持禁戒　清淨无缺漏　求於无上道　諸佛之所歎
若復行忍辱　住於調柔地　設衆惡來加　其心不傾動
諸有得法者　懷於增上慢　為此所輕惱　如是亦能忍
若復勤精進　志念常堅固　於无量億劫　一心不懈息
又於无數劫　住於空閑處　若坐若經行　除睡常攝心
以是因緣故　能生諸禪定　八十億万劫　安住心不亂
持此一心福　願求无上道　我得一切智　盡諸禪定際
是人於百千　万億劫數中　行此諸功德　如上之所說
有善男女等　聞我說壽命　乃至一念信　其福過於彼
若人悉无有　一切諸疑悔　深心須臾信　其福為如此
其有諸菩薩　无量劫行道　聞我說壽命　是則能信受
如是諸人等　頂受此經典　願我於未來　長壽度衆生
如今日世尊　諸釋中之王　道場師子吼　說法无所畏
我等未來世　一切所尊敬　坐於道場時　說壽亦如是

又阿逸多若有聞佛壽命長遠解其言趣是
人所得功德无有限量能起如來无上之慧
何况廣聞是經若教人聞若自持若教人持
若自書若教人書若以華香瓔珞幢幡繒蓋
香油蘇燈供養經卷是人功德无量无邊能
生一切種智阿逸多若善男子善女人聞我
說壽命長遠深心信解則為見佛常在耆闍
崛山共大菩薩諸聲聞衆圍繞說法又見此
娑婆世界其地瑠璃坦然平正閻浮檀金以
界八道寶樹行列諸臺樓觀皆悉寶成其菩
薩衆咸處其中若能如是觀者當知是為深
信解相又復如來滅後若聞是經而不毀呰
起隨喜心當知已為深信解相何况讀誦受
持之者斯人則為頂戴如來阿逸多是善男

起隨喜心當知已為深信解相何況讀誦受
持之者斯人則為頂戴如來阿逸多是善男
子善女人不須為我復起塔寺及作僧坊以
四事供養眾僧所以者何是善男子善女人
受持讀誦是經典者為已起塔造立僧坊
供養眾僧則為以佛舍利起七寶塔高廣漸
小至于梵天懸諸幡蓋及眾寶鈴華香瓔珞
末香塗香燒香眾鼓伎樂簫笛箜篌種種儛
戲以妙音聲歌唄讚頌則為於无量千万億
劫作是供養已阿逸多若我滅後聞是經典
有能受持若自書若教人書則為起立僧坊
以赤栴檀作諸殿堂三十有二高八多羅樹
高廣嚴好百千比丘於其中止園林流池經
行禪窟衣服飲食床褥湯藥一切樂具充滿

如來滅後若有受持讀誦爲他人說若自書
若教人書供養經卷不須復起塔寺及造僧
坊供養衆僧況復有人能持是經兼行布施
持戒忍辱精進一心智慧其德最勝无量无
邊譬如虛空東西南北四維上下无量无邊
是人功德亦復如是无量无邊疾至一切種
智若人讀誦受持是經爲他人說若自書若
教人書復能起塔及造僧坊供養讚歎聲聞
衆僧亦以百千万億讚歎之法讚歎菩薩功德
又爲他人種種因緣隨義解說此法華經
復能清淨持戒與柔和者而共同止忍辱无
瞋志念堅固常貴坐禪得諸深定精進勇猛
攝諸善法利根智慧善荅問難阿逸多若我
滅後諸善男子善女人受持讀誦是經典者

攝諸善法利根智慧善荅問難阿逸多若我
滅後諸善男子善女人受持讀誦是經典者
復有如是諸善功德當知是人已趣道場近
阿耨多羅三藐三菩提坐道樹下阿逸多是
善男子若坐若立若行處此中便應起塔一
切天人皆應供養如佛之塔尒時世尊欲重
宣此義而說偈言
若我滅度後　能奉持此經　斯人福无量　如上之所說
是則為具足　一切諸供養　以舍利起塔　七寶而莊嚴
表刹甚高廣　漸小至梵天　寶鈴千万億　風動出妙音
又於无量劫　而供養此塔　華香諸瓔珞　天衣衆伎樂
燃香油穌燈　周帀常照明　惡世法末時　能持是經者
則為已如上　具足諸供養　若能持此經　則如佛見在
以牛頭栴檀　起僧坊供養　堂有三十二　高八多羅樹

若復教人書　及供養經卷　散華香末香　以須曼瞻蔔
阿提目多伽　薰油常燃之　如是供養者　得无量功德
如虛空无邊　其福亦如是　況復持此經　兼布施持戒
忍辱樂禪定　不瞋不惡口　恭敬於塔廟　謙下諸比丘
遠離自高心　常思惟智慧　有問難不瞋　隨順為解說
若能行是行　功德不可量　若見此法師　成就如是德
應以天華散　天衣覆其身　頭面接足礼　生心如佛想
又應作是念　不久詣道樹　得无漏无為　廣利諸人天
其所住止處　經行若坐臥　乃至說一偈　是中應起塔
莊嚴令妙好　種種以供養　佛子住此地　則是佛受用
其在於其中　經行及坐臥

妙法蓮華經卷第五

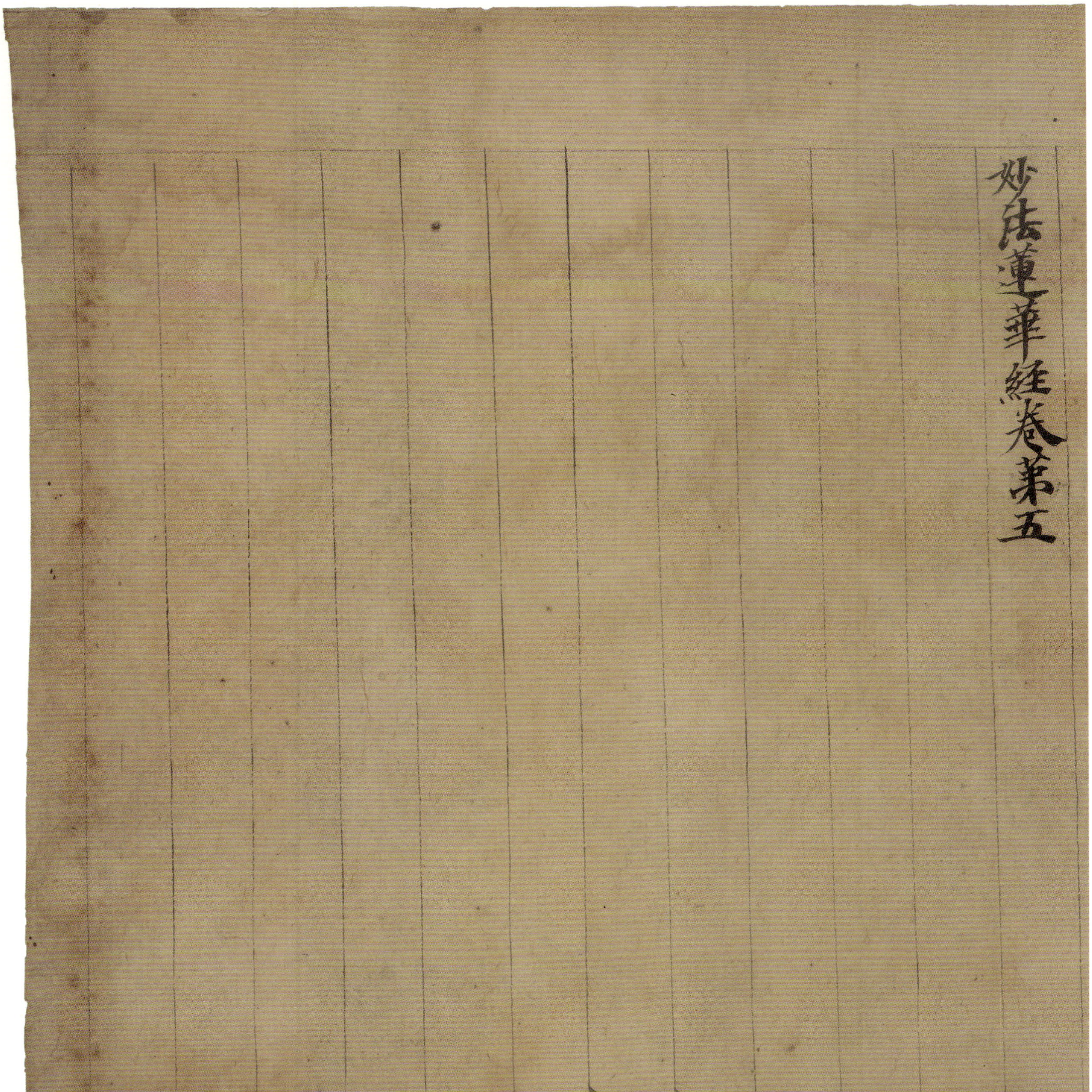

妙法蓮華經卷第五

BD00693-1 續命經（小本）

BD00693-2 解百生怨家陀羅尼經

BD00693-3 延壽命經（小本）

BD00693-4 天請問經（唐）玄奘 譯

BD00693-5 般若波羅蜜多心經（唐）玄奘 譯

BD00693-6 造塔功德經（唐）地婆訶羅 譯

BD00693-7 大乘四法經（甲本）

BD00693-8 十想經

184.2cm × 27.9cm

佛說續命經
南无大慈大悲救苦觀世音惟願展手摩我頂救護娑婆世界中
罪者安著涅槃下脫地每供養諸佛度一切如願隨形願受持得不舍
離西方阿弥陀佛觀世音菩薩得大勢至菩薩有能誦此一佛二菩薩
名者得離生死苦永不入地獄恒值善知識有疑有難者誦此經一千
遍即得解脫
一願三報恒存立　二願風雨順時行　三願國王壽万歲　四願邊地無刀兵
五願三塗離苦難　六願百病盡消除　七願殺生行慈孝　八願居人不殺生
九願冤深消得脫　十願法界普安寧　眼願莫見刀光刃　耳願不聞惡哭聲
口願不用惡心意　手願不煞一衆生　惣願當來值弥勒　連臂相將入化城
佛說續命經一卷

呪呪唵呪　聞如是一時佛在……

時有一菩薩名普光菩薩摩訶薩衆所諸識說往昔因緣
未來世末法衆生多造罪者結緣怨讎已世世皆須相過若有善
男子善女人聞是陀羅尼七日七夜結淨齋戒日日清朝念此普
光菩薩摩訶薩名号及念此陀羅尼一百八遍過七日滿足盡〻
得消滅怨家不相過會
佛說是語時四衆人民悲皆歡喜受教奉行
唵　阿　惡　伊　西　薩　婆　訶
佛說解百生怨家陀羅尼經一卷
佛說延壽命經
尒時佛在舍華國時與比丘比丘尼優婆塞優婆夷七万七千人俱
有比丘名難達壽欲終朝從佛求延命佛為說十七神名結者
百救延即延十八年有壽百歲延命二千歲常得安隱免諸惡病
者得命恩癧者得語四百四病應時消除佛言諸有病者持此十七神

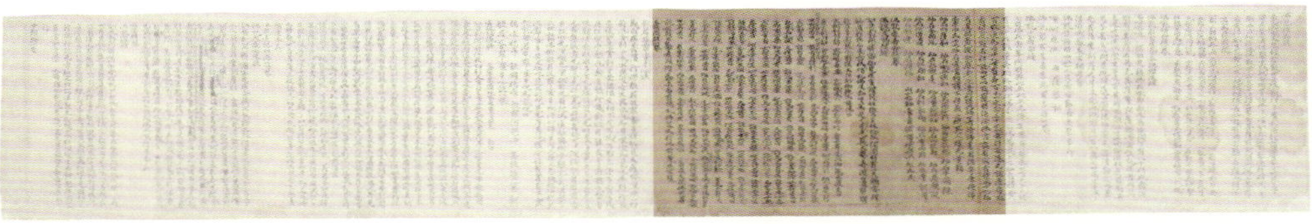

百收延即延十八年有壽百歲延命二十歲常得安隱无諸惡害疾
者得命惡歷者得語四百四病應時消除佛言諸有病者持此十七神
名著繒幡纓絡患者除常得持此經著清淨處若隨身常使淨
索中即十七神名常當擁護不得離之使其人獲无量福
神名四藻和　神名吡豆遮和　神名隨沙門　神名波波那　神名牟頭陁
神名金頭陁　神名那羅達　神名摩訶波和　神名四波和　神名馬頭陁
神名河達達　神名波頭和　神名和訶頭　神名摩由羅　神名摩訶摩
神名迦遮　神名遮神　此十七神常當擁護使得所願即成
佛說延壽命經一卷
佛說天請問經
如是我聞一時薄伽梵在室羅筏住誓多林給孤獨園時有一天顏容殊
妙過於夜分來詣佛所頂礼佛足却坐一面是天威光其文赫奕周遍照曜
誓多園林尒時彼天以妙伽他而請佛曰

[illegible]
何者堅鉀冑 何者利刀仗
世尊告曰 施者名得利 受者名失利 忍為堅甲冑 慧為利刀仗 天復請曰 云何為盜賊
云何智者財 誰於天世間 說名能劫盜 世尊告曰 邪思為盜賊 尸羅智者財 於諸天世間
非福為劫賊 天復請曰 誰為最安樂 誰為大富貴 誰為恒端嚴 誰為常醜陋 世尊告曰
少欲最安樂 知足大富貴 持戒恒端嚴 破戒常醜陋 天復請曰 誰為善眷屬 誰為惡心怨
云何極重苦 云何第一樂 世尊告曰 福為善眷屬 罪為惡心怨 地獄極重苦 無生第一樂
天復請曰 何者愛非宜 何者宜非愛 何者極熱病 誰是大良醫 世尊告曰 諸欲愛非宜
解脫宜非愛 貪為極熱病 佛是大良醫 天復請曰 誰能覆世間 世間誰所繫 誰令捨親友
誰復障生天 世尊告曰 無智覆世間 世間癡所繫 慳貪捨親友 染著障生天 天復請曰
誰非火所燒 是亦不能碎 誰非水所爛 誰淨持世間 誰能王賊 勇猛相抗敵 不為人非人
能淨持世間
之所來侵奪 世尊告曰 福非火所燒 是亦不能碎 福非水所爛 福能與王賊 勇猛相抗敵
不為人非人 之所來侵奪 天復請曰 我今猶有疑 請佛為除斷 今世往後世 誰猶自欺誑
世尊告曰 若多有珍寶 而不能脩福 今世往後世 彼猶自欺誑 尒時彼天聞佛世尊
說是經已 歡喜踊躍 歎未曾有 頂礼佛足 即於佛前 忽然不現
天請問經一卷

說是經已歡喜踊躍歎未曾有頂礼佛足即於佛前忽然不現

天請問經一卷

般若波羅蜜多心經

觀自在菩薩行深般若波羅蜜多時照見五蘊皆空度一切
苦厄舍利子色不異空空不異色色即是空空即是色受想行識
亦復如是舍利子是諸法空相不生不滅不垢不淨不增不減
是故空中無色無受想行識無眼耳鼻舌身意無色聲香
味觸法無眼界乃至无意識界无无明盡乃至无老死亦無老盡
无苦集滅道无智亦无得已无所得故菩提薩埵依般若波羅蜜
多故心无罣礙无罣礙故无有恐怖遠離顛倒夢想究竟涅槃三
三世諸佛依般若波羅蜜多故得阿耨多羅三藐三菩提故知般若
波羅蜜多是大神呪是大明呪是无等等呪能除一切苦真實不虛
故說般若波羅蜜多呪即說呪曰
揭帝揭帝　般羅揭帝　般羅僧揭帝　菩提　娑婆訶

造塔功德經

天竺三藏[illegible]

如是我聞一時佛在忉利天宮白玉座上與大比丘大菩薩等及彼天主无量眾俱時大梵天王那羅延天大自在天及五乾闥婆王等各與眷屬俱來至佛所欲聞如來造塔之法及塔所生功德之量會中有菩薩名觀世音以知其意即從坐起偏袒右肩右膝著地合掌向佛而作是言世尊今此諸乾闥婆等故來至此欲請如來造塔之法及造塔所生功德之量唯願世尊為彼解脫利益一切无量眾生尒時世尊告觀世音菩薩言善男子若此現在諸天眾等及未來世一切眾生隨所在方未有塔處能於其中建立之者其狀高妙出過三界乃至至小如菴羅果所有表剎上至梵天乃至至小猶如針等所有輪蓋覆彼大千乃至至小猶如棗葉於彼塔內藏掩如來所有舍利髮牙髭爪下至一分或置所有法藏十二部經下下至於一四句偈其人功德如彼梵天命終之後生於梵世於彼壽盡生五淨居與彼諸天等无有異善男子如我所說如是之事是彼塔量功德因緣汝諸天等當勤修學

尒時觀世音菩薩復白佛言世尊如向所說安置舍利及以法藏我已受持不審如來四句之義唯願為我分別演說尒時世尊說是偈言

諸法因緣生　我說是因緣
因緣盡故滅　我作如是說

善男子如是偈

尒時觀世音菩薩復白佛言世尊如向所說安置舍利及以法藏我已受持
不審如來四句之義唯願為我分別演說尒時世尊說是偈言
諸法因緣生　我說是因緣　因緣盡故滅　我作如是說　善男子如是偈
義名佛法身汝當書寫置彼塔內何以故一切因緣及所法性空寂滅故
是故我說名為法身若有衆生觧了如是因緣之義當知是人即為見佛
尒時觀世音菩薩及彼諸天一切大衆乾闥婆等聞佛所說皆大歡喜
信受奉行
佛說造塔功德經一卷
佛說大乘四法經
如是我聞一時薄伽梵在舍衛國祇樹給孤獨園與大比丘衆千二百五十
人及諸菩薩摩訶薩俱　尒時薄伽梵告諸比丘言諸比丘菩薩摩
訶薩盡形壽不顧身命行此四法云何為四諸比丘菩薩摩訶薩盡形
壽不[redacted]命不捨[redacted]諸比丘菩薩摩訶薩盡形壽不惜軀
命不捨[redacted]諸比丘菩薩摩訶薩盡形壽不惜身命
常住空閑是故諸比丘菩薩摩訶薩不[redacted]身命而此四法不應遠離
[illegible]

[illegible]

有智常住於空閑 若習諸者住四法 降伏諸魔成道 尒時薄伽梵說是經

已諸比丘及諸菩薩摩訶薩一切大衆聞佛所說信受奉行

四法經一卷

佛說十想經

如是我聞一時薄伽梵住拘尸那城壯力士村娑羅雙樹間臨般涅槃 尒時

世尊告諸比丘苾芻若有苾芻臨欲命終應念十想何等為十一不染著想二於

諸有情而起慈想三所有結恨當生捨想四或有惡戒而生懺悔於一切戒起

受學想五若作大罪起極小想六作少善根生廣大想七於他生無畏想八

於諸行起無常想九於一切法起無我想十於涅槃生寂靜想汝諸苾

芻當如是學 尒時薄伽梵說是經已諸苾芻衆皆大歡喜信受奉

行

十想經一卷

BD00694 妙法蓮華經卷七

（後秦）鳩摩羅什 譯

163.5cm × 24.5cm

械枷鎖檢繫其身稱觀世音菩薩名者皆
悉斷壞即得解脫若三千大千國土滿中怨
賊有一商主將諸商人賫持重寶經過險
路其中一人是唱言諸善男子勿得恐怖汝
等應當一心稱觀世音菩薩名號是菩薩能
以无畏施於衆生汝等若稱名者於此怨賊
當得解脫衆商人聞俱發聲言南无觀
世音菩薩稱其名故即得解脫无盡意
觀世音菩薩摩訶薩威神之力巍巍如是
若有衆生多於婬欲常念恭敬觀世音
菩薩便得離欲若多瞋恚常念恭敬觀世
音菩薩便得離瞋若多愚癡常念恭敬觀
世音菩薩便得離癡无盡意觀世音菩薩

應心念若有女人設欲求男礼拜供養觀世
音菩薩便生福德智慧之男設欲求女便生
端正有相之女宿植德本衆人愛敬无盡意觀
世音菩薩有如是力若有衆生恭敬礼拜
觀世音菩薩福不唐捐是故衆生皆應受持
觀世音菩薩名号无盡意若有人受持六十
二億恒河沙菩薩名字復盡形供養飲食
衣服卧具醫藥於汝意云何是善男子善
女人功德多不无盡意言甚多世尊佛言若
復有人受持觀世音菩薩名号乃至一時礼
拜供養是二人福正等无異於百千万億劫不
可窮盡无盡意受持觀世音菩薩名号得如
是无量无邊福德之利无盡意菩薩白佛言世

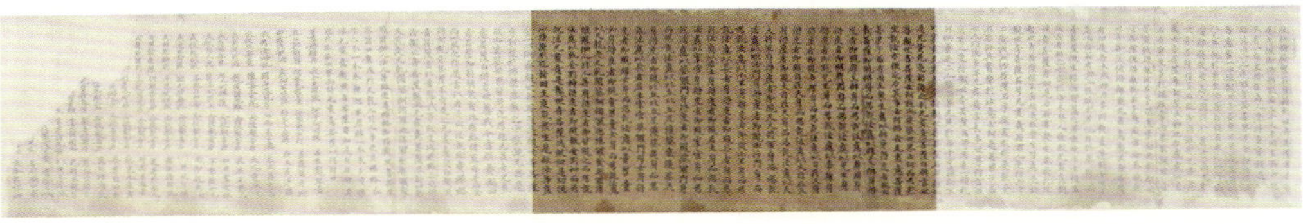

是无量无邊福得之利无盡意菩薩白佛言世
尊觀世音菩薩云何遊此娑婆世界云何而為衆
生說法方便之力其事云何佛告无盡意菩薩
善男子若有國土衆生應以佛身得度者觀世
音菩薩即現佛身而為說法應以辟支佛身得
度者即現辟支佛身而為說法應以聲聞身
得度者即現聲聞身而為說法應以梵王身
得度者即現梵王身而為說法應以帝釋身
得度者即現帝釋身而為說法應以自在天身
得度者即現自在天身而為說法應以大自在天
身得度者即現大自在天身而為說法應以天
大將軍身得度者即現天大將軍身而為說
法應以毗沙門身得度者即現毗沙門身而

說法應以居士身得度者即現居士身而爲說
法應以宰官身得度者即現宰官身而爲
說法應以婆羅門身得度者即現婆羅門身
而爲說法應以比丘比丘尼優婆塞優婆夷
身得度者即現比丘比丘尼優婆夷身而爲
說法應以長者居士宰官婆羅門婦女身得
度者即現婦女身而爲說法應以童男童
女身得度者即現童男童女身而爲說法應
以天龍夜叉乹闥婆阿脩羅迦樓羅緊那羅摩
睺羅伽人非人等身得度者即皆現之而爲說
法應以執金剛神得度者即現執金剛神而爲
說法无盡意是觀世音菩薩成就如是功德
以種種形遊諸國土度脫衆生是故汝等應

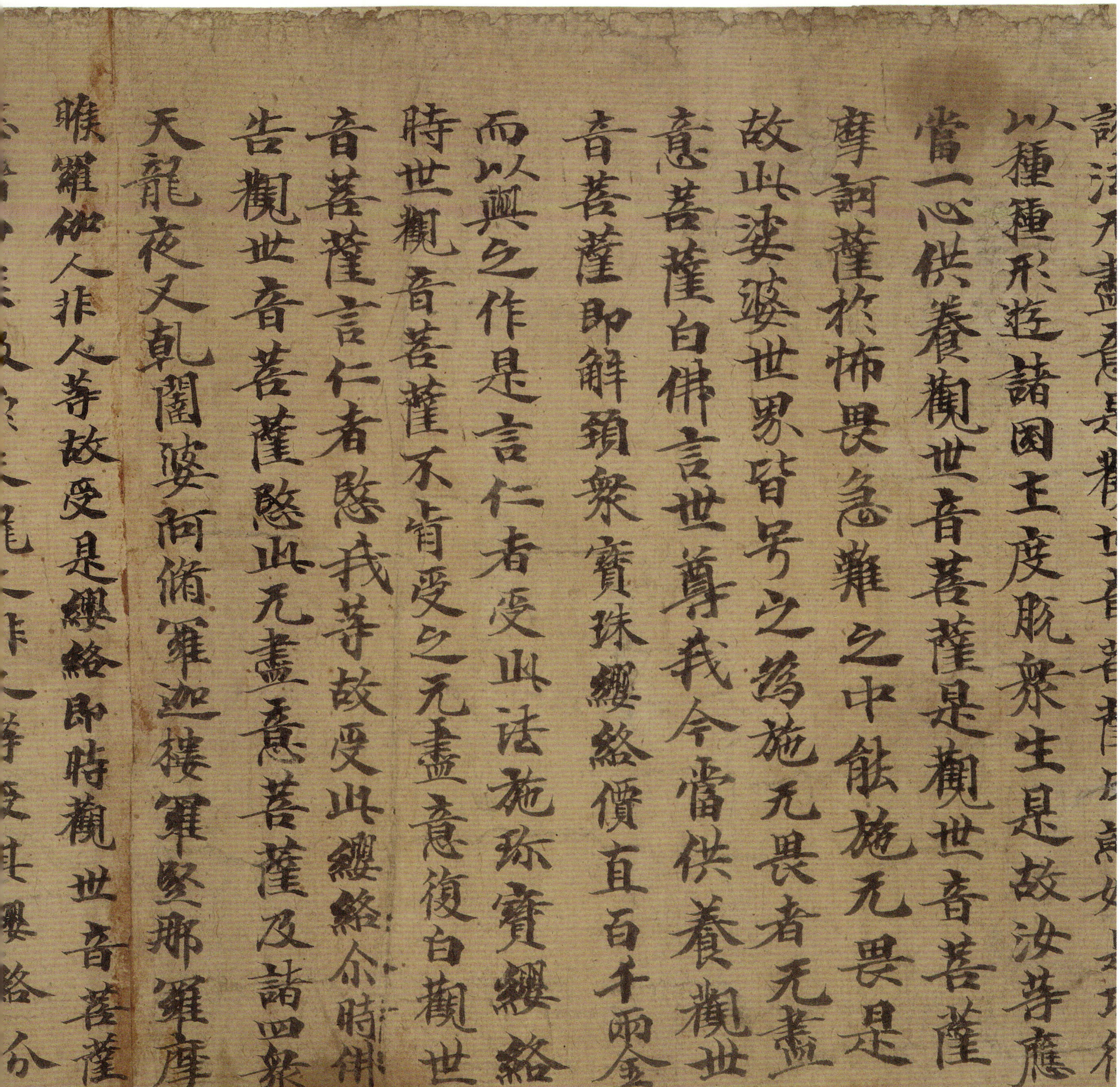
說法无盡意是觀世音菩薩成就如是功德
以種種形遊諸國土度脫衆生是故汝等應
當一心供養觀世音菩薩是觀世音菩薩
摩訶薩於怖畏急難之中能施无畏是
故此娑婆世界皆号之為施无畏者无盡
意菩薩白佛言世尊我今當供養觀世
音菩薩即解頸衆寶珠瓔珞價直百千兩金
而以與之作是言仁者受此法施珎寶瓔珞
時世觀音菩薩不肯受之无盡意復白觀世
音菩薩言仁者愍我等故受此瓔珞尒時佛
告觀世音菩薩愍此无盡意菩薩及諸四衆
天龍夜叉乾闥婆阿脩羅迦樓羅緊那羅摩
睺羅伽人非人等故受是瓔珞即時觀世音菩薩
愍諸四衆及於天龍人非人等受其瓔珞分

作二分一分奉釋迦牟尼佛一分奉多寶佛
塔无盡意觀世音菩薩有如是自在神力
遊於娑婆世界尒時无盡意菩薩以偈問曰
世尊妙相具　我今重問彼　佛子何因緣　名為觀世音
具足妙相尊　偈荅无盡意　汝聽觀世行　善應諸方所
弘誓深如海　歷劫不思議　侍多千億佛　發大清淨願
我為汝略說　聞名及見身　心念不空過　能滅諸有苦
假使興害意　推落大火坑　念彼觀音力　火坑變成池
或漂流巨海　龍魚諸鬼難　念彼觀音力　波浪不能沒
或在須弥峯　為人所推墮　念彼觀音力　如日虛空住
或被惡人逐　墮落金剛山　念彼觀音力　不能損一毛
或值怨賊繞　各執刀加害　念彼觀音力　咸即起慈心
或遭王難苦　臨刑欲壽終　念彼觀音力　刀尋段段壞
或囚禁枷鎖　手足被杻械　念彼觀音力　釋然得解脫

或囚禁枷鎖　手足被杻械　念彼觀音力　釋然得解脫
呪咀諸毒藥　所欲害身者　念彼觀音力　還着於本人
或遇惡羅刹　毒龍諸鬼等　念彼觀音力　時悉不敢害
……利牙爪可怖　念彼觀音力　疾走无邊方
……毒烟火然　念彼觀音力　尋聲自迴去
……雹澍大雨　念彼觀音力　應時得消散
无量苦逼身　觀音妙智力　能救世間苦
……智方便　十方諸國土　无刹不現身
……生　生老病死苦　以漸悉令滅
悲觀及慈觀　常願常瞻仰
……風火　普明照世間
……滅除煩惱焰

BD00695　佛名經（二十卷本）卷二〇

246.7cm × 25cm

樂受持是人廿　不墮地獄若得宿命
智是故今敬礼
說是十二部經名時八万五千菩薩得金剛
三昧十億聲聞發大乘心十千比丘比丘尼
得阿羅漢道无量天人得法眼淨
南无諸大菩薩摩訶薩衆
南无十方无量菩薩　南无文殊師利菩薩
南无觀世音菩薩　南无得大勢菩薩
南无常精進菩薩　南无不休息菩薩
南无寶掌菩薩　南无藥王　菩薩
南无勇施菩薩　南无寶月菩薩
南无月光菩薩　南无滿月菩薩

南无越三界菩薩　南无颰陁波羅菩薩
南无弥勒菩薩　南无寶積菩薩
南无導師菩薩　南无德藏菩薩
南无樂說菩薩　南无龍樹菩薩
南无寶檀華菩薩　南无上行菩薩
南无无邊行菩薩　南无安立行菩薩
南无淨行菩薩　南无陁羅尼菩薩
南无金剛那羅延菩薩　南无常不輕菩薩
南无宿王華菩薩　南无喜見菩薩
南无妙音菩薩　南无德勤精進力菩薩
南无无進意菩薩　南无淨藏菩薩
南无淨眼

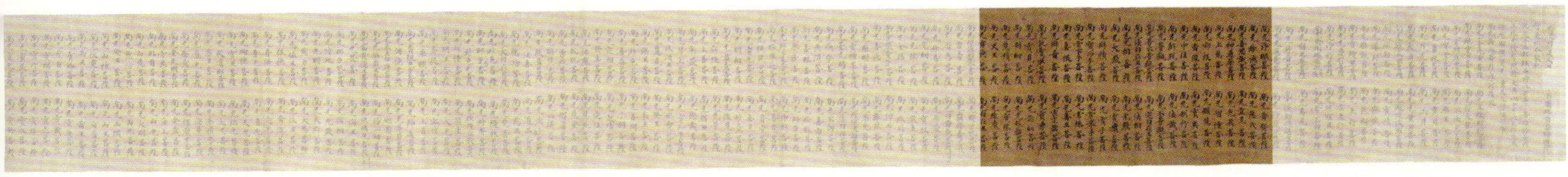

南无无進意菩薩　南无淨藏菩薩
南无淨眼菩薩　南无普賢菩薩
南无妙德菩薩　南无慈氏菩薩
南无善思議菩薩　南无空无菩薩
南无神通華菩薩　南无光英菩薩
南无上慧菩薩　南无智幢菩薩
南无寐根菩薩　南无願慧菩薩
南无香像菩薩　南无寶英菩薩
南无中住菩薩　南无制行菩薩
南无解脫菩薩　南无法藏菩薩
南无等觀菩薩　南无不等觀菩薩
南无等不等觀菩薩　南无定自在王菩薩
南无法自在王菩薩　南无法自在王菩薩

南无大嚴菩薩　南无寶積菩薩
南无辯積菩薩　南无寶手菩薩
南无寶印手菩薩　南无常舉手菩薩
南无常下手菩薩　南无常慘菩薩
南无善根菩薩　南无善王菩薩
南无辯音菩薩　南无虛空藏菩薩
南无執寶炬菩薩　南无寶勇菩薩
南无寶見菩薩　南无諦網菩薩
南无明網菩薩　南无无緣觀菩薩
南无慧積菩薩　南无寶勝菩薩
南无天王菩薩　南无壞魔菩薩
南无電德菩薩　南无自在王菩薩

南无天王菩薩　南无壞魔菩薩
南无電德菩薩　南无自在王菩薩
南无功德相嚴菩薩　南无師子吼菩薩
南无雷音菩薩　南无山相擊音菩薩
南无香象菩薩　南无白香象菩薩一万三[illegible]
南无妙音菩薩　南无華嚴菩薩
南无梵網菩薩　南无寶杖菩薩
南无无勝菩薩　南无嚴土菩薩
南无金髻菩薩　南无珠髻菩薩
南无光嚴童子菩薩　南无持世菩薩
南无善德菩薩　南无難勝菩薩
南无照明菩薩　南无華光菩薩
南无[illegible]菩薩　南无[illegible]菩薩

南无曇无竭菩薩　南无法自在菩薩
南无德守菩薩　南无不詢菩薩
南无德頂菩薩　南无善宿菩薩
南无善眼菩薩　南无妙臂菩薩
南无弗沙菩薩　南无師子菩薩
南无師子意菩薩　南无淨解菩薩
南无那羅延菩薩　南无善意菩薩
南无現見菩薩　南无普守菩薩
南无電光菩薩　南无盡見菩薩
南无明相菩薩　南无妙意菩薩
南无无盡意菩薩　南无深慧菩薩
南无寂根菩薩　南无无量菩薩
南无上善菩薩　南无福田菩薩

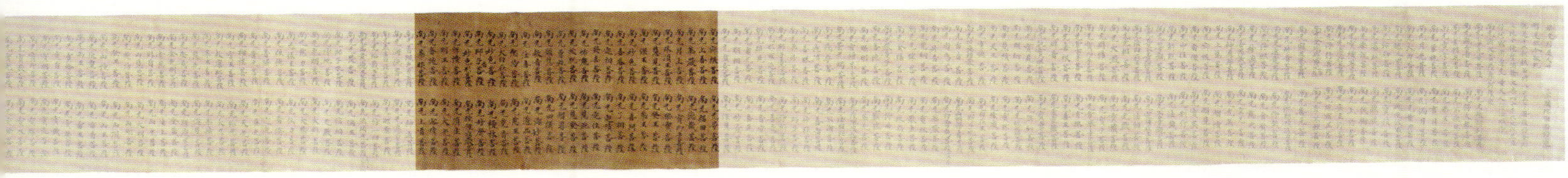

南无寂根菩薩
南无上善菩薩
南无華嚴菩薩
南无月上菩薩
南无珠頂王菩薩
南无慧見菩薩
南无滐王菩薩
南无妙色菩薩
南无善眷菩薩
南无定相菩薩
南无發意菩薩
南无怖魔菩薩
南无大□菩薩

南无无㝵菩薩
南无福田菩薩
南无德藏菩薩
南无寶印手菩薩
南无樂實菩薩
南无登王菩薩
南无華王菩薩
南无善問菩薩
南无了相菩薩
南无定積菩薩
南无定住菩薩
南无慧施菩薩
南无慧登菩薩

南无[illegible]　南无[illegible]

南无顛慧菩薩　南无四攝菩薩

南无教音菩薩　南无海妙菩薩

南无法惠菩薩　南无道品菩薩

南无摠持菩薩　南无慈王菩薩

南无大自在菩薩　南无梵音菩薩

南无妙色菩薩　南无檀林菩薩

南无師子音菩薩　南无妙聲菩薩

南无妙色形菩薩　南无種種莊嚴菩薩

南无釋幢菩薩　南无頂生菩薩

南无明王菩薩　南无大光菩薩

南无奢提菩薩　南无寂積菩薩

南无華眹菩薩　南无上首菩薩

南无奢提菩薩　南无密積菩薩
南无華眹菩薩　南无上首菩薩
南无普現色身菩薩　南无神通菩薩
南无海德菩薩　南无无邊身菩薩
南无衣王自在菩薩　南无迦葉菩薩
南无无垢藏王菩薩　南无持一切菩薩
南无高貴德王菩薩　南无流璃光菩薩　一万三千一百
南无无畏菩薩　南无海王菩薩
南无師子吼菩薩　南无信相菩薩
南无持地菩薩　南无光嚴菩薩
南无光明菩薩　南无大辯菩薩
南无慈力菩薩　南无大悲菩薩
南[illegible]菩薩　南[illegible]菩薩

南无普攝菩薩　南无定光菩薩
南无普光菩薩　南无真光菩薩
南无拘摟菩薩　南无天光菩薩
南无寶王菩薩　南无弥光菩薩
南无教導師菩薩　南无大忍菩薩
南无華王菩薩　南无華積菩薩
南无慧光菩薩　南无海慧菩薩
南无堅意菩薩　南无釋麁男菩薩
南无金光明菩薩　南无金藏菩薩
南无常悲菩薩　南无法上菩薩
南无財首菩薩　南无山光菩薩
南无山慧菩薩　南无大明菩薩

南无山慧菩薩
南无揔持菩薩
南无登王菩薩
南无山幢菩薩
南无伏魔菩薩
南无雨王菩薩
南无寶輪菩薩
南无寶首菩薩
南无寶明菩薩
南无寶印菩薩
南无寶嚴菩薩
南无寶光菩薩

南无大明菩薩
南无山剛菩薩
南无山頂菩薩
南无山王菩薩
南无雷音菩薩
南无雷王菩薩
南无寶英菩薩
南无寶藏菩薩
南无寶定菩薩
南无寶塲菩薩
南无寶水菩薩
南无寶登菩薩

BD00696 佛垂般涅槃略說教誡經

（後秦）鳩摩羅什 譯

265.5cm × 25.5cm

持淨戒者不得販賣貿易安置田宅畜養人
民奴婢畜生一切種殖及諸財寶皆當遠離
如避火坑不得斬伐草木墾土掘地合和湯
藥占相吉凶仰觀星宿推步盈虛歷數筭計
皆所不應節身時食清淨自活不得參豫
世事通致使命呪術仙藥結好貴人親友媟
慢皆不應作當自端心正念求度不得苞藏
瑕疵顯異惑衆於四供養知量知足趣得供
事不應畜積此則略說持戒之相戒是正順
解脫之本故名波羅提木叉依因此戒得生
諸禪定及滅苦智慧是故比丘當持淨戒勿
令毀缺若人能持淨戒是則能有善法若无
淨戒諸善功德皆不得生是以當知戒為第
一安隱功德住處

汝等比丘已能住戒當制五根勿令放逸入
於五欲譬如牧牛之人執杖視之不令縱逸犯
人苗稼若縱五根非唯五欲將无崖畔不可
制也亦如惡馬不以轡制將當牽人墜於
坑陷如被劫害苦止一世五根賊禍殃及累
世為害甚重不可不慎是故智者制而不隨
持之如賊不令縱逸假令縱之皆亦不久見
其磨滅此五根者心為其主是故汝等當好
制心心之可畏甚於毒虵惡獸怨賊大火越
逸未足喻也動轉輕躁但觀於蜜不見深坑
譬如狂象无鉤猨猴得樹騰躍踔躑難可禁
制當急挫之无令放逸縱此心者喪人善事
制之一處无事不辦是故比丘當懃精進折

制之一處无事不辦是故比丘當懃精進折
伏汝心
汝等比丘受諸飲食當如服藥於好於惡勿
生增減趣得支身以除飢渴如蜂採華但取
其味不損色香比丘亦尒受人供養趣自除
惱无得多求壞其善心譬如智者籌量牛力
所堪多少不令過分以竭其力
汝等比丘晝則懃心脩習善法无令失時初
夜後夜亦勿有廢中夜誦經以自消息无以
睡眠因緣令一生空過无所得也當念无常
之火燒諸世間早求自度勿睡眠也諸煩惱
賊常伺煞人甚於怨家安可睡眠不自驚悟
煩惱毒虵睡在汝心譬如黑蚖在汝室睡當

嚴衣爲第一慚如鐵鈎能制人非法是故比
丘常當慚恥勿得蹔替若離慚恥則失諸功
德有愧之人則有善法若无愧者與諸禽獸
无相異也
汝等比丘若有人來節節支解當自攝心无
令瞋恨亦當護口勿出惡言若縱恚心則自
妨道失功德利忍之爲德持戒苦行所不能
及能行忍者乃可名爲有力大人若其不能
歡喜忍受惡罵之毒如飲甘露者不名入道
智慧人也所以者何瞋恚之害則破諸善法壞
好名聞今世後世人不喜見當知瞋心甚
於猛火常當防護勿令得入劫功德賊无
過瞋恚白衣受欲非行道人无法自制瞋猶

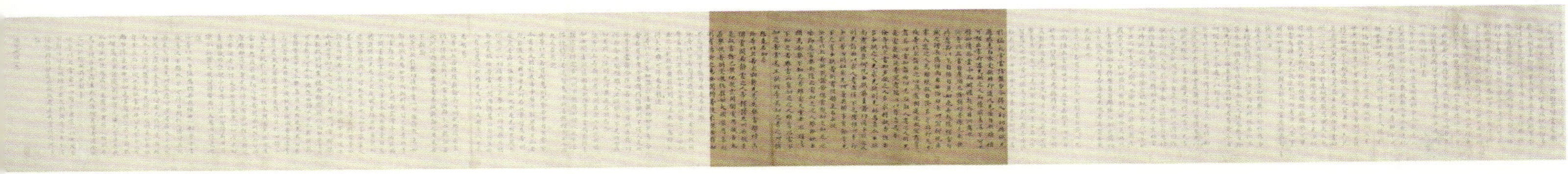

於褞火常當防護勿令得入劫功德賊无
過瞋恚白衣受欲非行道人无法自制瞋猶
可恕出家行道无欲之人而懷瞋恚甚不可也
譬如清泠雲中而霹靂起火非所應也
汝等比丘當自摩頭已捨飾好著壞色衣執
持應器以乞自活自見如是若起憍慢當自
滅之增長憍慢尚非世俗白衣所宜何況出
家入道之人為解脫故自降其身而行乞也
汝等比丘諂曲之心與道相違是故宜應質
直其心當知諂曲但為欺誑入道之人則无
是處是故汝等宜應端心以質直為本
汝等比丘當知多欲之人多求利故苦惱亦
多少欲之人无求无欲則无此患直尔少欲

（6–3）

少欲者心則坦然无所憂畏觸事有餘常无
不足有少欲者則有涅槃是名少欲
汝等比丘若欲脫諸苦惱當觀知足知足之
法即是冨樂安隱之處知足之人雖卧地上
猶為安樂不知足者雖處天堂亦不稱意
不知足者雖富而貧知足之人雖貧而富不
知足者常為五欲所牽為知足者之所憐
愍是名知足
汝等比丘若求寂靜无為安樂當離憒丙
獨處閑居靜處之人帝釋諸天所共敬重
是故當捨己衆他衆空閑獨處思滅苦本
若樂衆者則受衆惱譬如大樹衆鳥集之
則有枯折之患世間縛著没於衆苦譬如

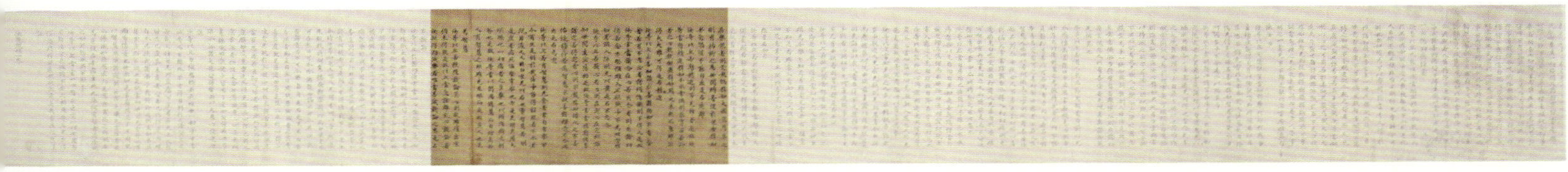

若樂衆者則受衆惱譬如大樹衆鳥集之
則有枯折之患世間縛著没於衆苦譬如
老象溺泥不能自出是名遠離
汝等比丘若懃精進則事无難者是故汝
等當懃精進譬如小水常流則能穿石若行
者之心數數懈廢譬如鑽火未熱而息雖欲
得火火難可得是名精進
汝等比丘求善知識求善護助如不忘念
者若有不忘念者諸煩惱賊則不得入是故
汝等常當攝念在心若失念者則失諸功
德若念力堅強雖入五欲賊中不為所害譬
如著鎧入陣則无所畏是名不忘念
汝等比丘若攝心者心則在定心在定故能

治提塘若行者為智慧水故善脩禪定不令漏
失是名為定
汝等比丘若有智慧則无貪著常自省察不
令有失是則於我法中能得解脫若不尒者
既非道人又非白衣无所名也實智慧者則
是度老病死海堅牢船也亦是无明黒闇大
明燈也一切病者之良藥也伐煩惱樹之利
斧也是故汝等當以聞思脩慧而自增益若
人有智慧之照雖无天眼而是明見人也是
為智慧
汝等比丘若種種戲論其心則亂雖復出家
猶未得脫是故比丘當急捨離亂心戲論若
汝欲得寂滅樂者唯當善滅戲論之患是名

汝欲得寂滅樂者唯當善滅戲論之患是名
不戲論
汝等比丘於諸功德常當一心捨諸放逸如
離怨賊大悲世尊所欲利益皆已究竟汝等
但當懃而行之若於山間若空澤中若在樹
下閑處靜室念所受法勿令忘失常當自勉
精進脩之无爲空死後致有悔我如良醫知
病說藥服與不服非醫咎也又如善導導人
善道聞之不行非導過也汝等若於苦等四
諦有所疑者可疾問之无得懷疑不求決也
尒時世尊如是三唱人无問者所以者何衆
无疑故時阿㝹樓馱觀察衆心而白佛言月
可令熱日可令冷佛說四諦不可令異佛說

若滅者即是因滅因滅故果滅
是真道更无餘道世尊是諸比丘於四諦中
決定无疑於此衆中所作未辦者見佛滅度
當有悲感若有初入法者聞佛所説即皆得
度譬如夜見電光即得見道若所作已辦已
度苦海者但作是念世尊滅度一何疾哉阿
嵬樓䭾雖説衆中皆悉了達四聖諦義世尊
欲令此諸大衆皆得堅固以大悲心復為衆
説
汝等比丘勿懷悲惱若我住世一劫會亦當
滅會而不離終不可得自利利人法皆具足
若我久住更无所益應可度者若天上人間
皆悉已度其未度者皆亦已作得度因緣
自今已後我諸弟子展轉行之則是如來法

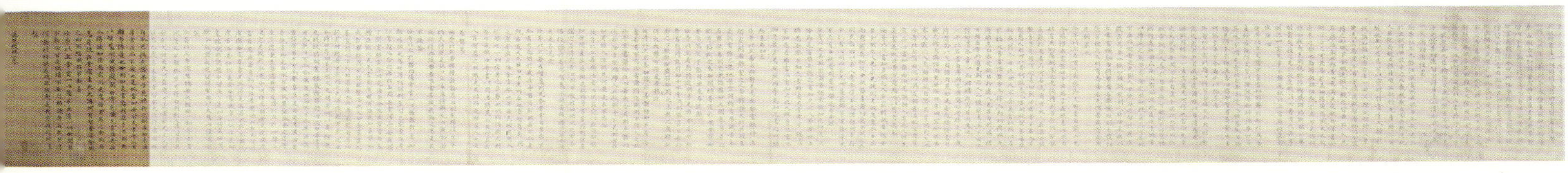

自今已後我諸弟子展轉行之則是如來法
身常在而不滅也是故當知世皆无常會必有
離勿懷憂也世相如是當懃精進求早解脫
以智慧明滅諸癡闇世實危脆无牢強者我
今得滅如除惡病此是應捨罪惡之物假名
為身沒在老病生死大海何有智者得除滅
之如煞怨賊而不歡喜
汝等比丘常當一心懃求出道一切世間動
不動法皆是敗壞不安之相汝等且止勿得
復語時將欲過我欲滅度是我最後之所教
誨

佛說教經一卷

BD00697　四分律比丘含注戒本（撮略本）卷上

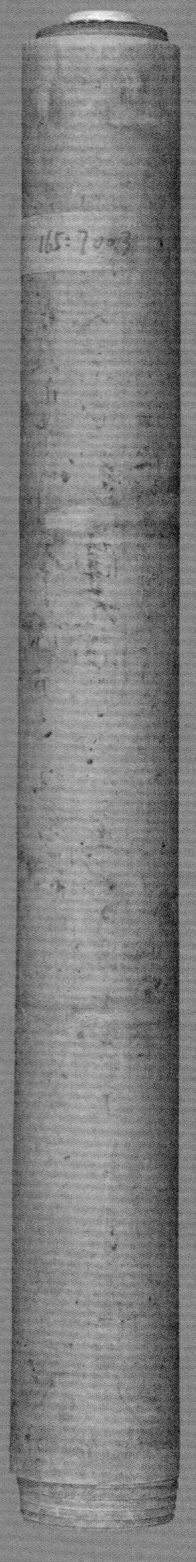

371.1cm × 27.5cm

犯不淨行　亦未答記

毛頭波羅夷方便而不入偷蘭遮　乃至共畜生　若是文是中比丘

比丘以婬意向人非人畜生男女三處二處行不淨物入便犯有隔无隔四句亦尔

若睡眠若死形未壞多未壞亦尔若為怨家將至人女令入三處三時

中隨一時受樂者犯有隔无隔亦尔乃至男子亦尔乃至死形多未壞亦

尔若為怨家逼捉比丘道中行不淨隨三時中受樂者犯乃至有隔无

隔亦尔若屍半壞及骨間摶泥等中犯偷蘭遮若道想若作道想若

非道疑若道非道想一切波羅夷　非道〻想及疑偷蘭遮　是比丘波

羅夷譬如斷人頭不可復起比丘亦復如是犯此法者不復成比丘故名也比丘尼

波羅夷式叉摩那沙彌沙彌尼突吉羅滅擯不犯者若睡眠無所覺知不受

樂一切无有婬意癡狂心亂痛惱　不共住有二共住同一羯磨同一說戒不得於是

二事中住故

二盜戒緣　尔時佛在羅閱城耆闍崛山有檀尼迦比丘在閑淨處止一草屋後

為人將作薪持去便作全成赤色瓦屋為佛呵責勅諸比丘打破至王守財

人所詐言王勅取要材持去為王臣民比丘呵責世尊因呵制戒　若比丘

比丘義如上　若在村落　村有四種一者周迊垣墻二者柵籬三者籬墻不周

四者四周有屋　若閑淨處　村外閑淨地是也處有多若地〻上處若乘處若

擔處虛空若上若村若可開若處若田[illegible]

擔處虛空若上若村若阿蘭若處若田若處若處所若船若水處若私度
關塞不輸稅若取他寄信物若取水若楊枝若園樹菓草木无足衆
生若二足四足多足若同財若要若同若守若邏要道等是也　不与物
他不捨也若他物想他護想有主想非己物非暫用非同意故　盜心取
賊心取也有五種黑闇心耶心曲[illegible]戾心恐怯心常有盜他物心又五種取決
定取恐怯取寄物取見便便取倚託取或依親厚強力若以言辞辯說
誑惑而取　隨不与取法　王法若取五錢若直五錢物應死佛隨王法制
若為王　得自在不屬人　大臣　種種大臣輔佐王也　所投若縛若
驅出國汝是賊汝癡汝无所知是比丘波羅夷　若方便教人求五錢
得者犯[illegible]五錢偷蘭遮若能教所教未不相應牙犯有主想取五錢
若過者犯重有主疑偷蘭无主有主想疑一切偷蘭遮若減五錢相當
心境境偷蘭遮不當者突吉羅下四衆如前犯不犯者與想取己有
相親相想暫取親厚意是　不犯　如上說　三煞人戒緣　佛在毗舍
離與諸比丘說不淨觀彼習定總覺厭患身命嘆死勸死讚死有難提
比丘受雇衣鉢便斷他命被魔或已日煞六十人為諸居士誓佐佛知此事
便說數息觀已諸比丘脩樣果證佛如前呵已制戒　若比丘故自手斷
煞者若自煞若教嘆若遣使煞若往來使煞若重使煞若展轉使
煞若求男子煞若教人求男子煞若求持刀人煞若教求持刀人煞若
口說若身現相身口俱現相若遣書若教遣書若坑陷若倚撥若
與藥若樂煞具　人命　從初識至後識而斷其命　持刀與人嘆煞讚
死快勸死咄男子用此惡活為寧死不生作如是思惟種種方

死快勸死咄男子用此惡活為寧死不生作如是思惟種種方
便嘆譽死快勸死是比丘波羅夷
若比丘如上煞法及餘方便殺者
犯重方便不煞偷蘭遮 若天龍神鬼畜生中有解人語者若有變
形者方便求煞者偷蘭遮不能變形者吉羅下四衆如前說不犯者若
撲扶病人无害心而死者 不共住 四大妄語戒緣 佛在毗舍離時世
饑貴乞食難得集僧告言當隨同師親友安居諸在婆求河邊安
居便者共相讚得上人法諸信居士減食分施與安居竟攝衣持鉢
往至佛所為聖尉問二衆發覺呵制 若比丘實無所知 為實無所知見
自稱言 自稱說有信戒施聞智慧辯 上人法 人法者人陰人界人入上
人法者諸法出要成就若得善果自言念在身若正憶念若持戒若
少欲若不施免若精進若得定若正受若有道若修若慧心若見
我已入聖智勝法我智是我見是彼於異果異時若問若不問欲自清淨
故作是說我實不知不見言知言見虛誑妄語除增上慢 時有比丘增
心自謂得道後便真證 諸比丘白佛佛言增上慢人不犯 是比丘波羅夷
若如是虛向人說前人知者波羅夷不知者偷蘭若遣手印遣使若書若作知
相者亦尔若不能變形畜生向說得吉羅若實得道向不同意比丘說吉
羅下四衆如前說不犯者增上慢業報得不言我得歎咲說疾〻說屏處說
欲說次錯說彼 不共住諸大德我已說四波羅夷罪不應共住今問諸大
德是中清淨不 如是三說 諸大德是中清淨默然故是事如是持
諸大德是十三僧伽婆尸沙法半月半月說戒經中來 一故弄出不淨戒
緣佛在舍衛城有迦留陀夷比丘欲意熾盛身色顦悴獨處一房好床蓐

緣佛遊舍衛城有迦留陁夷比丘欲意熾盛身色瘦悴獨處一房好床蓐
敷地施敷具飲食豐足隨念作失諸根悅豫顏色光澤諸比丘舉過白佛
佛无數嘖已制此戒也 若比丘故作 實心故作 陰 前境有六若於內色
外色内外色若水若風若空隨方便出刑犯 失精除夢中 佛言亂意
睡眠有五過失一者惡夢二者諸天不護 三者心不入法四者不思惟明相五者
於夢中失精若意睡眠有五功德即反上句 僧伽婆尸沙 若方便於不
失偷蘭比丘自相教若失犯偷蘭不失吉羅 尼波逸提三衆吉羅不犯者一
切不精意 二觸人女戒 緣佛在舍衛國時迦留陁夷以佛制前戒故便在
門外伺諸婦女將至房中手捉捫摸樂者便咲不樂者瞋罵呵責諸比丘
舉過呵責往白世尊佛便集僧制戒 若比丘婬欲意 愛染汙心 與
女人 覺知睡眠新死少分壞四種也 身 從髮至足 相觸 若捉摩重摩或牽
推或逆摩順摩或舉或下捉或捺 若餘觸方便 若捉手若捉髮若
觸一身分僧伽婆尸沙 若比丘往觸四種女但著犯僧殘若女來觸比
丘動身受樂亦同犯若不動身吉羅若先有染心偷蘭牙有衣相觸
偷蘭俱有衣吉羅若与二形相觸偷蘭若欲心觸男子或衣鉢座具乃
至自觸身及以畜生一切突吉羅 丘波羅夷 下三衆吉羅不犯者有所
取与戲咲相解等是 三与女人麁惡語戒 緣佛在舍衛國時迦留陁夷
以聞佛制前二戒故便將諸婦女入房中以欲心向彼麁惡語諸比丘舉過
白佛曰制此戒 若比丘婬欲意与女人 人女有智命根不斷
麁惡婬欲語 麁惡者非梵行婬欲語者稱 說二道好惡若求若教他求
若問若荅若解若說若教若罵求者言与我二道作如是如是事
[illegible]

麤惡婬欲語……
若問若答若解若說若教若罵求者言与我二道作如是如是事
若復作餘語次第如是解 若隨麤惡心婬欲語僧伽婆尸沙
若一反麤語僧殘隨語多少說而了了者一一僧殘不了了偷蘭若与
書印遣使作相令彼女知僧殘不知偷蘭除大小便道說餘處好惡偷
蘭与非人女黃門二形麤語知者偷蘭畜生不能變形若向男子麤
惡語一切吉羅尼偷蘭下三衆吉羅及至下戒亦尓不犯者為說不淨觀若
毗尼受經問荅無欲心故也 四嘆身向女人索婬欲供養戒緣 佛在舍
衛國時迦留陀夷以聞佛前制三戒故便門外伺諸婦女將入房自讚嘆身
汝可持欲供養諸女呵嘖比丘舉過白佛因制此戒 若比丘婬欲意於女人前
女人如上 自嘆身 嘆身端正好顏色我是剎帝利長者居士婆羅門種
言大妹我修梵行 勤修離欲渴 持戒精進 不缺不穿漏无染汙也
脩善法 樂閑淨處時到乞食著糞掃衣作餘食法不食一坐食一摶食塚
間坐露坐樹下坐常坐隨坐持三衣唄嘆多聞能說法持毗尼坐禪
可持是婬欲法供養我如是供養第一最 僧伽婆尸沙 若作如上自
舉已供養我來不說婬欲者偷蘭餘境雜犯如前戒說不犯者若比丘語女人
言此處妙尊最上此比丘精進持戒脩善法汝等應以身口意業慈供養彼
女意謂為我故嘆身若說毗尼時言次及此彼謂嘆身若錯錯說不犯 五媒
人戒緣 佛在羅閱城有迦羅比丘本是大臣善知俗法城中嫁娶盡往諮問時婚
娶或得好者便願迦羅受於喜樂諸居士譏呵言若欲結婚者可往沙門釋子中
問諸比丘舉過白佛因制戒 若比丘往來彼此媒嫁 所應可和合者是 持男
意語女持女意語男 女人有廿種 母護父兄護婦姊護兄姊護自護法

意語女持女意語男 女人有廿種 母護父兄護姊妹護兄姊護自護法
護姓護宗親護自樂婢与衣婢与䏶同作業婢水所漂婢不輸税婢放去婢客
作婢他護婢邊方得婢是也男子亦有廿種並同上列 若為成婦事若為私
通事乃至須臾頃僧伽婆尸沙 若受彼語実吉羅往彼説不還報偷蘭
若還報僧残 若使書指印見相隨媒嫁多少説而了了二返僧残若不了了偷蘭
除二道説餘身處處交莭媒嫁者偷蘭若非人黄門二根媒者偷蘭若畜生及人
男吉羅若持他書往不看若為白衣作餘使一切吉羅比丘尼同犯不犯者若男女先
已通後而離別為和合父母疾患繋閉看書持往信心精進俗人亦尒佛法比丘使亦尒
六无主自為己過量房戒緣 佛在羅閲祇聽諸比丘造私房室有
曠野國比丘私造大房乞求煩多惱亂居士又有比丘自斫神樹彼神白佛
佛住曠野城迦葉以事白佛佛以神事呵責又以畜生親緣喻制戒也
若比丘自求 彼處處乞索 作屋 屋者房也 无主 彼无有人
若一若兩若衆多 自為己 自求索不為他也 當應量作是中量
者長十二佛磔手內廣七 當將諸比丘指授處所 彼比丘
看无難无妨處已到僧中脫革屣偏露右膊右膝著地合掌白言大德
僧聽我某甲比丘自求作屋无主自為己我從衆僧乞知无難處无妨處如是
再三説 彼比丘當指示處所 尒時衆僧當觀此比丘若可信者
即當聽使作若不可信一切衆僧往看若僧不去遣僧中可信者看若彼處
隨有妨難不應与處亦若无者應与處亦衆中應差堪能作羯磨者若上
座若次座若誦律若不誦律應作白大德僧聽某甲比丘自乞作屋无主
自為己今從衆僧乞處分无難无妨處若僧時到僧忍聽當与某甲比丘處

白爲已今從衆僧乞處分无難无妨處若僧時到僧忍聽當与某甲比丘處
分无難无妨處白如是大德僧聽此某甲比丘自求作屋无主自爲已今從僧乞處
分无難无妨處僧今与某甲比丘處分无難无妨處誰諸長老忍僧与某甲
比丘處分无難无妨處者默然若不忍者說僧已忍与某甲比丘處分无難
无妨處竟僧忍默然故是事如是持作房應知初安石若土墼泥團乃至
最後泥治訖者是 无難處 有虎狼師子諸惡獸下至蟻子若比丘不爲
此諸蟲獸所惱應修治平地若有石樹株棘刺當使人掘出若坑埳溝渠陂池
處當使填滿若畏水淹漬當豫設堤防若地爲人所認當共斷當无使他有語
是爲難處 无妨處 若通草木車迴轉往來 若比丘有難處妨處
自求作屋无主自爲已不將諸比丘指示處所若量作者
僧伽婆尸沙 若妨難一處作者二突吉羅不處分過量二僧殘有无者
有者犯使他作成亦尓爲他作成者二偷蘭二吉羅若以繩栟地作受教者過
量作者犯式不還報又問如法者並犯比丘尼偷蘭不犯者如量作減量作
僧處分无難處无妨處如法栟作若爲僧爲佛圖講堂草菴葉菴小
容身屋若作多人住屋如法者 七有主爲已不處分造房戒緣
佛在拘睒弥国時填王爲尊者闡陁造屋便斫路中神樹多人止息者俗人
呵已諸比丘舉過白佛佛呵已若斫神樹吉羅便制此戒
大房 大者多用財物作房者屋也 有主 若一若二若衆多人
爲已作 自爲已身作 當將餘比丘往指授處所 彼比丘如上知已應
至僧中礼上座足等已從僧三乞文同於上以有主爲異 彼比丘應指授
處所 衆僧應觀察彼人有言有智慧即言支与過甚去不言當白上

處所　衆僧應觀察彼人有信有智慧即信彼与羯磨若不信者如上
進止与羯磨文准前　无難處　師子虎熊等若不彼所嬈者應如上手
治乃至畏識認應先斷了　无妨處　中間容草車迴轉者
若比丘有難處有妨處作大房有主爲已作不將餘比
丘往指授處所僧伽婆尸沙　辯開通如前戒唯无量爲異
八无根波羅夷謗戒緣　佛在羅閱祇尊者沓婆得羅漢已爲僧知
事佛讚第一時慈地比丘衆中得惡房朋日差請又得惡食便令妹尼
慈地對佛重謗闍取自言已諸比丘呵已舉過白佛因制此戒
若比丘瞋恚所覆故　有十惡法因緣故瞋十事中以二生瞋　非波羅
夷比丘以无根波羅夷法謗　根者有三根見根聞根疑根見根者
實見犯梵行見偷五錢見斷人命若他見從彼聞是爲見根聞根者
聞犯梵行聞偷五錢聞斷人命聞自言得上人法若彼說從聞是爲聞
根疑根者有二種生疑從見生者若見与婦女人入林出林无衣裸形男
根不淨汙身手捉刀血汙与惡知識爲伴從聞生疑者若在闇地若聞牀
聲若聞草蓐轉側聲若聞身動聲若聞共語聲若交會語聲
若聞犯梵行聲若聞言我偷五錢聲若聞言我煞人若聞我得上人法除
此三根已更以餘法謗者是謂无根也
欲壞彼清淨行　謂言衆僧滅殯此人我得安樂住　若於異時若問
若不問　佛勅諸比丘問能謗者言此事實不若以无根法謗他獲大重罪
知此事无根說　彼比丘言沓婆清淨人无如是事　我瞋恚故作
是語　猶前得惡房惡食瞋根故便謗彼耳　若比丘作是語者僧伽
婆尸沙　若以无根四事謗說而了了僧殘不了了偷蘭若書使作知相了了

是語　猶前得惡房惡食瞋根故便謗彼可　若比丘作是語者僧伽
婆尸沙　若以无根四事謗說而了了僧殘不了了偷蘭若書使作知相了了
不了了亦亦若以十三難事謗者亦亦除此非比丘法更以餘无根法謗
隨前所犯若謗比丘尼亦同僧犯下衆者突吉羅尼犯僧殘不犯者三根
說實戲咲說若疾疾說獨說淨夢說錯說等也
九假根波羅夷謗戒緣　佛在羅閱祇時慈地比丘從耆闍崛山下
見羯羊共母羊行婬便言即此羯羊是沓婆比丘母羊即是慈地比
丘尼便語諸比丘我今親見諸比丘詰問已便舉白佛制戒
若比丘以瞋恚故　如上說　於異分事中取片　異分者若異罪
若異趣異人若本在家時若假說　非波羅夷比丘以无根波羅
夷法謗欲壞彼清淨行彼於異時若問若不問知是以分
事中取片是比丘自言我瞋恚故作是語僧伽婆尸沙
辯相開通並同前戒　十破僧違諫戒緣　佛在弥尼樓國度八釋
子已還詣占波國並得增上地唯提婆達得神足謟佛還羅閱祇時提婆
達教王害父事既發覺惡名流布利養斷絕又別衆食為佛呵責因
即破僧舉過設諫制此戒　若比丘欲壞和合　一羯磨同說戒也　僧
四比丘若五若十乃至无數　方便受壞和合僧法堅持不捨　破者
破有十八事法非法律非律犯不犯若輕若重有殘无殘麁惡常所行非常
所行制非制說非說住破僧法者即住此十八事是也　彼比丘應諫是
比丘言大德莫壞和合僧莫方便壞和合僧莫受壞僧法堅
持不捨大德應与僧和合和合歡喜不諍同一師學如水乳合於佛

持不捨大德應与僧和合歡喜不諍同一師學如水乳合於佛
法中有增益安樂住 應語可捨此事莫令僧作訶諫而犯重罪若
用語者善若不用語復令餘比丘比丘尼優婆塞優婆夷王若大臣種
種異道沙門婆羅門求若餘方比丘聞知其人信用言者應來
是比丘如是諫時不捨彼比丘應三諫捨此事故乃至三諫捨者善
彼比丘作白已應更求乃至一羯磨亦尒 不捨者僧伽婆尸沙 白二竟
捨三偷蘭乃至白竟捨者一偷蘭白未竟捨者吉羅一切未白前受破僧法堅持
不捨並吉羅比丘尼僧殘不犯者初諫便捨若五非羯磨作訶諫非法非律非
佛所教若破惡友知識若欲破僧者若作非法者若為僧塔和上知識作損減
破者不犯 十一助破僧違諫戒緣 佛在羅閱祇時提婆達故執此五
法盡形受乞食著糞掃衣露坐不食蘊塩及肉教諸比丘衆僧諫時伴儻
比丘助破諫僧比丘舉過白佛設制戒也 若比丘伴儻 若四人若過四人
有二種 順從者以法教授增戒增心增慧諷誦永受衣食 順從者給与衣被飲
食牀卧具病瘦醫藥 若一若二若三乃至无數 助伴儻語比丘若一二三若
衆多 彼比丘語是比丘言大德莫諫此比丘此比丘是法語比丘律
語比丘此比丘所說我等喜樂 此比丘所說我等忍可 彼比丘應
諫是比丘言大德莫作是說言此比丘是法語比丘律語比丘此
所說我等喜樂此比丘所說我忍可然此比丘非法語比丘非律語
比丘大德莫欲壞和合僧汝等當樂欲和合僧大德与僧和合歡
喜不諍同一師學如水乳合於佛法中有增益安樂主是
比丘如是諫時堅持不捨彼比丘應三諫捨是事故乃至三

喜不諍同一師學如水乳合於佛法中有增益安樂住是
比丘如是諫時堅持不捨彼比丘應三諫捨是事故乃至三
諫捨者善不捨者僧伽婆尸沙 犍相如上
十二汙家擯謗違諫戒緣 佛在舍衛國時阿濕婆及富那婆在羇
連聚落行惡行汙他家比丘舉過白佛便令舍利弗目連往彼擯擧當
作法時謗僧不受以過白佛遂呵諫犯制戒 若比丘依聚落 村有
四種如上 若城邑住 屬王也 汙他家 家有者男女 汙他家者有四
事 一依家汙家 從一家得物與一家 所得物處聞之不喜 所與物處思當
報恩即作是言 若有與我當報之 若不與我者我何故與 二者依利養
汙家 若比丘如法得利乃至鉢中之餘 或與一居事不與一居事 彼得者便生
此念 當報其恩 若不與我 我何故與 三者依親利友汙家 若比丘依若大
臣 或為一居事 或不為一居事 所為者即思報恩 其為我者我當供養
不為我者我不供養 四者依僧伽藍汙家 若比丘取僧華菓與一居事不與
一居事 彼得者思當供養 不與我者我不供養 行惡行 彼比丘作如是
非法行 自種華樹 自溉灌 自摘華 自作華鬘 自以線貫 若繫 自持華自
持花鬘與人 若復教人作如上事 若彼村落中有婦女若童女共同一牀坐起
同一器飲食 言語戲笑 或自歌舞倡伎 或他作已倡和 或俳說 或彈鼓簧吹唄
作象鳥鳴 或走 或揚跛行 或嘯 或自作弄身 或受雇戲笑 是名行惡行
汙他家亦見亦聞 行惡行亦見亦聞 時有衆多比丘於彼遊行
止宿 晨朝著衣持鉢入村乞食 法服齊整 行步庠序 低目直前 不左右顧
視 以次乞食 諸居士見已自相謂言 此是何人 低目而行 不左右顧視 亦不言

槻以法上食詣居士見已
嗼亦不周接善言問訊我等不應与其飲食我等阿濕婆二人与人周接交
上所言應与飲食為若耶彼具供養彼於羇連乞食困乃得之往至佛所問
言止安樂不衆僧和合不不以飲食為若耶彼具白佛便遮訶設殯言
諸比丘當語是比丘言大德汙他家行惡行汙他家亦見亦聞
行惡行亦見亦聞大德汝等汙他家行惡行今可遠此聚
落去不須住此　時舍利弗為諸居士說法令得信樂食訖集僧
為彼比丘作舉舉已作憶念作憶念已与罪如上作羯磨已驅出聚落嘗作
法時二比丘謗僧言更有餘同犯罪比丘不驅而獨驅我便作是言
是比丘語彼比丘作如是語大德諸比丘有愛瞋有恚有
怖有癡有如是同罪比丘有驅者有不驅者　時舍利弗還白
世尊具陳謗事佛便遮呵令設諫言　諸比丘報言大德莫作
是語有愛有恚有怖有癡有如是同罪比丘有驅
者有不驅者而諸比丘不愛不恚不怖不癡大德行他
家行惡行汙他家亦見亦聞行惡行亦見亦聞是比丘
如是諫時堅持不捨彼比丘應三諫捨此事故乃至三
諫捨者善不捨者僧伽婆尸沙　若未白前言僧有愛恚
怖癡突吉羅若不著書持往及為与衣信使一切突吉羅屋同僧犯不犯者
初語時持捨非法呵諫若与父母与病人与小兒与任身人与牢獄繫人与
寺中客作者是若種華樹自取華乃至教人貫華持供養佛法僧若
一切不犯若人欲打被賊虎狼恐怖之難處若擔刺來於中走避者不犯若

寺中客作者是若種華樹自取華乃至教人貿華持供養佛法僧若
一切不犯若人欲打被賊虎狼恐怖之難處若擔刺來於中走避者不犯若
渡河溝渠坑䟦蹦者不犯若同伴在後還顧不見而嘯喚不犯若為父母若
為病人若閉牢獄若篤信優婆塞有病獄看書持往若為塔僧病比丘事
開持書往反
十三惡性拒僧違諫戒緣 佛在拘睒彌國時尊者闡陀惡
性不受人語諸比丘設諫違拒反言我應教諸大德何以故我聖主得正覺故
并說水風二譬比丘呵責舉過白佛便語諫制戒 若比丘惡性不受人語
不忍不受人教誨也 於戒法中 以戒律如法教授者有七犯聚一波羅夷
僧伽婆尸沙波逸提波羅提提舍尼偷蘭遮吉羅惡説 諸比丘如法諫
已如法如律如佛所教 自身作不受諫語言諸大德莫向我説
若好若惡我亦不向諸大德説若好若惡諸大德且止莫諫
我彼比丘諫是比丘言大德莫自身不受諫語大德自身當
受諫語大德如法諫諸比丘諸比丘亦當如法諫大德如是佛
弟子衆得增益展轉相諫展轉相教展轉懺悔是比丘如
是諫時堅持不捨彼比丘應三諫捨是事故乃至三諫捨者
善不捨者僧伽婆尸沙 若未白前惡性不受人語一切吉羅尼同犯不犯
者若初諫便捨非法呵諫非法非律非佛所説者若无智人呵諫時語
彼言汝和上阿闍梨所行亦尔汝可更學問経誦若其事如是若錯説也
諸大德我已説十三僧伽婆尸沙法九初犯四乃至三諫若比丘
犯二法知而覆藏應強與波利婆沙行婆利婆沙竟增
上與六夜摩那埵行摩那埵已應與出罪應廿僧中出是
比丘罪若少一人不滿廿衆出是比丘罪是比丘罪不得除者

比丘罪若少一人不滿廿衆出是比丘罪是比丘罪不得除諸
比丘亦可呵此是時令問諸大德是中清淨不 三說
諸大德是中清淨默然故是事如是持　諸大德是二不
定法半月半月說戒經中來　一屏處不定緣 佛在舍
衛國時迦留陁夷先白衣時有親友婦名齋優婆夷俱並端政各有繫
意迦留陁夷時到詣彼家与共獨屏覆座說非法語時毗舍佉母聞
見疾往白佛因訶制戒　若比丘共女人 人女有智未命終 獨一比丘
一女人 在屏處 有二種一者見屏若屋若霧若里闇中不相見也二
聞屏者乃至常聲語不聞聲處 覆處 上有物作蓋也 鄣處若
樹若墻壁若籬若衣及餘物鄣也 可作婬處 得容行婬處 坐說非
法語 說婬欲法者 有住信優婆私 信佛法僧歸依佛法僧不煞
不盜不邪婬不妄語不飲酒善憶持事不錯所說真實而不虛妄 於三法
中一一法說若波羅夷若僧伽婆尸沙若波逸提是坐比丘
自言我犯是罪於三法中應一一治若波羅夷若僧伽婆尸
沙若波逸提如住信優婆私所說應如治是比丘是名不定
法 是中自言所趣向所到處若坐若卧若作若不自言若如優婆私所說
治　二露處不定之緣 佛在舍衛国時迦留陁夷家祢犯此戒緣起
如前戒但以露處二罪為異也　若比丘共女人在露現處 謂无墻壁及
餘物鄣 不可作婬處 不容可婬處 坐作麁惡語 說婬欲不淨行
說者讚嘆二道好惡也 有住信優婆私於二法中以二法說若僧
伽婆尸沙若波逸提是坐比丘自言我犯是事於二法中應

伽婆尸沙若波逸提是坐比丘自言我犯是事於二法中應
二治若僧伽婆尸沙若波逸提如住信優婆夷所說應如法
治是比丘是名不定法 是中自言所趣向處所到處若坐若卧若不白
應如優婆夷所說治是中无定法故言不定
諸大德我已說二不定法今問諸大德是中清淨不 如是三說
諸大德是中清淨默然故是事如是持 諸大德是三十尼
薩耆波逸提法半月半月說戒經中來 佛在舍衛国久聽比丘持三
衣不得長時六群比丘畜長衣或早起衣或中時衣或晡時衣彼常經營莊嚴
如是衣服藏舉比丘舉過白佛便可制戒因開重制 若比丘衣已竟 三衣也
迦絺那衣已出 謂出功德衣外 畜長衣經十日 衣者有十種長衣
者長如來八指䂓若廣四指是 不淨施德畜若過十日 初制不得畜長衣因
阿難得一貴價糞掃衣欲以奉大迦葉恐犯戒白佛以迦葉十日當還故佛言聽畜長衣
齋十日 尼薩耆波逸提

諸大德我已說二不定法今問諸大德是中清淨不 如是三說 諸大德是中清淨
默然故是事如是持 諸大德是三十尼薩耆波逸提法半月半月說戒經

黑然故是事文是衣　訶[illegible]

中来　一畜長衣過日戒　佛在舍衛國久聽比丘持三衣不得長時六群比丘畜

長衣或早起衣或中時衣或晡時衣彼常経營莊嚴如是衣服藏舉比丘嫌舉過

白佛便呵已制戒曰開重制　若比丘衣已竟　三衣也　迦絺那衣已出　謂出功德

衣外　畜長衣經十日　衣者有十種長衣者長如来八指若廣四指是　不淨施

得畜若過十日　初制不得畜長衣因阿難得一貴價糞掃衣欲以奉大迦葉恐犯戒白

佛以迦葉十日當還故佛言聽畜長衣齋十日　尼薩耆波逸提　若不得衣若淨施

若遣与人若失衣若故壞若作非衣若作親厚意若忘去八門作句亦上並尼薩

耆波逸提若捨墮衣不捨更貿餘衣一一尼薩耆波逸提一突吉羅此捨墮衣應捨与僧

若衆多人若一人不得別衆捨不成捨突吉羅比丘尼同犯下三衆乃至下戒並犯吉羅

不犯者十日內若轉淨施若遣与人若賊奪想不淨施不犯若奪衣失衣取者若他与

著若他作被不犯若付衣者遠行水陸道斷如是不淨施不遣与人不犯

二離衣宿戒　佛在舍衛國時六群比丘持衣付囑親友比丘往人間遊行彼受付比丘數數

出衣曬之諸比丘問言佛聽比丘畜三衣不得長比是誰衣具答被呵白佛重責制此戒也

若比丘衣已竟迦絺那衣已出　並如上解　三衣中　僧伽梨鬱多羅僧安多會

衣者有十種如上說　離一一衣異處宿　不失衣者僧伽藍裏有一界失衣者

僧伽藍裏有若干界如是樹場車船村舍堂庫倉界亦尔比僧伽藍有四

種如上樹者与人等足覆蔭跏趺坐場者於中治五穀處車者若車迴轉處船

界亦尔村者有四種堂者多露庫者積藏諸車乘輦輿財寶之物倉者儲積米

穀阿蘭若者无界八樹中間一一別七弓一一長四肘量也僧伽藍界非彼僧伽藍界亦非

彼樹界乃至庫藏倉界亦如是餘者作句亦如是僧伽藍界者在僧伽藍邊以中人

若用石若塼擲所及處是名界乃至庫藏界亦尔若比丘置衣在僧伽藍中乃

若用石若塼擲所及處是名界乃至車藏界亦尒若比丘置衣在僧伽藍中乃
至在樹下宿明相未出若捨衣若手捉衣若至擲石所及處若不捨衣若不
至擲石所及處明相出隨所離衣宿尼薩耆波逸提　除僧羯磨　時有比丘得
乾痟病糞掃僧伽梨極重有因緣事人間遊行不堪持行以事白佛令三乞已僧白
二結捉　尼薩耆波逸提

BD00698

大乘密嚴經卷中

（唐）地婆訶羅　譯

144cm × 26cm

既而諦觀一一物中无舍可得又如多指共
合成拳離指求拳即无所有軍徒車乘城邑
山林瓶衣等物一切皆是和合所成智者觀
之悉如夢事凡夫身宅亦復如是諸界積集
譬如高山危脆不安同於朽屋不生不滅非
自非他如乾闥婆城如影如雲如陽焰如績
像雖可現覩性常清淨遠離一切有无分別
如盲與跛相假而行无決定性乃至分析至
於微塵但有空名都无實物若諸定者作是
思惟即於色聲等法不生覺念離覺念已心
得休息泰然解脫不受諸有常樂修行甚深
禪定諸天仙等端正女人而来供養如觀夢
事不生染著身雖在此諸仙外道持呪之人

大心者所行境界仁應速發廣大之心大心
之人疾得生於光明宮殿離諸貪欲瞋恚愚
癡乃至當詣密嚴佛土此土廣博微妙寂靜
无諸老死衰惱之患遠離衆相非識所行妄
計之人所不能得諸仁者此土清淨觀行所
居若懷希仰當勤修習斷貪瞋癡離我我所
何以故貪等煩惱取諸境界若取於境即二
覺生如有女人端正可喜有多欲者見已生
著欲心迷亂若行若坐飲食睡眠專想思惟
更无餘念彼女容相常現於心此心即為境
界淤泥之所濁亂是故於境不應貪著諸仁
者譬如有人見牛麋山羊有角之獸即於菟
菟生无角解若使不見牛等有角於菟菟等

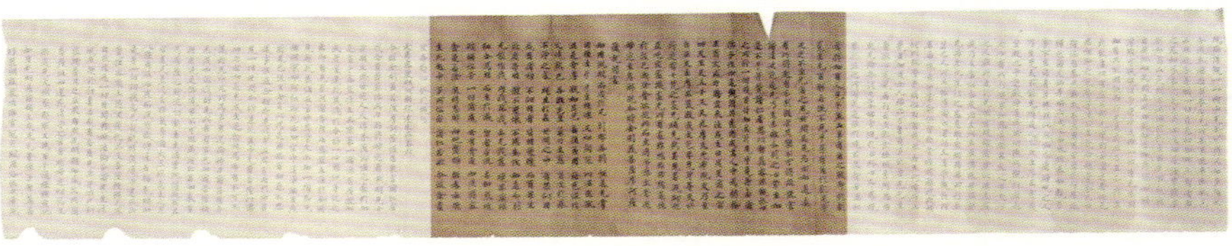

者譬如有人見牛麻山羊有角之獸即於彼
菟生无角解若使不見牛等有角於彼菟等
决定不生无角之見世間妄見悉亦如是妄
有所得起有分別後求其體不可得故便言
諸法决定是无乃至未離分別之心常生如
是不平等覺諸仁者應以智慧審諦觀察心
之所行一切境界皆如妄計見牛菟等若諸
佛子作如是觀隨其意樂或生人中爲轉輪
王有大威力騰空來往或生日月星宿之宮
四天王天三十三天夜摩天兜率陁天乃至
自在天主摩尼藏殿或生色界梵身等天修
行定者十梵之處无煩无熱善見善現阿迦
尼吒空處識處无所有處非想非非想處住

復說偈言

如因瓶破　而成於瓦　刹那各別　恒是无常

因種生牙　牙生種壞　又如陶匠　以泥作瓶

泥是奢摩　瓶如其色　若復兼用　餘色泥作

火燒熟已　各雜色生　箭竹生葱　角生於蒜

不淨之處　蠅生於蟲　世間之中　有果似因

或有諸物　不似因者　皆因變壞　而有果生

微塵等因　體不變壞　不應妄作　如是分別

无能作我　內我勝我　亦无我意　境界諸根

和合爲因　而生於識　智者方便　善知衆境

破煩惱等　一切諸魔　世有貪愛　如淡得瘥

貪愛若除　衆縛悉解　如蛇螫物　瞋毒亦然

生死趣中　多所惱害　諸仁若欲　令彼除盡

生死趣中　多所惱害　諸仁若欲　令彼除盡
宜各勤心　修於觀行

大乘密嚴經阿賴耶建立品第六

尒時金剛藏菩薩摩訶薩復告衆言諸仁者
我念昔曾蒙佛與力而得妙定廓然明見十
方國土修世定之人及佛菩薩所住之處於如
是處中密嚴佛土安樂第一諸佛菩薩數如
微塵處蓮花藏我於尒時一心瞻仰尋從定
出即自見身與諸菩薩在密嚴土復於尒時
見解脫藏住在宮中其量大小如一指節色
相明潔如阿恒斯花亦如空中清淨滿月我
時見已便生念言此爲是誰而有如是不思
議事作是念時即見我身在其身內於中普
見一切世間

[illegible]不可思
議時天中天所為事畢還攝神力諸菩薩等
悉復如故我時見此希有事已知諸菩薩種
種變現是佛境界不可思議諸仁者如來昔
為菩薩之時從初歡喜至法雲地得陁羅尼
句義無盡及首楞嚴等諸大三昧意生之身
八種自在如應而現遊戲神通名稱光明如
是等一切功德悉已成就轉復清淨逮成正
覺住密嚴土隨宜變化佛及菩薩種種色像
自然周遍一切世間轉妙法輪令諸衆生速
滅癡闇修行善法或有菩薩見佛身相尸利
娑蹉等具足莊嚴自然光明猶如盛火與諸
菩薩住如蓮花清淨之宮常遊妙定以為安
樂或見大樹緊那羅王現百千億種種變化

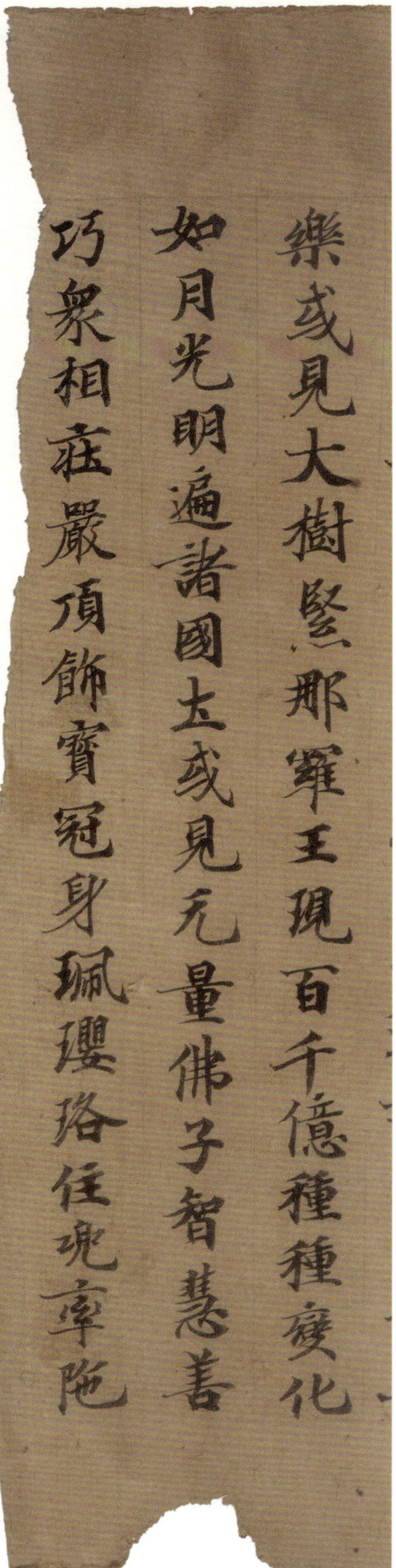

樂或見大樹緊那羅王現百千億種種變化
如月光明遍諸國土或見无量佛子智慧善
巧衆相莊嚴頂飾寶冠身珮瓔珞任吼摩陁

BD00699 大般若波羅蜜多經卷三四一

（唐）玄奘 譯

BD00699v 勘記

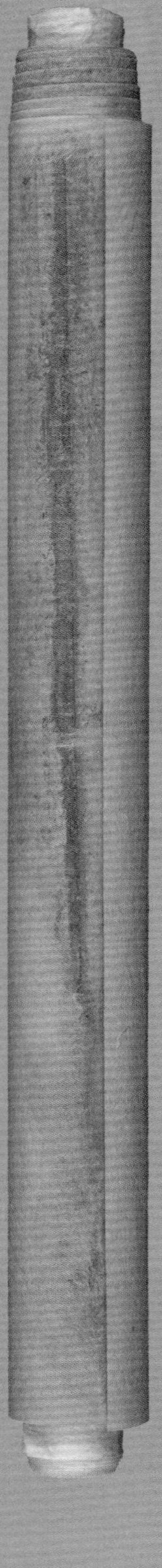

160.7cm × 25cm

空外空乃至無性自性空[illegible]一切智智復
次善現若菩薩摩訶薩如是學時是學真
如是學法界法性不虛妄性不變異性平等性
離生性法定法住實際虛空界不思議界若
菩薩摩訶薩學真如法界乃至不思議界是
學一切智智復次善現若菩薩摩訶薩如是
學時是學苦聖諦是學集滅道聖諦若菩
薩摩訶薩學苦集滅道聖諦是學一切智智
復次善現若菩薩摩訶薩如是學時是學四
靜慮是學四無量四無色定若菩薩摩訶薩學
四靜慮四無量四無色定是學一切智智復
次善現若菩薩摩訶薩如是學時是學八解

（4-1）

薩學八解脫八勝處九次第定十遍處……
一切智智復次善現若菩薩摩訶薩如是
學時是學四念住是學四正斷四神足五根
五力七等覺支八聖道支若菩薩摩訶薩學
四念住四正斷乃至八聖道支是學一切智
智復次善現若菩薩摩訶薩如是學時是學
空解脫門是學無相無願解脫門若菩薩摩
訶薩學空無相無願解脫門是學一切智智
復次善現若菩薩摩訶薩如是學時是學極
喜地是學離垢地發光地焰慧地極難勝地
現前地遠行地不動地善慧地法雲地若菩
薩摩訶薩學極喜地離垢地乃至法雲地是
學一切智智復次善現若菩薩摩訶薩如是
學時是學五眼是學六神通若菩薩摩訶薩學
五眼六神通是學一切智智復次善現若菩薩

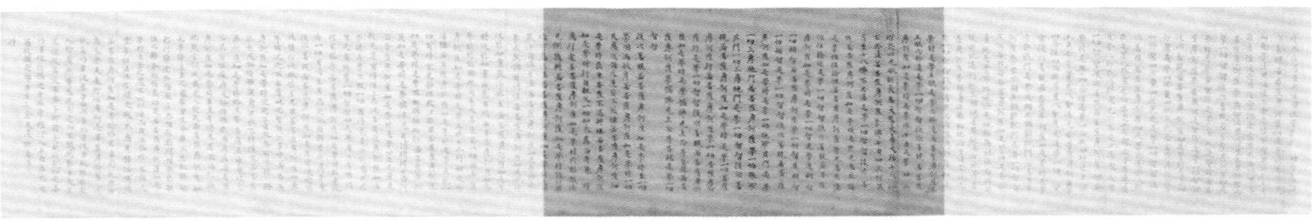

學時是學五眼是學六神通若菩薩摩訶薩學
五眼六神通是學一切智智復次善現若菩薩
摩訶薩如是學時是學佛十力是學四無
所畏四无礙解大慈大悲大喜大捨十八佛
不共法若菩薩摩訶薩學佛十力四無所畏
乃至十八佛不共法是學一切智智復次善
現若菩薩摩訶薩如是學時是學无忘失法
是學恒住捨性若菩薩摩訶薩學无忘失法
恒住捨性是學一切智智復次善現若菩薩
摩訶薩如是學時是學一切智是學道相智
一切相智若菩薩摩訶薩學一切智道相智
一切相智是學一切智智復次善現若菩薩
摩訶薩如是學時是學一切陁羅尼門是學

現若菩薩摩訶薩如是學時是學一切菩薩
摩訶薩行若菩薩摩訶薩學一切菩薩摩訶
薩行是學一切智智復次善現若菩薩摩訶
薩如是學時是學諸佛无上正等菩提若菩
薩摩訶薩學諸佛无上正等菩提是學一切
智智
復次善現若菩薩摩訶薩如是學時至一切
學圓滿彼岸若菩薩摩訶薩如是學時一切
天魔及諸外道皆不能壞若菩薩摩訶薩如
是學時疾至菩薩不退轉地若菩薩摩訶薩
如是學時行自祖父一切如來應正等覺所
應行處若菩薩摩訶薩如是學時於能護法
无倒隨轉若菩薩摩訶薩如是學時能行雜

无倒隨轉若菩薩摩訶薩如是學時能行羅
暗所應作法若菩薩摩訶薩如是學時是學
嚴淨自佛土法若菩薩摩訶薩如是學時是
學成熟諸有情法若菩薩摩訶薩如是學時
便能如實嚴淨佛土若菩薩摩訶薩如是學
時便能如實成熟有情若菩薩摩訶薩如是
學時則能發起大慈大悲哀愍一切若菩薩
摩訶薩如是學時是學三轉十二行相微妙
法輪若菩薩摩訶薩如是學時是學度脫一
切有情置无餘依般涅槃界若菩薩摩訶薩
如是學時是學不斷佛種妙行若菩薩摩訶
薩如是學時是學諸佛為有情類開甘露門
若菩薩摩訶薩如是學時是學安立无量无
邊有情住三乘法若菩薩摩訶薩如是

（4–3）

界是真脩學一切智智如是學者下劣有情
所不能學若菩薩摩訶薩如是學時能實拔
濟一切有情生老病死令勤脩學所應學處
復次善現若菩薩摩訶薩如是學時決定不
復墮於地獄傍生鬼界若菩薩摩訶薩如是
學時決定不生邊地達絮蔑戾車中若菩薩
摩訶薩如是學時決定不生旃荼羅家補羯
娑家及餘種種貧窮卑賤不律儀家若菩薩
摩訶薩如是學時終不聾盲瘖瘂攣躄根支
不具背僂癲癇及餘種種穢惡瘡病若菩薩
摩訶薩如是學時生生常得眷屬圓滿形貌
端嚴言詞威肅眾人愛敬若菩薩摩訶薩如
是學時生生之處離害生命離不與取離欲

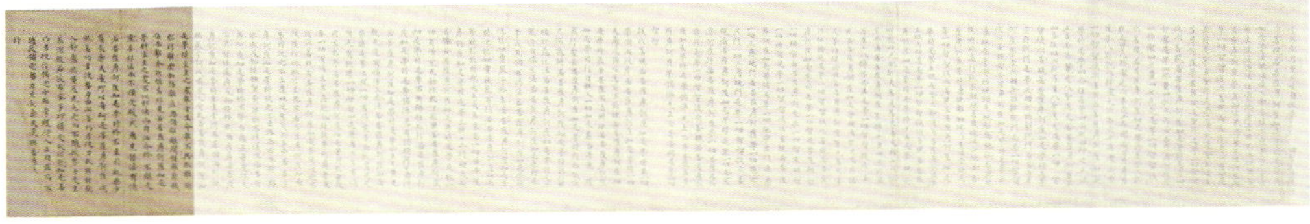

是學時生生之處離害生命離不與取離欲
邪行離虛誑語離麁惡語離離間語離雜穢
語亦離貪欲瞋恚邪見若菩薩摩訶薩如是
學時生生之處不以邪法而自活命終不攝受
虛妄邪法亦不攝受破戒惡見謗法有情
若菩薩摩訶薩如是學時終不生於耽樂少
慧長壽天處所以者何是菩薩摩訶薩成
就善巧方便勢力由此善巧方便力故雖能數
入靜慮無量及无色定而不隨彼勢力受生
甚深般若波羅蜜多所攝受故成就如是善
巧方便於諸定中雖常獲得入出自在而不
隨彼諸定勢力生長壽天處脩菩薩
行

BD00699v　勘記

BD00700 摩訶般若波羅蜜經卷二六

（後秦）鳩摩羅什 譯

240.6cm × 27.6cm

是夢乃至化虚妄不實世尊不應用不實虚
妄法能具足檀波羅蜜乃至十八不共法佛
告須菩提如是如是不實虚妄法不能具足
法不能得阿耨多羅三藐三菩提須菩提是
一切法皆是憶想思惟作法用是思惟憶想
作法不能得一切種智須菩提是一切法能助
道法不能益果所謂是諸法无生无出无相
菩薩從初發心來所作善業若檀波羅蜜
乃至一切種智何以故知諸法皆如夢乃至如
化如是等法不具足檀波羅蜜乃至一切種智
不能得成就衆生淨佛國土得阿耨多羅三
藐三菩提是菩薩摩訶薩所作善業檀波

（6-1）

一十[illegible]
摩訶薩不取般若波羅蜜是有法用是不取
故得一切種智知是法如夢无所取乃至諸
法如化无所取何以故般若波羅蜜是不可
取相禪波羅蜜乃至十八不共法是不可取相
是菩薩摩訶薩知一切法是不可取相已發
心求阿耨多羅三藐三菩提何以故一切法不
可取相无根本定實如夢乃至如化用不可
取相法不能得不可取相法但以衆生不知
不見如是諸法相是菩薩摩訶薩爲是衆生
故求阿耨多羅三藐三菩提是菩薩從初發
意已來所有布施爲一切衆生故乃至有所
脩智慧皆爲一切衆生不爲已身菩薩摩訶
薩不爲餘事故求阿耨多羅三藐三菩提但

脩智慧皆為一切衆生不為已身菩薩摩訶
薩不為餘事故求阿耨多羅三藐三菩提但
為一切衆生故是菩薩行般若波羅蜜時見
衆生无衆生但衆生相中住乃至无知者无
見者知見相中住令衆生遠離顛倒遠離已
置甘露性中住是中无有妄相所謂衆生相
乃至知者見者相是時菩薩動心念心戲
論心皆捨常行不動心不念心不戲論心須
菩提以是方便力故菩薩摩訶薩行般若波
羅蜜時自无所着亦教一切衆生令得无所
着世諦故非第一義須菩提白佛言世尊世
尊得阿耨多羅三藐三菩提時得諸佛法以
世諦故得以第一義中得佛言以世諦故説

道无果須菩提白佛言世尊若行二法无
道无果行不二法有道有果不佛言行二法
无道无果行不二法亦无道无果若无二法
无不二法即是道即是果何以故用如是法
得道得果用是法不得道不得果是為戲論
諸平等法中无有戲論无戲論相是諸法平
等須菩提白佛言世尊諸法无所有性是中
何等是平等佛言若无有法无有无法亦不
說諸法平等相除平等更无餘法離一切法平
等相平等者若凡夫若聖人不能行不能
到須菩提白佛言世尊乃至佛亦不能行
亦不能到佛言是諸法平等一切聖人皆不
能行不能到所謂諸須陁洹斯陁含阿那含

亦不能到佛言是諸法平等一切聖人皆不
能行不能到所謂諸須陁洹斯陁含阿那含
阿羅漢辟支佛諸菩薩摩訶薩及諸佛須
菩提白佛言世尊佛者一切諸法中行力自
在云何說佛亦不能行亦不能到佛告須菩
提若諸法平等與佛有異應當如是問須菩
提令諸凡夫人平等諸須陁洹斯陁含阿那含
阿羅漢辟支佛諸菩薩摩訶薩諸佛及聖法
皆平等是一平等无二所謂是凡夫人是須
陁洹乃至佛是一切法等中皆不可得須菩
提白佛言世尊若諸法等中皆不可得是凡
夫人乃至是佛世尊凡夫人須陁洹乃至佛
為无有分別佛告須菩提如是如是諸法平
等亦无有分別是凡夫人是須陁洹乃至是

佛世尊若无分別諸

佛云何分別有三寶現於世佛寶法寶僧寶
佛言於意云何佛寶法寶僧寶與諸法等
異不須菩提白佛言如我從佛所聞義佛寶
法寶僧寶與諸法等无異世尊是佛寶法寶
僧寶即是平等是法皆不合不散无色无形
无對一相所謂无相佛有是力能分別无相諸
法處所是凡夫人是須陁洹是斯陁含是阿那含
是阿羅漢是辟支佛是菩薩摩訶薩是諸佛
佛告須菩提如是如是諸佛得阿耨多羅三藐
三菩提分別諸法是地獄是餓鬼是畜生是
人是天是四天王乃至是他化自在天是梵天
乃至是非有想非无想天處是四念處乃
至八聖道分是內空乃至是无法有法空

至八聖道分是內空乃至是无法有法空
是佛十力乃至是十八不共法不須菩提言
不知也世尊以是故須菩提當知佛有大
恩力於諸法等中不動而分別諸法須菩提
白佛言世尊如佛於諸法等中不動凡夫亦
於諸法平等中亦不動須陁洹乃至辟支佛
亦於諸法平等中亦不動世尊若諸法等相
即是凡夫人相即是須陁洹相乃至諸佛即
是平等相世尊今諸法相各各相所謂色相
異受想行識相異眼相異耳鼻舌身意相
異地相異水火風空識相異欲相異瞋癡相
異邪見相異禪相異无量心相異无色定相異

柤異乃至般若波羅蜜異三解脫門相異
十八空相異佛十力相異无所畏相異四无
礙智相異十八不共法相異有為法相異无
為法相異凡夫人相異乃至佛相異諸法各
各相去何菩薩摩訶薩行般若波羅蜜時
諸異相中不作分別若不作不分別不能行
般若波羅蜜若不行般若波羅蜜不能從
一地至一地若不從一地至一地不能入菩薩
位不能入菩薩位故不能過聲門辟支佛地
不能過聲聞辟支佛地故不能具足神通波
羅蜜不具足神通波羅蜜故不能具足檀
波羅蜜乃至不能具足般若波羅蜜從一佛國
至一佛國供養諸佛於諸佛所種善根用是
善根能成就衆生淨佛國土佛告須菩提如

善根能成就衆生淨佛國土佛告須菩提如
汝所問是諸法相亦是凡夫人亦是須陁洹乃
至佛世尊是諸法各各相所謂色相異乃至
有為无為法相異云何菩薩摩訶薩觀一切
相不作分别須菩提於汝意云何是色相空
不乃至諸佛相空不世尊實空須菩提空中
各各相法可得不所謂色相乃至諸佛相須菩提
言不可得佛言以是因緣故當知諸法平等中
非凡夫人亦不離凡夫人乃至非佛亦不離
佛須菩提白佛言世尊是平等為是有為
法為是无為法佛言非有為法非无為法何
以故離有為法无為法不可得離无為法有

法不合不散无色无形无對一相所謂无相

亦以世諦故說非以第一義何以故第一義

中无身行无口行无意行亦不離身口意

行得第一義是諸有為法无為法平等相即

是第一義菩薩摩訶薩行般若波羅蜜時

第一義中不動而行菩薩事饒益衆生

摩訶般若波羅蜜經化品第七十六

須菩提白佛言世尊若諸法平等无所為作

云何菩薩摩訶薩行般若波羅蜜於平等法

中不動而行菩薩事以布施愛語利益同事

佛告須菩提如是如是如汝所言是諸法平等

BD00701 轉女身經

（南朝宋）曇摩蜜多 譯

318.6cm × 26.3cm

衆生心
説諸禪解脫
不能勤脩十[illegible]令滿足十善道故復
有衆生隨於邪聚或不定聚於无漏法便為
非器欲令曉了正聚法故令衆生成熟善根
而自調伏隨所願求而為説法世尊我今
為如是等諸因緣故向佛聽法欲有所問
尒時一切衆會歎未曾有而作是言如來之
法甚為希有菩提薩埵雖處胎中饒益衆生
法言不廢若善男子善女人有見聞者其誰
不發阿耨多羅三藐三菩提心
尒時此女以佛神力猶如後邊身菩薩從母

地大震動雨衆天華一切樂器不鼓自鳴陸
地生華大如車輪種種荘嚴色香妙好悦可
人心有百千葉黄金為茎白銀為葉馬瑙為
鬚赤真珠臺女在上立身形猶如二三歳兒
顔貌端正甚可愛敬皆從前世善果報生
尒時釋提桓因持天衣瓔珞往詣其所而語
之言善女著此衣服瓔珞莫裸形立女報釋
提桓因言夫為菩薩不以是衣服瓔珞而自
荘嚴所以者何菩薩恒以菩提之心以為衣
服瓔珞而自荘嚴則勝一切世間天人荘嚴
復次憍尸迦菩薩有十種衣服瓔珞而自荘
嚴何等為十所謂不失菩提之心不忘發深
心常以大慈為一切衆生而作救護大悲為
大勤行精進度諸衆生不捨成就一切衆生

心常以大慈為一切衆生而作救護大悲為
大勤行精進度諸衆生不捨成就一切衆生
常以慚愧莊嚴身口意業一切物施不望其
報持諸戒行頭陁功德終不違犯住忍辱力
能忍難忍以巧方便求勝善根其心雖住禪
无量等諸三昧中終不求證非時解脫憍尸
迦是名菩薩十種衣服瓔珞莊嚴於一切時
常不遠離復次憍尸迦菩薩以相好嚴身勝
諸瓔珞而此相好從福慧生何等福慧所謂
種種布施愛重之物能捨與他於諸衆生无
恚恨心常求善行不限布施令他滿足觀一
切衆生皆是福田憍尸迦是名菩薩第一衣
服瓔珞莊嚴若菩薩欲證聲辟支佛乘不
[illegible]

耨多羅三藐三菩提驚怖悔恨則非菩薩莊
嚴所以者何遠離菩薩莊嚴法故尒時衆會
聞說菩薩諸莊嚴法有万二千諸天及人先
種善根皆發阿耨多羅三藐三菩提心
尒時世尊告此女言汝可受是釋提桓因衣
服瓔珞女白佛言世尊我不堪受所以者何
共我志同應同衣服瓔珞莊嚴而此帝釋願
求小智所樂卑下猒患生死常懷怖畏欲速
入涅槃恒從他邊聽受法要所有慧明唯獨
照已不及他人如執草束欲渡江河不能為
人作淨福田永離諸佛清淨智眼不能曉了
諸衆生根世尊我今著堅固鎧願求大乘欲
饒益一切集大法船度未度者求自然智轉

饒益一切集大法舩度未度者求自然智轉
于法輪不於他人有所希求以如來智而自莊
嚴亦令一切悉得諸佛清淨智眼世尊我
從彼國來生此間欲見如來釋迦牟尼礼拜
供養聽說法耳彼佛世尊自當與我衣服瓔
珞使我着之尒時衆會諸天人等皆是念
此女來處世界名何去此近遠為在何方彼
國如來復名何等今為現在說法教不
尒時世尊知此衆會心之所念告舍利弗
東南方去此世界過世六那由他佛土有世
界名淨住佛号无垢稱王如來應等正覺今
現在說法舍利弗此女從淨住世界没來生
此間欲成就衆生亦欲礼拜供養於我聽說
法故舍利弗是女未久之間彼无垢稱王如來

（7-3）

珞莊嚴来在女前懸虛空中又出聲言善女
淨住世界无垢稱王如来遣此衣服瓔珞與
汝汝可著之當如此聞諸菩薩等若著衣服
瓔珞莊嚴即時皆得具五神通汝亦應尒其
女尒時於虛空中取衣服瓔珞即便著之須
臾之間衣服瓔珞出妙光明除如来光其餘梵
釋護世天王日月光明悉不復現其女即時
具五神通下蓮華臺行詣佛所舉足下足
大地即時六種震動到佛前已頭面礼足遶
佛七匝白佛言世尊唯願如来為諸菩薩摩
訶薩說攝菩提增長之法令諸菩薩於无上
道而不退轉過諸魔行速成阿耨多羅三藐
三菩提
尒時世尊告此女言若菩薩成就四法攝

三菩提

尒時世尊告此女言若菩薩成就四法能攝
菩提亦令增長何等為四一者淨心二者深
心三者方便四者不捨菩提之心是名為四
復有四法一者恒欲利益一切衆生二者常
當慈心愍諸衆生三者當以大悲度脫衆生
四者堅固精進具足一切佛法是名為四復有
四法一者分別諸法多生信心二者遠離
聲聞辟支佛心三者樂觀勝法欲具滿一切
佛法四者勤行精進必成其果是名為四復
有四法一者離於憍慢二者除自大心三者
敬重尊長四者易可教誨是名為四復有四
法一者於來求者不生恚恨二者捨一切物
心無悋惜三者已施不悔四者所有善根盡

二者不穿貳三者不雜貳四者不濁貳是名
為四復有四法一者性和能忍二者善護他
意三者自護己身終不犯他四者迴向菩提
是名為四復有四法一者堅固精進二者明淨
精進三者不怯弱精進四者迴向菩提是名
為四復有四法一者身强堪能二者心强
堪能三者善能脩集諸禪及枝四者恒不忘
失菩提之心是名為四復有四法一者布施
二者愛語三者利益四者同事是名為四復
有四法一者慈心遍一切處二者大悲无有
猒悔三者善心深愛敬法四者捨心離於憎
愛是名為四復有四法一者聽法无猒二者
正觀思惟三者隨法能行四者迴向菩提是

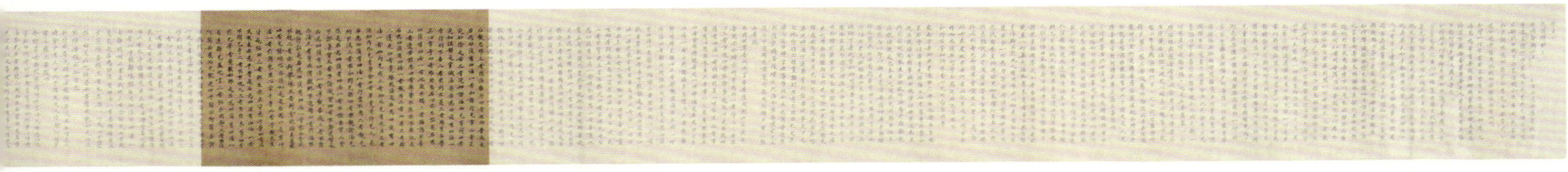

正觀思惟三者隨法能行四者迴向菩提是
名爲四復有四法一者知諸行无常二者決
定知陰是苦三者定知諸法而无有我四者
定知涅槃是寂滅法是名爲四復有四法一
者得利不喜二者失利不憂三者雖有名譽
其心常等四者雖聞惡名心亦不惱是名爲
四復有四法一者他毀不瞋二者稱讚不喜
三者遭苦能忍四者雖樂不逸亦不輕他是
名爲四復有四法一者觀因二者知果三者離
二邊見四者覺緣起法是名爲四復有四
法一者知内无我二者知外无有衆生三者
倶知内外无有壽命四者畢竟清淨无人是
名爲四復有四法一者行空不畏二者觀无

住是名爲四復有四法一者不證苦智二
不證集智三者不證滅智四者不證道智是
名爲四復有四法一者深觀菩提二者不謗
正法三者身在僧數終不退轉四者於法不
起諍訟是名爲四復有四法一者能令貪欲
不起二者亦斷攀緣三者斷貪欲瞋恚愚癡
四者及餘煩惱亦復如是是名爲四復有四
法一者於諸衆生心常平等二者等觀衆生
皆是福田三者佛及衆生皆悲平等四者法
及衆生亦悲平等是名爲四復有四法一者
不顯己身二者不下他人三者不輕未學四者
於已學者愛敬如師是名爲四復有四法一
者遠離无益之言二者恒求閑静三者樂住
阿蘭若處而无猒足四者勤求阿蘭若諸

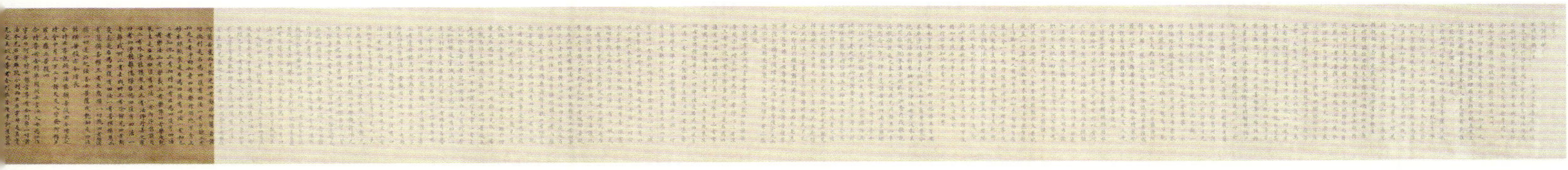

阿蘭若處而无猒足四者勤求阿蘭若諸
功德利是名爲四復有四法一者少欲二者
知足三者淨物知量四者樂行頭陁不貪上
妙衣服飲食是名爲四復有四法一者知已
二者知他三者知時四者名爲四復有四法
一者樂法二者樂義三者樂諦四者樂成就
衆生是名爲四復有四法一者内淨能護自
心二者外淨能護衆生三者法淨行善之處
四者知淨能離憍慢名爲四復有四法一
者離我所二者去我所三者除諸見四者斷
愛恚是名爲四復有四法一者善權慧二
者慧攝善權三者大悲攝一切施四者精進
攝一切道品之法善女菩薩成就如是四法
[illegible]

介時世尊說此四法[illegible]

時會中有三万二千諸天及人皆發阿耨多
羅三藐三菩提心
介時尊者舍利弗問此女言汝父母為汝作
字名曰何等時女報言尊者舍利弗一切諸
法本无名字雖隨分別而立名字非是真實
无定主故又尊者舍利弗菩薩摩訶薩隨其
所行而立名字若得淨心名淨心者若遠深
心名深心者若行方便名得方便者若行布
施名善能施者若脩尸羅名淨戒者若任忍
辱名有忍力者若勤精進名著精進鎧者若
任諸禪名常三昧者逮得智慧名大慧者若
住慈悲喜捨名大慈大悲大喜大捨者若住
阿蘭若處名閑居无事者若不捨頭陁名行
清淨功德者名樂集善法名善求法者名而

阿蘭若處名閑居无事者若不捨頭陁名行
清淨功德者若樂集善法名善求法者略而
言之隨其以何善根發趣大乘而得名字
尒時世尊告舍利弗言當此女者衣服瓔珞
之時放大光明普照大衆是故此女名无垢
光當憶持之
尒時尊者舍利弗復問无垢光女言汝從淨
住世界无垢稱王佛所受此女身來此間也
无垢光女答言尊者舍利弗彼佛世界无有
女人舍利弗言汝今何故以此女形來生此
間女即答言我今不以男形女形亦不以色
受想行識來生此間所以者何尊者舍利弗
於意云何如來所作化人從一佛國至一佛

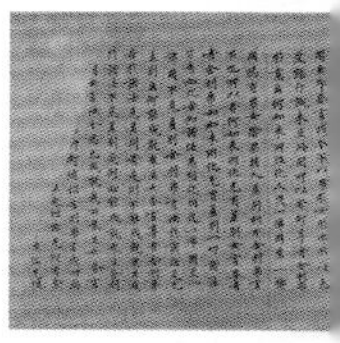

者舍利弗如如來所化无有差別一切諸法
皆悉如化若知諸法悉同化相從一佛國至一
佛國不見差別舍利弗言汝於諸法見无
差別云何能成就衆生女荅言尊者舍利弗
若於諸法見差別者是則不能成就衆生若
於諸法不見差別是則必能成就衆生舍利
月女言汝今為已成就幾所衆生女荅言
……所斷煩惱舍利弗言我所斷
……生之性亦无所有舍
……煩惱无性

BD00702

金光明最勝王經卷七

（唐）義净 譯

138.6cm × 26cm

寫達陀摩多也莎訶
尼攞達他也莎訶
阿鉢囉市吵毗粲耶也莎訶
呬摩鞢吵三步多也莎訶
阿你寠攞薄但囉也莎訶
南謨薄伽伐都歎囉紺摩寫莎訶
南謨薩囉酸蘊底莫訶揵鼻鉢裛莎訶
悉旬覩湯此云成就我其甲易但囉陀莎訶
但剌覩佖娙吵歎囉紺摩奴末覩莎訶
尒時大辯才天女説洗浴法壇場呪已前礼
佛足白佛言世尊若有苾芻苾芻尼鄔波索
迦鄔波斯迦受持讀誦書寫流布是妙經王
[illegible]

而為擁護除諸病苦流星變恠疫病鬪諍王
法所拘惡夢惡神為障礙者蠱道厭術悉皆
除殄饒益是等持經之人苾芻等衆及諸聽
者皆念速渡生死大海不退菩提
尒時世尊聞是說已讚辯才天女言善
哉天女汝能安樂利益無量無邊有情說此
神呪及以香水壇場法式果報難思汝當擁護
最勝經王勿令隱沒常得流通尒時大辯才
天女礼佛足已還復本座
尒時法師授記憍陳如婆羅門承佛威力於
大衆前讚請辯才天女曰
聰明勇進辯才天　人天供養悉應受
名聞世間遍充滿　能與一切衆生願
依高山頂勝住處　葺茅為室在中居

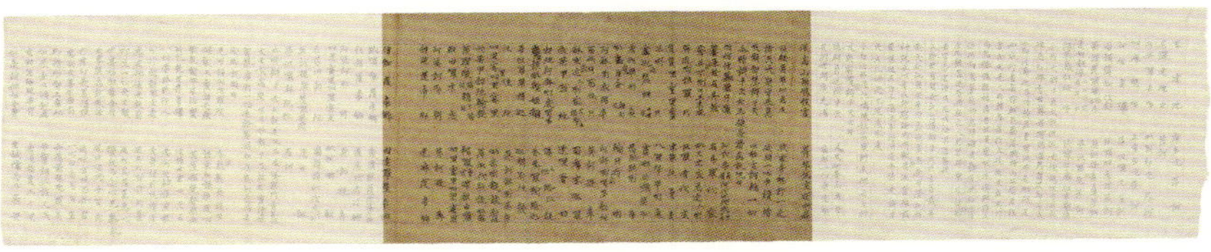

依高山頂勝住處　萆茅爲室在中居
恒結耎草以爲衣　在處常翹於一足
諸天大衆皆來集　咸同一心申讚請
唯願智慧辯才天　以妙言詞施一切
尒時辯才天女即便受請爲說呪曰
怛姪他　慕囉只囉　阿伐帝　阿伐吒伐底丁里反
馨遏䗉名具䗉　名具羅伐底
鶩具末唎只三末底　毗三末底惡近入唎
莫近唎怛羅只　怛羅者伐底
質質哩室里蜜里　末難地曇去
末唎只　八羅婢畢唎㐭
盧迦逝瑟跳丑世反　盧迦失囉㪷恥
盧迦畢唎㐭　悉䭾䭾喇帝
毗麼目企輸利反　輸只折底唎
可㳠利伐昌[illegible]　可㳠利昌[illegible]

鉢喇近入喇殑侯拏上　南摩寠迦羅
我某甲勃地　達哩奢呬
勃地阿鉢喇底喝娑　婆上怛路觀
市娑謎毗輸姪覩　含悉囉輸路迦
勇怛囉畢揚迦　迦娒耶地鼓
但姪里他　莫訶鉢喇婆鼻
呬里蜜呬里蜜里　毗折喇覩謎勃地
我某甲勃地輸提　薄伽伐點提
薩羅酸㵖點引丁篕　羯囉家曾滯雞由囉
雞由囉末底　呬里蜜里呬里蜜里
阿婆訶耶弭　莫訶提鼻
勃陀薩帝耶　達摩薩帝鄉
僧伽薩帝鄉　因達羅薩帝那

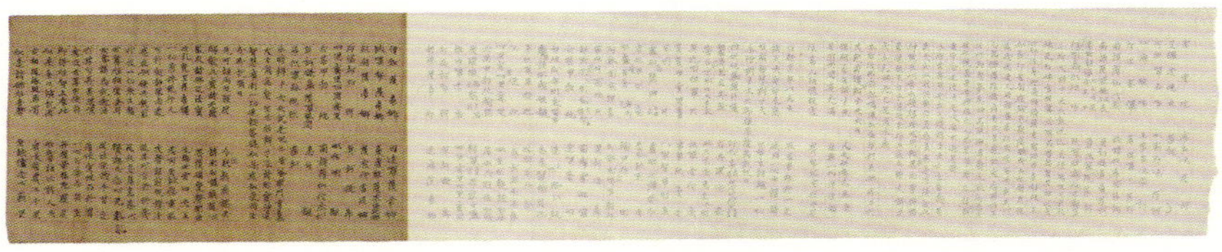

僧伽 薩帝娜 因達囉薩帝娜
跋嘍拏薩帝娜 稟盧雞薩底婆地娜
羝殺薩帝娜 薩底伐者泥娜
阿婆訶耶 弭 莫訶提鼻
呬里蜜里呬里蜜里 毗析唎 覩
我某甲勃地 南謨薄伽伐底丁利
莫訶提鼻薩囉酸底 悉甸 覩
曼怛囉鉢陁弥 莎訶
尒時辯才天女說是呪已告婆羅門言善哉
大士能為衆生求妙辯才及諸珍寶神通
智慧廣利一切速證菩提如是應知受持法
式時說頌曰
先可誦此陁羅尼 令使純熟無謬失
歸敬三寶諸天衆 請求加護願隨心

一切常修梵行人　悉可至誠慇重敬
可於寂靜蘭若處　大聲誦前呪讚法
應在佛像天龍前　隨其所有修供養
於彼一切衆生類　隨起慈悲哀愍心
世尊妙相紫金身　繫想正念心無亂
世尊讃念說教法　隨彼根機令習定
於其句義善思惟　復依空性而修習
應在世尊形像前　一心正念而安坐
即得妙智三摩地　并獲最勝陁羅尼
如來金口演說法　妙響調伏諸人天
舌相隨緣現希有　廣長能覆三千界
如是諸佛妙音聲　至誠憶念心無畏

BD00703　大般若波羅蜜多經卷三五六

（唐）玄奘　譯

114.1cm × 25.8cm

波般若波羅蜜多
善現若菩薩摩訶薩如是行般若波羅蜜多
時便爲過去未來現在諸佛護念時具壽善
現白佛言世尊云何菩薩摩訶薩如是行般
若波羅蜜多時便爲過去未來現在諸佛護
念佛言善現若菩薩摩訶薩如是行般若波
羅蜜多時能行布施波羅蜜多能行淨戒安
忍精進靜慮般若波羅蜜多故爲過去未來
現在諸佛護念善現若菩薩摩訶薩如是行
般若波羅蜜多時能行內空能行外空內外
空空空大空勝義空有爲空无爲空畢竟
空无際空散空无變異空本性空自相空共相
空一切法空不可得空无性空自性空无性
[illegible]

行真如能行法界法性不虛妄性不變異性
平等性離生性法定法住實際虛空界不思
議界故爲過去未來現在諸佛護念善現若
菩薩摩訶薩如是行般若波羅蜜多時能行
苦聖諦能行集滅道聖諦故爲過去未來現
在諸佛護念善現若菩薩摩訶薩如是行般
若波羅蜜多時能行四靜慮能行四无量四
无色定故爲過去未來現在諸佛護念善現
若菩薩摩訶薩如是行般若波羅蜜多時能
行八解脫能行八勝處九次第定十遍處故
爲過去未來現在諸佛護念善現若菩薩摩
訶薩如是行般若波羅蜜多時能行四念住
能行四正斷四神足五根五力七等覺支八

訶薩如是行般若波羅蜜多時能行四念[illegible]
能行四正斷四神足五根五力七等覺支八
聖道支故爲過去未來現在諸佛讚念善現
若菩薩摩訶薩如是行般若波羅蜜多時能
行空解脫門能行无相无願解脫門故爲過
去未來現在諸佛讚念善現若菩薩摩訶薩
如是行般若波羅蜜多時能行五眼能行六
神通故爲過去未來現在諸佛讚念善現若
菩薩摩訶薩如是行般若波羅蜜多時能行
佛十力能行四无所畏四无礙解大慈大悲
大喜大捨十八佛不共法故爲過去未來現
在諸佛讚念善現若菩薩摩訶薩如是行般
若波羅蜜多時能行无忘失法能行恒住捨
性故爲過去未來現在諸佛讚念善現若菩
薩摩訶薩如是行般若波羅蜜多時能行一[illegible]

未來現在諸佛護念善現若菩薩摩訶薩如
是行般若波羅蜜多時能行一切智能行道
相智一切相智故爲過去未來現在諸佛護
念具壽善現復白佛言世尊是菩薩摩訶薩
云何行布施波羅蜜多時便爲過去未來現
在諸佛護念云何行淨戒安忍精進靜慮般
若波羅蜜多時便爲過去未來現在諸佛護
念世尊是菩薩摩訶薩云何行內空時便爲
過去未來現在諸佛護念云何行外空內外
空空空大空勝義空有爲空无爲空畢竟空
无際空散空无變異空本性空自相空共相
空一切法空不可得空无性空自性空无性
自性空時便爲過去未來現在諸佛護念世
尊是菩薩摩訶薩云何行真如時便爲過去

自性空時便爲過去未來現在諸佛護念世
尊是菩薩摩訶薩云何行真如時便爲過去
未來現在諸佛護念云何行法界法性不虛
妄性不變異性平等性離生性法定法住實
際虛空界不思議界時便爲過去未來現在
諸佛護念世尊是菩薩摩訶薩云何行苦聖
諦時便爲過去未來現在諸佛護念云何行
集滅道聖諦時便爲過去未來現在諸佛護
念世尊是菩薩摩訶薩云何行四靜慮時便
爲過去未來現在諸佛護念云何行四无量
四无色定時便爲過去未來現在諸佛護念
世尊是菩薩摩訶薩云何行八解脫時便爲
過去未來現在諸佛護念云何行八勝處九
次第定十遍處時便爲過去未來現在諸佛

BD00704

大般若波羅蜜多經卷四九

（唐）玄奘 譯

492.4cm × 26.1cm

洛伽人非人等一切世
諸菩薩由如是等方便善巧
有情乘大乘故復名摩訶薩
舍利子如是為欲利樂諸有情故乘於大
菩薩摩訶薩普為十方各如殑伽沙等世界
諸佛世尊於大衆中歡喜讚歎作如是言某
方某世界中有某名菩薩摩訶薩為欲利樂
諸有情故乘於大乘不久當得一切智智
天人等轉正法輪其輪世間天人魔梵
等衆皆不能轉如是名轉聲遍十方天人等
衆聞皆歡喜咸作是言如是菩薩不久當得
一切智智轉正法輪利安含識
初分大乘鎧品第十四之一
時善現白佛言世尊如說菩薩摩訶

薩擐大乘鎧者云何名為菩薩摩訶薩擐大
乘鎧佛言善現若菩薩摩訶薩擐布施波羅
蜜多鎧擐淨戒安忍精進靜慮般若波羅蜜
多鎧善現如是名為菩薩摩訶薩擐大乘鎧
若菩薩摩訶薩擐四靜慮鎧擐四无量四无
色定鎧善現如是名為菩薩摩訶薩擐大乘
鎧若菩薩摩訶薩擐四念住鎧擐四正斷四
神足五根五力七等覺支八聖道支鎧善現
如是名為菩薩摩訶薩擐大乘鎧若菩薩
摩訶薩擐內空鎧擐外空內外空空空大空
勝義空有為空无為空畢竟空无際空散空
无變異空本性空自相空共相空一切法空不
可得空无性空自性空无性自性空鎧善現
如是名為菩薩摩訶薩擐大乘鎧若菩薩摩

BD00704　大般若波羅蜜多經卷四九

可得空无性空自性空无性自性空當善現
如是名為菩薩摩訶薩摞大乘當若菩薩摩
訶薩摞五眼當摞六神通當善現如是名為
菩薩摩訶薩摞大乘當若菩薩摩訶薩摞
佛十力當摞四无所畏四无礙解大慈大悲大
喜大捨十八佛不共法一切智道相智一切相
智當善現如是名為菩薩摩訶薩摞大乘
當若菩薩摩訶薩摞佛身相諸功德當善現
如是名為菩薩摩訶薩摞大乘當
復次善現若菩薩摩訶薩摞如是等諸功德
當放大光明遍照三千大千世界亦令此界
六三變動其中地獄火等苦具及彼有情身
心痛惱皆得除滅菩薩知其既離衆苦便為
稱讚三寶功德彼得聞已身心安樂從自趣

藥正法音其中傍生[illegible]
量種苦皆得滅除菩薩如其既離衆苦亦為
稱讃三寶功德彼得聞已身心安樂從自趣
沒生天人中即得奉覲諸佛菩薩親承供養
藥正法音其中鬼界恐怖飢渴身心憔悴无
量種苦皆得除滅菩薩如其既離衆苦亦為
稱讃三寶功德彼得聞已身心安樂從自趣
沒生天人中即得奉覲諸佛菩薩親承供養
藥正法音善現如是名為菩薩摩訶薩擐大
乘鎧菩薩摩訶薩擐如是等諸功德鎧放
大光明遍照十方各如殑伽沙等諸佛世界
亦令彼界六三變動其中地獄傍生鬼界所
有衆苦皆得除滅菩薩如其既離衆苦亦為
稱讃三寶功德彼得聞已身心安樂從自趣

BD00704　大般若波羅蜜多經卷四九

有衆苦皆得除滅苦惱衆生即發心
稱讚三寶功德彼得聞已身心安樂從自趣
沒生天人中即得奉覲諸佛菩薩親承供養
稟正法音善現如是名為菩薩摩訶薩擐大
柔軟鎧善現如巧幻師或彼弟子於四衢道在
大衆前幻作地獄傍生鬼界無量有情各受
衆苦亦復放光變動大地令彼有情衆苦皆
息復為稱讚佛法僧寶令彼聞已身心安樂
從自趣沒生天人中承事供養諸佛菩薩於
諸佛所稟正法音善現於汝意云何如是幻
事為有實不善現荅言不也世尊佛告善現
菩薩摩訶薩擐如是等諸功德鎧放大光明
變動大地拔濟無量世界有情三惡趣苦令
生天人見佛聞法亦復如是雖有所為而無
事可得何以故善現諸法法性皆如幻故

復次善現若菩薩摩訶[illegible]
多普化三千大千世界如吠瑠璃亦化自身為
轉輪王七寶眷屬導從圍繞其中有情須
食與食須飲與飲須衣與衣須乘與乘塗
香末香燒香花鬘房舍卧具燈燭醫藥金銀真
珠珊瑚璧玉及餘種種資生之具隨其所須
一切施與作是施已復為宣說六波羅蜜多
相應之法令彼聞已乃至證得阿耨多羅三
藐三菩提於六波羅蜜多相應之法常不捨
離善現如是名為菩薩摩訶薩擐大乘鎧善
現如巧幻師或彼弟子於四衢道在大衆前
幻作種種貧窮孤露根支殘缺疾病有情隨
其所須皆幻施與善現於汝意云何如是幻
事為有實不善現答言不也世尊佛告善現

BD00704　大般若波羅蜜多經卷四九

其所須皆給施與善現於汝意云何如是等
事為有實不善現答言不也世尊佛告善現
菩薩摩訶薩安住布施波羅蜜多或化世界
如吠瑠璃或化自身為輪王等隨有情類所
須施與及為宣說六波羅蜜多相應之法亦
復如是雖有所為而无一實何以故善現諸
法性空皆如幻故
復次善現若菩薩摩訶薩自住淨戒波羅蜜
多為欲利樂諸有情故生轉輪王家紹轉輪
王位安立无量百千俱胝那庾多有情於十
善業道或復安立无量百千俱胝那庾多有
情於四靜慮若四无量四无色定或復安立
无量百千俱胝那庾多有情於四念住若四
正斷四神足五根五力七等覺支八聖道支
或復安立无量百千俱胝那庾多有情住空

般[illegible]
百千俱胝那庾多有情於布施波羅蜜多若
淨戒安忍精進靜慮般若波羅蜜多或復安
立無量百千俱胝那庾多有情於五眼若六
神通或復安立無量百千俱胝那庾多有情
於佛十力若四無所畏四無礙解大慈大悲
大喜大捨十八佛不共法一切智道相智一
切相智令安住已乃至證得阿耨多羅三藐
三菩提於如是法常不捨離善現如是名為
菩薩摩訶薩擐大乘鎧善現如巧幻師或彼
弟子於四衢道在大衆前幻作無量有情令
住十善業道或復令住四靜慮乃至一切相
智善現於汝意云何如是幻事為有實不善
現答言不也世尊佛告善現菩薩摩訶薩亦

BD00704　大般若波羅蜜多經卷四九

智善現於汝意云何如是所事為有實不善
現荅言不也世尊佛告善現菩薩摩訶薩為
有情故生轉輪王家紹轉輪王位安立无量
百千俱胝那庾多有情於十善業道或復安
立无量百千俱胝那庾多有情於四靜慮乃
至一切相智亦復如是雖有所為而无一實
何以故善現諸法性空皆如幻故
復次善現菩薩摩訶薩自住安忍波羅蜜
多亦勸无量百千俱胝那庾多有情令住安
忍波羅蜜多善現云何菩薩摩訶薩自住安
忍波羅蜜多亦勸无量百千俱胝那庾多有
情令住安忍波羅蜜多善現菩薩摩訶薩
從初發心乃至證得一切智智擐安忍鎧常
自念言假使一切有情持刀杖塊等來見加

善現是菩薩摩訶薩如是自住安忍亦教
諸有情住如是忍乃至證得阿耨多羅三藐
三菩提於如是忍常不捨離善現如是名為
菩薩摩訶薩擐大乘鎧善現如巧幻師或彼
弟子於四衢道在大衆前幻住種種諸有情
類各各執持刀杖塊等加害幻師或彼弟子
時幻師等於幻有情都不起心欲為恐報而
勸彼住如是安忍善現於汝意云何如是幻
事為有實不善現答言不也世尊佛告善現
菩薩摩訶薩擐安忍鎧自住安忍波羅蜜多
亦勸無量百千俱胝那庾多有情令住安忍
波羅蜜多常不捨離亦復如是雖有所為而
無一實何以故善現諸法性空皆如幻故
復次善現若菩薩摩訶薩自住精進波羅

BD00704　大般若波羅蜜多經卷四九

復次善現若菩薩摩訶薩自住精進波羅
蜜多亦勸無量百千俱胝那庾多有情令住精
進波羅蜜多善現云何菩薩摩訶薩自住精
進波羅蜜多亦勸無量百千俱胝那庾多有
情令住精進波羅蜜多善現若菩薩摩訶薩
以應一切智智心身心精進斷諸惡法修諸善
法亦勸無量百千俱胝那庾多有情修習如
是身心精進乃至證得阿耨多羅三藐三菩
提於如是精進常不捨離善現如是名為菩
薩摩訶薩擐大乘鎧善現如巧幻師或彼弟
子於四衢道在大衆前幻作種種諸有情類
而彼巧幻自現熾然身心精進亦勸所幻令
修如是熾然精進善現於汝意云何如是幻

諸惡法修諸善法亦勸有情修習如是身心
精進常不捨離亦復如是雖有所為而无一
實何以故善現諸法性空皆如幻故
復次善現若菩薩摩訶薩自住靜慮波羅蜜
多亦勸无量百千俱胝那庾多有情令住靜
慮波羅蜜多善現云何菩薩摩訶薩自住靜
慮波羅蜜多亦勸无量百千俱胝那庾多有
情令住靜慮波羅蜜多善現若菩薩摩訶薩
於一切法住平等定不見諸法有定有亂而常
修習如是靜慮波羅蜜多亦勸无量百千
俱胝那庾多有情修習如是平等靜慮乃至
證得阿耨多羅三藐三菩提於如是定常不
捨離善現如是名為菩薩摩訶薩擐大乘鎧

證得阿耨多羅三藐三菩提[illegible]
捨離善現如是名為菩薩摩訶薩摞大乘鎧
善現如巧幻師或彼弟子於四衢道在大衆
前幻作種種諸有情類而彼巧幻自現於法
住平等定亦勸所幻令脩如是平等靜慮善
現於汝意云何如是幻事為有實不善現荅
言不也世尊佛告善現菩薩摩訶薩於一切
法住平等定亦勸有情脩習如是平等靜慮
常不捨離亦復如是雖有所為而无一實何
以故善現諸法性空皆如幻空
復次善現若菩薩摩訶薩自住般若波羅蜜
多亦勸无量百千俱胝那庾多有情令住般
若波羅蜜多善現云何菩薩摩訶薩自住般
若波羅蜜多亦勸无量百千俱胝那庾多有
情令住般若波羅蜜多善現菩薩摩訶薩

自住无戲論般若波羅蜜多不見合散有生
有滅有染有淨及不得此岸彼岸差別亦
勸无量百千俱胝那庾多有情安住如是无戲
論慧乃至證得阿耨多羅三藐三菩提於如
是慧常不捨離善現如是名為菩薩摩訶薩
擐大乘鎧善現如巧幻師或彼弟子於四衢
道在大衆前幻作種種諸有情類而彼巧幻
自現安住无戲論慧亦勸所幻令其脩習如
是般若善現於汝意云何如是幻事為有實
不善現答言不也世尊佛告善現菩薩摩訶
薩自住无戲論般若波羅蜜多亦勸有情脩
習如是无戲論慧常不捨離亦復如是雖有
所為而无一實何以故善現諸法性空皆如
幻故

BD00704　大般若波羅蜜多經卷四九

所説而无一實何以故善現諸法性空皆如
幻故
復次善現若菩薩摩訶薩探如上説諸功德
鎧普於十方各如殑伽沙等諸佛世界以神
通力自變其身遍滿如是諸佛世界隨諸有
情所樂示現自住布施波羅蜜多勸慳貪者
令住布施自住淨戒波羅蜜多勸犯戒者令
住淨戒自住安忍波羅蜜多勸暴惡者令住
安忍自住精進波羅蜜多勸懈怠者令住精
進自住靜慮波羅蜜多勸亂心者令住靜慮
自住般若波羅蜜多勸愚癡者令住妙慧如
是菩薩摩訶薩安立有情於六波羅蜜多已
復隨其類音為説六波羅蜜多相應之法令
彼聞已乃至證得阿耨多羅三藐三菩提於

或彼弟子於四衢道在大衆前幻作種種諸
有情類而彼巧幻自現安住六住波羅蜜多亦
勸所幻有情令其安住善現於汝意云何如
是幻事為有實不善現答言不也世尊佛告
善現菩薩摩訶薩普於十方各如殑伽沙等
諸佛世界自現其身隨類安住六波羅蜜多
亦勸有情令其安住乃至證得無上菩提常
不捨離亦復如是雖有所為而無一實何以
故善現諸法性空皆如幻故
復次善現菩薩摩訶薩擐如上說諸功德
鎧以應一切智智心大悲為上首用無所得
而為方便利益安樂一切有情不離聲聞獨
覺作意謂不作是念我當安立尒所有情於

覺作意謂不作是念我當安立尒所有情於
布施波羅蜜多尒所有情不當安立但作是
念我當安立无量无數无邊有情於布施波
羅蜜多不作是念我當安立尒所有情於淨
戒安忍精進靜慮般若波羅蜜多尒所有情
不當安立但作是念我當安立无量无數无
邊有情於淨戒乃至般若波羅蜜多不作是
念我當安立尒所有情於內空尒所有情不
當安立但作是念我當安立无量无數无邊
有情於內空不作是念我當安立尒所有情
於外空內外空空空大空勝義空有為空无
為空畢竟空无際空散空无變異空本性空
自相空共相空一切法空不可得空无性空

作是念我當安立无量无數无邊有情於外
空乃至无性自性空不作是念我當安立尒
所有情於四靜慮尒所有情不當安立但作
是念我當安立无量无數无邊有情於四靜
慮不作是念我當安立尒所有情於四无量
四无色定尒所有情不當安立但作是念我
當安立无量无數无邊有情於四无量四无
色定不作是念我當安立尒所有情於四念
住尒所有情不當安立但作是念我當安立
无量无數无邊有情於四念住不作是念我
當安立尒所有情於四正斷四神足五根五
力七等覺支八聖道支尒所有情不當安立
但作是念我當安立无量无數无邊有情於
四正斷乃至八聖道支不作是念我當安立

四正斷乃至八聖道支不作是念我當安立
尒所有情於空解脫門尒所有情不當安立
但作是念我當安立无量无數无邊有情於
空解脫門不作是念我當安立尒所有情於无
相无願解脫門尒所有情不當安立但作
是念我當安立无量无數无邊有情於无相
无願解脫門不作是念我當安立尒所有情
於五眼尒所有情不當安立但作是念我當
安立无量无數无邊有情於五眼不作是念
我當安立尒所有情於六神通尒所有情不
當安立但作是念我當安立无量无數无邊
有情於六神通不作是念我當安立尒所有
情於佛十力尒所有情不當安立但作是念
我當安立无量无數无邊有情於佛十力不

作是念我當安立尒所有情於四无所
无礙解大慈大悲大喜大捨十八佛不共法
一切智道相智一切相智尒所有情不當安
立但作是念我當安立无量无數无邊有情
於四无所畏乃至一切相智不作是念我當
安立尒所有情於預流果尒所有情不當安
立但作是念我當安立无量无數无邊有情
於預流果不作是念我當安立尒所有情於
一來不還阿羅漢果獨覺菩提尒所有情不
當安立但作是念我當安立无量无數无邊
有情於一來不還阿羅漢果獨覺菩提不作
是念我當安立尒所有情於菩薩道无上菩
提尒所有情不當安立但作是念我當安立
无量无數无邊有情於菩薩道无上菩提善

BD00704　大般若波羅蜜多經卷四九

无量无數无邊有情於菩薩道无上菩提善
現如是名為菩薩摩訶薩擐大乘鎧善現如
巧幻師或彼弟子於四衢道在大衆前幻作
无量无邊有情安立於六波羅蜜多乃至安立
於无上菩提善現於汝意云何如是幻事
為有實不善現答言不也世尊佛告善現菩
薩摩訶薩以應一切智智心大悲為上首用
无所得而為方便安立无量无數无邊有情
於六波羅蜜多乃至安立无量无數无邊有
情於无上菩提亦復如是雖有所為而无一
實何以故善現諸法性空皆如幻故

大般若波羅蜜多經卷第卌九

BD00705 四分律比丘戒本

（後秦）佛陀耶舍 譯

（唐）懷素 集

496cm×25.5cm

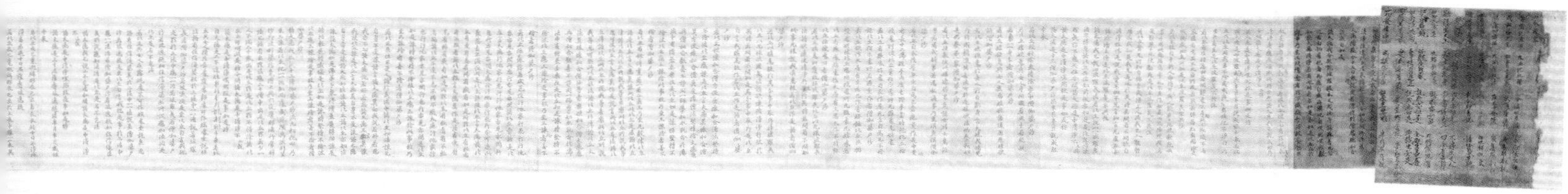

四分戒本

稽首礼諸佛　及法比丘僧　今演毗尼法　令正法久住
戒如海无崖　如寶求无猒　欲護聖法財　衆集聽我說
欲除四棄法　及滅僧殘法　障三十捨墮　衆集聽我說
毗婆尸式棄　毗舍拘留孫　拘那含牟尼　加世釋迦文
諸世尊大德　為我說是事　我今欲善說　諸賢咸共聽
如人毀足　不堪有所涉　毀戒亦如是　不得生天人
欲得生天上　若生人間者　常當護戒足　勿令有毀損

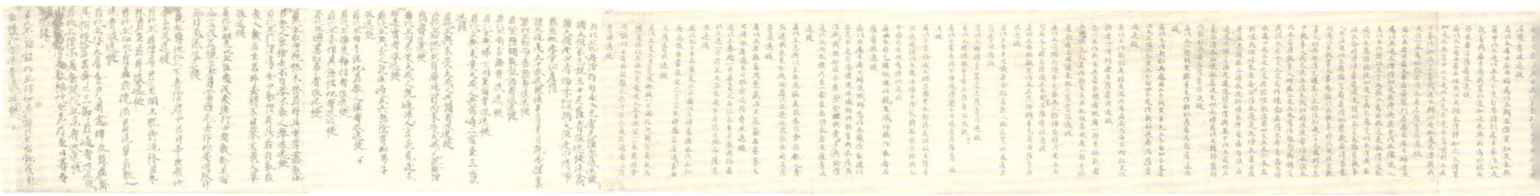

如御入險道　失轄折軸憂
毀戒亦如是　死時懷恐懼
如人自照鏡　好醜生欣戚
說戒亦如是　全毀生憂喜
如兩陣共戰　勇怯有進退
說戒亦如是　淨穢生安畏
世間王為最　眾流海為最
眾星月為最　眾聖佛為最
一切眾律中　戒經為上最
如來立禁戒　半月半月說

和合僧集會未受大戒者出不來諸比丘說欲及
清淨誰遣比丘尼來請教戒僧今和合何所作為
大德僧聽今十五日眾僧說戒若僧時到僧忍聽和合
說戒白如是
諸大德我今欲說波羅提木叉戒汝等諦聽善思念
之若自知有犯者即應自懺悔不犯者嘿然嘿然故
知諸大德清淨若有他問者亦如是答如是比丘在於
眾中乃至三問憶念有罪不懺悔者得故妄語罪

衆中乃至三問憶念有罪不懺悔者得故妄語罪
故妄語者佛説是鄣道法若彼比丘憶念有罪欲求
清淨者應懺悔懺悔得安樂諸大德我已説戒經序
今問諸大德是中清淨不 三稱
諸大德是中清淨嘿然故是事如是持
諸大德是四波羅夷戒法半月半月説戒經中来若比
丘共比丘同戒若不捨戒戒羸不自悔犯不淨行乃
至共畜生是比丘波羅夷不共住
若比丘若在村落若閑靜處不与物盜心取隨不与
取法若為王王大臣所捉若煞若縛若駈出國汝是
賊汝癡汝無所知是比丘波羅夷不共住
若比丘故自手斷人命持刀與人歎譽死快勸死咄
男子用此惡活為寧死不生作如是心思惟種種方

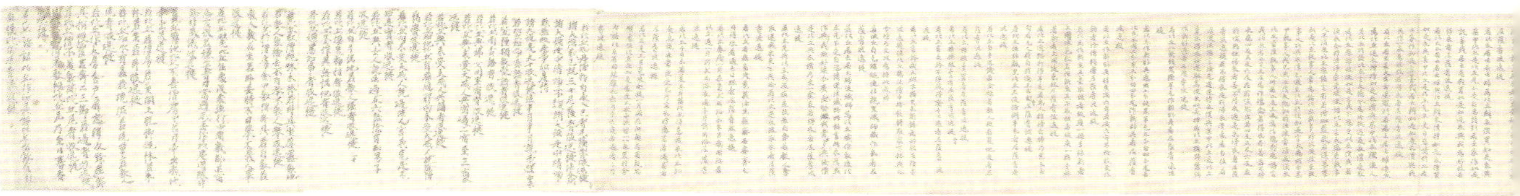

若比丘實无所知自稱言我得上人法我已入聖智知
勝法我知是我見是彼於異時若問若不問欲自
清淨故作是說我實不知不見言知言見虛誑妄
語除增上慢是比丘波羅夷不共住
諸大德我已說四波羅夷法若比丘犯一一波羅夷
法不得與諸比丘共住如前後亦如是是比丘得波
羅夷罪不應共住今問諸大德是中清淨不三稱
諸大德是中清淨嘿然故是事如是持
諸大德是十三僧伽婆尸沙法半月半月說戒經
中來
若比丘故弄陰失精除夢中僧伽婆尸沙
若比丘婬欲意與女人身相觸若捉手若捉髮

若比丘故於阿光練阿營中作僧伽尸沙
若比丘婬欲意與女人身相觸若捉手若捉髮
若單一一身分者僧伽婆尸沙
若比丘婬欲意與女人麁惡婬欲語隨麁惡婬欲
語者僧伽婆尸沙
若比丘婬欲意於女人前自歎身言大妹我脩梵
行持戒精進脩善法可持是婬欲法供養我如
是供養第一最僧伽婆尸沙
若比丘往來彼此媒嫁持男意語女持女意語
男若為成婦事若為私通事乃至須臾頃僧伽
婆尸沙
若比丘自求作屋無主自為己當應量作是中量
者長十二佛磔手內廣七磔手當將餘比丘指
受處所要比丘當自示處所无難處无方處

若比丘有難處妨處自求作屋无主自為已不將

餘比丘指示處所若過量作者僧伽婆尸沙

若比丘欲作大房有主為已作當將餘比丘往指

授處所彼比丘應指授處所无難處无妨處若

比丘有難處妨處作大房有主為已作不將餘

比丘指授處所者僧伽婆尸沙

若比丘瞋恚所覆故非波羅夷比丘以无根波羅夷

法謗欲壞彼清淨行彼於異時若問若不問知

此事无根說我瞋恚故若比丘作是語者僧伽

婆尸沙

若比丘以瞋恚故於異分事中取片非波羅夷

比丘以无根波羅夷法謗欲壞彼清淨行彼於

異時若問若不問知是異分事中取片是比丘

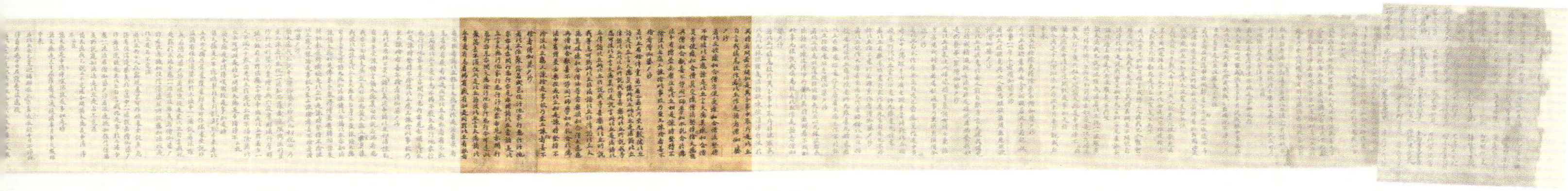

異時若問若不問知是異分事中取片是比丘
自言我瞋恚故作是語若比丘作是語者僧伽婆
尸沙
若比丘欲壞和合僧方便受壞和合僧法堅持
不捨彼比丘應諫是比丘言大德莫壞和合僧
莫方便壞和合僧莫受壞僧法堅持不捨大德應
與僧和合歡喜不諍同一師學如水乳合於佛
法中有增益安樂住是比丘如是諫時堅持不
捨彼比丘應三諫捨此事故乃至三諫捨者善不
捨者僧伽婆尸沙
若比丘有餘伴黨若一若二若三乃至无數彼比丘
語是比丘言大德莫諫此比丘此比丘是法語比丘
律語比丘此比丘所說我等喜樂此比丘所說我等
忍可彼比丘言大德莫作是說言此比丘是法語比

丘律語比丘此比丘所說我等喜樂此比丘所說
我等忍可然此比丘非法語比丘非律語比丘大
德莫破壞和合僧汝等當樂欲和合僧大德應
與僧和合歡喜不諍同一師學如水乳合於佛
法中有增益安樂住是比丘如是諫時堅持不
捨彼比丘應三諫捨是事故乃至三諫捨者善不
捨者僧伽婆尸沙
若比丘依聚落若城邑住汙他家行惡行汙他
家亦見亦聞行惡行亦見亦聞諸比丘當語是比
丘言大德汙他家行惡行汙他家亦見亦聞行
惡行亦見亦聞大德汝汙他家行惡行今可遠此
聚落去不須住此是比丘語彼比丘言大德諸比
丘有愛有恚有怖有癡有如是同罪比丘有驅者

聚落去不須住此是比丘語彼比丘言大德諸比
丘有愛有恚有怖有癡有如是同罪比丘有駈者
有不駈者諸比丘報言大德莫作是語有愛有
恚有怖有癡有如是同罪比丘有駈者有不駈
者而諸比丘不愛不恚不怖不癡大德汙他家行
惡行汙他家亦見亦聞行惡行亦見亦聞是比丘
如是諫時堅持不捨彼比丘應三諫捨此事故乃
至三諫捨者善不捨者僧伽婆尸沙
若比丘惡性不受人語於戒法中諸比丘如法諫已
自身不受諫語言諸大德莫向我說若好若惡
我亦不向諸大德說若好若惡諸大德且止莫諫
我彼比丘諫是比丘言大德莫自身不受諫語大德

諍言大德如是佛弟子衆得增益展轉相諫展
轉相教展轉懺悔是比丘如是諫時堅持不捨彼
比丘應三諫捨是事故乃至三諫捨者善不捨者僧
伽婆尸沙
諸大德我已說十三僧伽婆尸沙法九初犯四乃
至三諫若比丘犯一一法知而覆藏應強與波利婆
沙行波利婆沙竟增上與六夜摩那埵行摩那
埵已餘有出罪法應二十僧中出是比丘罪若少一
人不滿二十衆出是比丘罪是比丘罪不得除諸比
丘亦可呵此是時今問諸大德是中清淨不 三說
諸大德是中清淨嘿然故是事如是持
諸大德是二不定法半月半月說戒經中來若比
丘共女人獨在屏處覆處鄣處可作婬處坐說非
法語有住信優婆私於三法中一一法說若波羅

丘共女人獨在屏處覆處鄣處可作婬處坐說非
法語有住信優婆私於三法中一一法說若波羅
夷若僧伽婆尸沙若波逸提是坐比丘自言我犯
是罪於三法中應一一治若波羅夷若僧伽婆尸
沙若波逸提如住信優婆私所說應如法治是
比丘是名不定法
若比丘共女人在露現處不可作婬處坐說麁惡
語有住信優婆夷於二法中一一法說若僧伽婆尸
沙若波逸提是坐比丘自言我犯是事於二法中
應一一法治若僧伽婆尸沙若波逸提如住信優婆
夷所說應如法治是比丘是名不定法
諸大德我已說二不定法今問諸大德是中清淨
不 三說
諸大德是中清淨黙然故是事如是持

中來
若比丘衣已竟迦絺那衣已出畜長衣經十日不淨施
得畜若過十日尼薩耆波逸提
若比丘衣已竟迦絺那衣已出於三衣中離一一衣異
處宿除僧羯磨尼薩耆波逸提
若比丘衣已竟迦絺那衣已出若比丘得非時衣欲
須便受受已疾疾成若足者善若不足者得畜
經一月為滿足故若過畜尼薩耆波逸提
若比丘從非親里比丘尼取衣除貿易尼薩耆波
逸提
若比丘令非親里比丘尼浣故衣若染若打尼薩耆
波逸提

波逸提
若比丘從非親里居士若居士婦乞衣除餘時尼薩
耆波逸提餘時者若比丘奪衣失衣燒衣漂衣是
謂除時
若比丘失衣奪衣燒衣漂衣若非親里居士居士
婦自恣請多與衣是比丘當知足受衣若過受者
尼薩耆波逸提
若比丘居士居士婦為比丘辦衣價買如是衣與
某甲比丘是比丘先不受自恣請到居士家作如是
說善哉居士為我買如是如是衣與我為好故若
得衣者尼薩耆波逸提
若比丘二居士居士婦與比丘辦衣價持如是衣價買
如是衣與某甲比丘是比丘先不受自恣請到二居

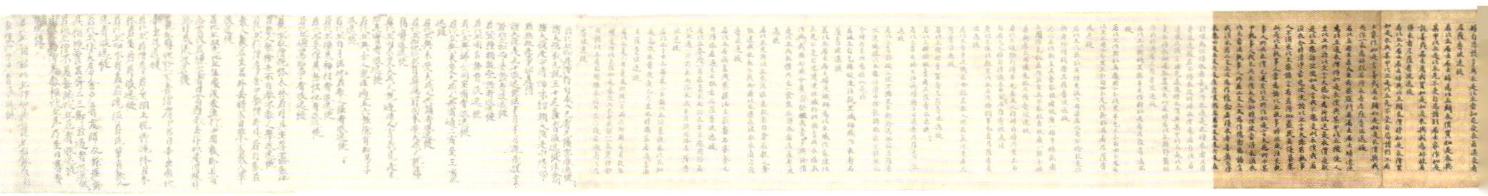

士家作如是言善哉居士辦如是如是衣價與我
共作一衣為好故若得衣者尼薩耆波逸提
若比丘若王若大臣若婆羅門若居士居士婦遣使
為比丘送衣價持如是衣價與某甲比丘彼使人
至比丘所語比丘言大德今為汝故送是衣價受取
是比丘應語彼使如是言我不應受此衣價我若
須衣合時清淨當受彼使語比丘言大德有執事
人不須衣比丘應語言有若僧伽藍民若優婆塞
此是比丘執事人常為諸比丘執事時彼使往至執
事人所與衣價已還至比丘所作如是言大德所示某
甲執事人我已與衣價大德知時往彼當得衣須衣
比丘當往執事人所若二反三反為作憶念應語言
我須衣若二反三反為作憶念若得衣者善若不得
衣應四反五反六反在前默然住若四反五反六反在

我須衣若二反三反為作憶念若得衣者善若不得
衣應四反五反六反在前嘿然立若四反五反六反在
前嘿然住得衣者善若不得衣過是求得衣者尼薩
耆波逸提若不得衣從所得衣價處若自往若
遣使往語言汝先遣使持衣價與某甲比丘是比丘
竟不得衣汝還取莫使失此是時若比丘雜野蠶綿
作新臥具者尼薩耆波逸提
若比丘以新純黑羺羊毛作新臥具者尼薩耆逸波
提
若比丘作新臥具應用二分純黑羊毛三分白四分尨若
比丘不用二分黑三分白四分尨作新臥具者尼薩耆
波逸提
若比丘作新臥具持至滿六年若減六年不舍故更作

新者降僧羯磨尼薩耆波逸提

若比丘作新坐具當取故者縱廣一搩手裓新者

上用壞色故若作新坐具不取故者縱廣一搩手裓

着新者上用壞色故尼薩耆波逸提

若比丘道路行得羊毛若無人持得自持乃至三由

旬若无人持自持過三由旬者尼薩耆波逸提

若比丘使非親里比丘尼浣染擗羊毛者尼薩耆

波逸提

若比丘自手捉錢若金銀若教人捉若置地受者尼

薩耆波逸提

若比丘種種賣買者尼薩耆波逸提

若比丘種種販賣者尼薩耆波逸提 二十

若比丘畜長鉢不淨施得齊十日過者尼薩耆 波

若比丘畜長鉢不淨施得齊十日過者尼薩耆波
逸提
若比丘畜鉢減五綴不漏更求新鉢為好故尼薩耆
波逸提彼比丘應往僧中捨展轉取最下鉢與之
令持乃至破應持此是時
若比丘自乞縷綖使非親里織師織作衣者尼
薩耆波逸提
若比丘居士居士婦使織師為比丘織作衣彼比
丘先不受自恣請便往織師所語言此衣為我
作與我極好織令廣長堅緻我當少與汝價
是比丘與衣價乃至一食直若得衣者尼薩耆波
逸提
若比丘先與比丘衣後嗔恚故若自奪若教人奪

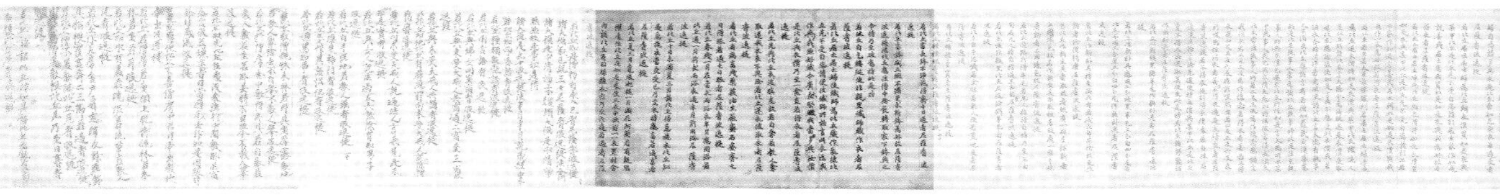

取還我衣來不與汝若比丘還衣彼取衣者尼薩
耆波逸提
若比丘有病畜殘藥蘇油生蘇蜜石蜜齊七
日得服若過七日服者尼薩耆波逸提
若比丘春殘一月在當求雨浴衣半月應用浴若
比丘過一月前求雨浴衣過半月前用浴尼薩耆
波逸提
若比丘十日未滿夏三月諸比丘得急施衣比丘知
是急施衣當受受已乃至衣時應畜若過畜者
尼薩耆波逸提
若比丘夏三月竟後迦提一月滿在阿蘭若有疑恐
懼處住比丘在如是處住三衣中欲留一一衣置村舍
內諸比丘有因緣離衣宿乃至六夜若過者尼薩

內諸比丘有因緣離衣宿乃至六夜若過者尼薩
耆波逸提
若比丘知是僧物自求入己者尼薩耆波逸提
三十
諸大德我已說三十尼薩耆波逸提法今問
諸大德是中清淨不如是三諸大德是中清淨
默然故是事如是持
諸大德是九十波逸提法半月半月說戒經中來
若比丘知而妄語者波逸提
若比丘種類毀呰語者波逸提
若比丘兩舌語者波逸提
若比丘與婦女同室宿者波逸提
若比丘與未受大戒人共宿過二宿至三宿波
逸提

若比丘與未受大戒人共誦者波逸提
若比丘知他比丘有麤惡罪向未受大戒人說除僧
羯磨者波逸提
若比丘向未受大戒人說過人法言我見是我
知是實者波逸提
若比丘與女人說法過五六語除有知男子
波逸提
若比丘自手掘地若教人掘者波逸提 十
若比丘壞鬼神村者波逸提
若比丘妄作異語惱他者波逸提
若比丘嫌罵知事者波逸提
若比丘取僧繩牀木牀若臥具坐蓐露地敷

若比丘取僧繩牀木牀若卧具坐蓐露地敷
若教人敷捨去不自舉不教人舉波逸提
若比丘於僧房舍中敷僧卧具若自敷若
教人敷若坐若卧去時不自舉不教人舉
波逸提
若比丘知先比丘住處後來強於中間敷卧止宿
念言彼若嫌迮者自當避我去作如是因緣非
餘非威儀波逸提
若比丘瞋他比丘不喜僧房中若自牽出教他
牽出波逸提
若比丘若僧房若重閣上脱脚繩牀若木
牀若坐若卧波逸提

若比丘知水有蟲若澆泥若澆草若教人
澆者波逸提
若比丘作大房戶扉窓牖及餘莊飾
具指授覆苫齊二三節若過者波逸提 二十
若比丘僧不差教誡比丘尼者波逸提
若比丘為僧差教授比丘尼乃至日暮者
波逸提
若比丘語諸比丘作如是語比丘為飲食故
教授比丘尼者波逸提

圖書在版編目（CIP）數據

中國國家圖書館藏敦煌文獻．第四七册／中國國家圖書館編．—北京：國家圖書館出版社，2024.12

ISBN 978-7-5013-7970-5

Ⅰ．①中… Ⅱ．①中… Ⅲ．①敦煌學－文獻 Ⅳ．① K870.6

中國國家版本館 CIP 數據核字（2024）第 036730 號

書　　名	中國國家圖書館藏敦煌文獻・第四七册
著　　者	中國國家圖書館　編
項目統籌	魏　崇　殷夢霞
責任編輯	程魯潔　潘　竹　黄　鑫　苗文葉
責任校對	王　哲
出版發行	國家圖書館出版社（北京市西城區文津街 7 號　100034） （原書目文獻出版社　北京圖書館出版社） 010-66114536　63802249　nlcpress@nlc.cn（郵購）
網　　址	http://www. nlcpress. com
排版印裝	天津裕同印刷有限公司
版次印次	2024 年 12 月第 1 版　2024 年 12 月第 1 次印刷
開　　本	787 × 1092　1/8
印　　張	37.5
書　　號	ISBN 978-7-5013-7970-5
定　　價	2800.00 圓